粤语
就这么简单

宋健榕 王翀 主编

东南大学出版社
SOUTHEAST UNIVERSITY PRESS

图书在版编目（CIP）数据

粤语就这么简单 / 宋健榕，王翀主编. —2版 —南京：东南大学出版社，2017.6
ISBN 978-7-5641-6812-4

Ⅰ.①粤… Ⅱ.①宋… ②王… Ⅲ.①粤语－口语 Ⅳ.①H178

中国版本图书馆CIP数据核字（2016）第287248号

粤语 就这么简单

出版发行	东南大学出版社
出 版 人	江建中
社　　址	南京市四牌楼2号
邮　　编	210096
网　　址	http://www.seupress.com
邮　　箱	press@seupress.com
经　　销	全国各地新华书店
印　　刷	南京工大印务有限公司
开　　本	880mm×1230mm 1/32
印　　张	8.375
字　　数	175千字
版　　次	2017年6月第1版
印　　次	2017年6月第1次印刷
书　　号	ISBN 978-7-5641-6812-4
印　　数	1～5000册
定　　价	32.00元

*东大版图书若有印装质量问题，请直接与营销部联系，电话：025-83791830。
*未经本社授权，本书及光盘内容不得以任何方式转载、演绎，违者必究。

前言

粤语，又称广东话，当地人称白话。其通行区域非常广。广东省主要城市、广西中南部城市（如梧州、玉林等地）、香港、澳门、东南亚和其他部分海外华人社区居民都以粤语为基础母语。所以粤语是一门非常实用、值得学习的方言。

想学好粤语，编者有以下一些建议供读者参考：

第一，语言环境很重要。身处非粤语环境的读者，建议尽可能多看粤语电视剧、节目，多听粤语广播，留意对话中的音调、语速、语序等，为自己创造一个地道的粤语环境。而处在粤语环境中的学习者当然要容易得多，但也要注意逼迫自己主动开口讲，从日常会话开始，多练习，大胆说出来，语言只有说多了才会流利——"大胆、留心、脸皮厚"，多听多说多练，工夫一到，水平马上提高。

第二，掌握粤语和普通话的对应规律：粤语和普通话都是汉语，其声母、韵母、声调都有一定的对应规律，掌握了二者之间的对应规律，学习就会事半功倍。一般说来，粤语的声、韵、调的数量都比普通话多，就是说在普通话中同一个声母的字，在粤语中可能分为两个或三个声母，如普通话声母为k的字，在粤语中分为k、f、h，如"靠、亏"声母为k，"苦、阔"声母为f，"空、康"声母为h。韵母、声调的情况也如此。粤语有9个声调，要注意普通话的某个声调等于粤语的哪两个声调。

第三，要不断坚持学习和复习。语言学习是一个不断积累的过程，只有坚持不断地学习才能学得好、学得牢、学得快，千万不可偷懒哦！当然，要想学快一点，就要下额外的工夫了，可以看书面粤语文章，了解粤语语法运用，同时结合网络视频、电影等提升语感。相信通过一段时间的学习积累，就一定能学好粤语——现在有很多"新广州人"粤语讲得很好呢！

"凡事预则立，不预则废"。学习粤语，你准备好了吗？

编者
2016年4月

目录

PART 1 基础语音

- 01 概述 2
- 02 声母 5
- 03 单韵母 9
- 04 复韵母 11
- 05 鼻韵母 13
- 06 后鼻韵母 16
- 07 入声韵母 18
- 08 声调 21

PART 2 日常口语

- 01 问候 24
- 02 介绍 32
- 03 交通 41
- 04 电话 51

○番外篇1　小结

- 05 数量与货币 65
- 06 时间与天气 74
- 07 购物 85
- 08 生病 93

○番外篇2　小结

- 09 学校 108
- 10 餐厅 118
- 11 银行 126
- 12 酒店 135

○番外篇3　小结

- 13 运动与比赛 152
- 14 书本与报纸 162
- 15 音乐与电影 172
- 16 旅游与度假 180

○番外篇4　小结

- 17 办公与职业 193
- 18 约会与节日 202
- 19 争执与化解 211
- 20 婚嫁与礼仪 222

○番外篇5　小结

PART 3　名词词库

- 01　服装、配件及饰物 ……………………………………… 236
- 02　人体部位 …………………………………………………… 238
- 03　课程和文具 ………………………………………………… 239
- 04　食物 ………………………………………………………… 241
- 05　零食及饮料 ………………………………………………… 244
- 06　运动项目 …………………………………………………… 246
- 07　家居及日用品 ……………………………………………… 247
- 08　国内地名及旅游景点 ……………………………………… 250
- 09　国外地名及旅游景点 ……………………………………… 253
- 10　职业与行业 ………………………………………………… 256
- 11　化妆品和颜色 ……………………………………………… 257
- 12　鲜花与植物 ………………………………………………… 258

PART 1
基础语音

01 概述

粤语，又称为广州话、广东话、广府话、白话，是我国七大方言之一。标准的粤语以广州话为代表。粤语是南方汉人和古百越民族语言融合的产物，其中保留了许多古汉语的元素，被称为语言史上的"活化石"，是语言研究中非常宝贵的口头遗产。粤语通行于广东、广西部分地区、香港和澳门特区，还有世界各地的许多华人社区。随着世界各国与我国各地区经济和文化的发展，越来越多的人希望学会粤语以便更好地交流。有鉴于此，我们编写了本书，便于各位更好地学习粤语。

拼音方案

❶ 字母表

a	b	c	d	e	f	g	h	i
j	k	l	m	n	o	p	q	
s	t	u		q		w	y	z

注：粤语拼音字母有三个附加符号：ê、é、ü，其中é是和汉语拼音字母不同的。这几个字母是e、u字母的变体，未列入表内。

PART 1 基础语音

❷ 声母表

b 波	p 婆	m 摸	f 科	d 多	t 拖	n 挪	l 罗
g 哥	k 卡	ng 我	h 何	gu 姑	ku 箍	z 左	c 初
s 梳	j 知	q 雌	x 思	y 也	w 华		

注：（1）z、c、s 和 j、q、x 两组声母，粤语的读音没有区别，只是在拼写韵母时有不同，z、c、s 拼写 a、o、é 及以 a、o、e、é、ê、u 等字母开头的韵母，例如：za 渣，ca 茶，xa 沙。j、q、x 拼写 i、ü 及以 i、ü 字母开头的韵母，例如：ji 知、qi 次、xi 思。

（2）gu 姑、ku 箍是圆唇的舌根音，作为声母使用，不能单独注音，单独注音时是音节，不是声母。

（3）y 也、w 华拼音时作为声母使用，拼写出来的音节相当于汉语拼音方案的复韵母。

❸ 韵母表

a 呀		o 柯	u 乌	i 衣	ü 于	ê (靴)	é 诶	m 唔	ng 五
ai 挨	ei 矮	oi 哀	ui 会	iu 妖			éi (非)		
ao 拗	eo 欧	ou 奥				êu (去)			
am (监)	em 庵			im 淹					
an 晏	en (恩)	on 安	un 碗	in 烟	ün 冤	ên (春)			

ang（横）	eng 莺	ong（康）	ung 瓮	ing 英		êng（香）	éng（镜）	
ab 鸭	eb（急）			ib 叶				
ad 押	ed（不）	od（渴）	ud 活	id 热	üd 月	êd（律）		
ag（客）	eg（德）	og 恶	ug 屋	ig 益		êg（约）	ég（尺）	

注：（1）例字外加（ ）号的，只取其韵母。
（2）êu（去）本来写成 êü（去），为了减少字母的附加符号，ü上两点省略。
（3）m（唔）和 ng（五）是自成音节的鼻音韵母。

❹ 声调表

调类	阴平	阴上	阴去	阳平	阳上	阳去	阴入	中入	阳入
调号	1	2	3	4	5	6	7	8	9
例字	诗	史	试	时	市	事	色	锡	食

注：声调符号标在音节的右上角，例如：诗 xi^1 史 xi^2 试 xi^3

说明：本方案基本上是根据1960年广东省教育行政部门正式公布的《广州话拼音方案》修订的。

　　看完粤语拼音表是不是有点头晕眼花？其实不用怕，我们在以下的课程中会详细地教会你每一个字母的发音，你只要跟着教材仔细地学，认真地练习，就会说好一口流利的粤语。粤语的声韵母重要，调子更重要，建议大家学习粤语拼音之前，先看看第十一课声调的内容，大致了解粤语的声调。

PART 1 基础语音

02 声母

声母	发音方法	举例
b	发音时上下唇闭拢，憋住一口气，然后让较弱的气流突然冲出来，与普通话中b的发音相同。	玻 bo¹ 办 ban⁶ 宝 bou²
p	发音时口形与b相同，但从双唇冲出的气流较强，与普通话中p的发音相同。	坡 po¹ 怕 pa³ 皮 péi⁴
m	发音时先将双唇闭拢，声带振动，让气流从鼻孔出来，然后滑向韵母，与普通话拼音m发音相同。	妈 ma¹ 文 men¹ 馍 mo⁵
f	发音时下嘴唇紧贴上门齿，让气流从唇齿间挤出来，与普通话拼音f发音相同，所管字与普通话的f、k、h相对应。	花 fa¹ 烦 fan⁴ 非 féi¹
d	发音时舌尖顶住上牙床，然后让较弱的气流突然冲出，与普通话拼音d发音相同。	打 da² 胆 dam² 斗 deo²
t	发音时口形情况与d相同，但冲出的气流较强，与普通话拼音t相同。	他 ta¹ 头 teo⁴ 拖 to¹
n	发音时舌尖顶住上牙床，声带振动，让气流从鼻孔出来，然后滑向韵母，与普通话拼音n发音相同。	拿 na⁴ 泥 nei⁴ 鸟 niu³
l	发音时舌尖顶住上牙床，声带振动，让气流从舌边流出，与普通话拼音l发音相同，所管字也大致与普通话的l相对应。	拉 lai¹ 老 lou⁵ 龙 lung⁴

声母

声母	说明	例字
g	发音时舌根高抬，先让舌根顶住上腭后部，然后让较弱的气流突然冲出来，与普通话拼音 g 发音相同，所管的字与普通话 g、j 部分对应。	家 ga¹ 哥 go¹ 斤 gen¹
k	发音口形与 g 相同，但在舌根和上腭后部离开时，只是冲出的气流较强，与普通话中 k 的发音相同，所管的字与普通话的 k、q、j 部分对应。	卡 ka¹ 求 keo⁴ 强 kêng⁴
gu	发音时舌位与 g 相同，只是嘴唇圆拢成又小又圆的形状，同时舌根抬高，顶住上腭后部，让较弱气流突然冲出。很像普通话的音节 gu，但在粤语中它是作为声母使用，所管字与普通话声母为 g、介韵为 u 的字对应。	姑 gu¹ 瓜 gua¹ 光 guong¹
ku	发音时舌位与 gu 相同，只是冲出来的气流较强，很像普通话的音节 ku，但在粤语中它是作为声母使用，所管字与普通话声母为 k、介韵为 u 的字对应。	枯 ku¹ 狂 kuong⁴ 亏 kuei¹
ng	粤语特有的声母，发音时舌头向后缩，舌根顶住上腭后部，即与发 g 时相同，但舌头保持不动，声带颤动让气流从鼻腔流出，然后滑向韵母。普通话中没有这个声母，但有以这个音为韵尾的韵母，其实它们舌位是相同的，发普通话韵母 ang 时，到最后 ng 那个鼻音就是这个音，只不过在粤语中这个可以作声母，后面再与韵母相拼，大家要细心体会。ng 所管的字与普通话"零声母"对应，零声母指没有声母。y、w 开头的音节也算是"零声母"，部分与 ng 对应。 粤语中也有"零声母"，而且，粤语中零声母与声母 ng 有相混的现象（几个语气助词，如"啊""哦""唉"等除外），ng 声母的字经常被读成零声母字，如安 on¹、我 o⁵，读零声母的趋势在年轻人特别是香港的年轻人中尤为明显，这也是一种"懒音"现象。	我 ngo⁵ 银 ngen⁴ 牛 ngeo⁴

PART 1 基础语音

h	喉音，发音时口微张开，舌根放松稍向后，与喉壁接近，作呵气的样子，让气流从口中呼出。这个音与普通话拼音的h很相似，但又不相同，区别在于普通话的h是舌根音，舌根顶住后腭产生摩擦。发音时尽量放松，与英语中的h相同。h所管的字与普通话h、x部分对应。	虾 ha¹ 海 hoi² 香 hêng¹
j z	j、z发音相同，发音时舌尖靠齿背，靠近舌尖的舌面向上牙床和硬腭前部靠拢，然后稍微离开，让较弱的气流挤出产生摩擦。这个音既不是普通话的z也不是普通话的j，而是介于两者之间，即舌头比z又要后一点，比j要前一点。z(j)管字大致与普通话的z、zh、j对应。	朱 ju¹ 纸 ji² 渣 za¹ 姐 zé²
q c	q、c发音时舌位与z(j)相同，但在舌尖和舌面离开齿背和上牙床和前硬腭时，冲出的气流较强，形成"送气音"，像z(j)一样，c(q)是介于普通话c与q之间的一个音。c(q)管字大致与普通话c、ch、q对应。	雌 qi¹ 千 qin¹ 葱 cung¹ 菜 coi³
x s	x、s发音相同，发音时舌尖与齿背、靠近舌尖的舌面与上牙床和硬腭前部靠近，之间形成一道窄缝，让气流从中挤出。s(x)是介于普通话s和x之间的一个音。s(x)管字大致与普通话s、sh、x对应。	诗 xi¹ 屑 xid³ 沙 sa¹ 山 san¹
y	发音时舌面中前部尽量向硬腭抬起，声带振动，气流呼出时产生较轻的摩擦。这个音很像普通话中的y，但摩擦稍强。y在普通话中只是i的变体，不是声母，而在粤语中y是一个声母。y管字与普通话y开头的字对应。	衣 yi¹ 人 yen⁴ 热 yid⁶
w	发音时双唇圆拢，舌根高提，靠近软腭，声带颤动，气流呼出时产生轻微的摩擦。像y一样，w在粤语中是作为声母，而在普通话w中只是作为u的变体，w的发音也与普通话中的w相似，只是嘴唇收拢较紧，摩擦稍强。w管字与普通话w开头及读音为yun的字对应。	温 wen¹ 王 wong⁴ 云 wun⁴

特别注意：

　　n在粤语中通常与l相混，把声母为n的都念为l，如"你"念成"里"，"难"念成"兰"。这是一种"懒音"现象。普通话读n的字在粤语中也可以读l。

PART 1 基础语音

03 单韵母

单韵母	发音方法	举例
a	发音时嘴张大，舌头位置放得很低，嘴唇呈自然状态，不圆，让气流呼出。比普通话a张口稍大。管字与普通话a、ia、ua对应。	亚 a³ 妈 ma¹ 花 fa¹
o	发音时舌头略向后缩，嘴唇拢圆，舌位比汉语拼音的o更低，让气流呼出。比普通话o张口更大。管字与普通话o、uo、e对应。	歌 go¹ 我 ngo⁵ 火 fo²
u	发音时舌头向后缩，舌后部抬高，接近软腭，双唇尽量拢成圆形，向前突出，中间只留一个小圆孔让气流呼出。与普通话的u大体相同。管字对应于普通话u的部分字。	乌 wu¹ 富 fu³ 苦 fu²
i	发音时舌尖下垂至下齿背，舌面前部抬高，接近硬腭，嘴角尽量向两边展开，与普通话i大体相同。管字与普通话i部分字和er对应。	衣 yi¹ 诗 xi¹ 池 qi⁴
ü	发音舌位与i相同，舌尖下垂至下齿背，舌面前部上升接近硬腭，嘴唇拢成一个小圆孔，双唇不要太突出。管字与普通话zh、ch、sh、r双拼的ü及音节yu大体相同。ü与j、q、x、y相拼时省略两点。	书 xü¹ 鱼 yü² 住 jü⁶

单韵母 03　粤语就这么简单

ê	发音时舌尖下垂至下齿背，舌面前面向硬腭前部抬起，舌位与é相同，张口比é稍大，嘴唇圆拢，让气流呼出。可先发é音，将双唇收圆即可。这个音普通话中没有，对北方人来说有点难度，发音关键之处是圆唇。ê管字很少，与普通话的üe、uo部分对应。	靴 hê[1] 朵 dê[2] 锯 gê[3]
é	发音时口微张，舌尖下垂至下齿背，舌面前面向硬腭前部抬起，嘴唇不圆，嘴角尽量向两边展，让气流呼出。与普通话的ê（唉，ie的韵腹或ei的韵头）相同。管字与普通话的ie、e部分对应。	姐 zé[2] 夜 yé[6] 车 cé[1]

PART 1 基础语音

04 复韵母

复韵母		发音方法	举例
第一组	ai	发音时先发前音a，然后滑向后音i，至i收音。与普通话中ai发音相近，但其中a比普通话ai中的a张口稍大，口音i张口也较大。管字与普通话ai部分对应。	街 gai¹ 买 mai⁵ 鞋 hai⁴
	éi	发音时先发前音é，然后滑向后音i。前音é的舌位实际上比单韵母é稍高，而且发音时间短促。éi发音与普通话中ei大体相同。管字主要与普通话i和ei对应。	飞 féi¹ 四 séi³ 避 béi⁶
	ui	发音时先发前音u，然后滑向后音i。粤语ui与普通话ui不同，普通话ui是uei的简写，不是真正的u+i，粤语才是真正的ui，注意分辨。管字与普通话ei、ui部分对应。	妹 mui² 背 bui³ 绘 kui²
	ei	发音时先发前音e，然后滑向后音i。前音的e舌位实际上比单韵母a稍高，而且发音时间短促。ei不是普通话中的ei，普通话中没有这个音，e与普通话中的e发音不同，e发音有点像a，但张口比a小，舌头靠后，发音也比a短。管字主要与普通话i对应。	仔 zei² 米 mei⁵ 西 sei¹
	oi	发音时先发前音o，然后滑向后音i。oi这个音虽然在普通话中没有，但它构成的音素短而且简单，因此应该不难掌握，与英语boy中后面的音相同。管字与普通话ai部分对应。	爱 ngoi³ 来 loi⁴ 台 toi⁴

11

复韵母 04

粤语就这么简单

第二组	ou	发音时先发前音 o，然后滑向后音 u。前音 o 的舌位实际上比单韵母 o 略高，而且发音时间短促。这个音与普通话中的 ou 大体相同。管字与普通话 ao、u 部分对应。	草 cou² 刀 dou¹ 高 gou¹
	iu	发音时先发前音 i，然后滑向后音 u。这个音与普通话中的 iu 有点相似，但又不相同，普通话中的 iu 是 iou 的简写（但在一些音节，如 xiu、jiu 中 o 的发音很微弱），因此发粤语的 iu 要注意中间不要带这个 o 音。管字与普通话 ao、iao 部分对应。	娇 giu¹ 超 qiu¹ 鸟 niu⁵
	êu	发音时先发前音 ê，然后滑向后音 ü。前音 ê 的舌位实际上比单韵母 ê 略高，而且发音时间短促。êu 的后音其实是 ü 而不是 u（设计成 êu 是为了减少附加符号），普通话中没有这个韵母，发好这个音关键是发好 ê 这个音。管字与普通话 ü 部分对应。	娶 cêu² 税 sêu³ 追 zêu¹
第三组	ao	发音时先发前音 a，然后滑向后音 o。ao 的前音 a 比普通话 a 张口稍大，后音其实不是 o（设计方案时为了避免 au 与 an 手写体混淆，故作 ao）也不纯粹是 u，而是比 u 张口大一点的一个元音国际音标大写的 [U]。总的说来，这个音与普通话 ao 发音相近，只要发音时张口稍大一点就可以了。管字与普通话 ao、iao 部分对应。	猫 mao¹ 校 hao⁶ 咬 ngao⁵
	eo	发音时先发前音 e，然后滑向后音 u，e 如前一课所述，它不是普通话中的 e，而是一个张口较小、发音较短的 a 音，后音不是 o 而是 u（设计成 eo 同样是为了避免手写时与 en 混淆），这个 u 张口比 ao 中的 u 要小，比较接近纯粹的 u 音。普通话中没有 eo 这个音，它听起来像是介于 ao 与 ou 的音。管字大致对应普通话 ou、iu 及 u 的少数字。	楼 leo⁴ 狗 geo² 又 yeo⁶

PART 1 基础语音

05 鼻韵母

鼻韵母		发音方法	举例
第一组	am	发音时先发前音 a，然后滑向双唇鼻音 m。即先发单韵母 a，然后双唇闭合发鼻音 m。这组韵母的难点就在于双唇鼻音 m 这个韵尾，因为普通话中并没有这个韵尾，关键是发音到最后要把嘴闭起来。管字与普通话 an、ian 部分对应。	蓝 lam[4] 南 nam[4] 咸 ham[4]
	em	发音时先发前音 e，然后滑向双唇鼻音 m。e 这个音前边已经讲述多次，要发好这个音，关键还是发音到最后要双唇闭合。管字与普通话 in、en、an 部分对应。	芯 sem[1] 针 zem[1] 金 gem[1]
	im	发音时先发前音 i，然后滑向双唇鼻音 m。这个韵母听起来有点像 in，不同的地方就在于发音到最后双唇闭合。管字与普通话 an、ian 部分对应。	尖 jim[1] 甜 tim[4] 险 him[2]

13

鼻韵母 05

粤语就这么简单

第二组	an	发音时先发前音 a，然后滑向鼻音 n。即先发单韵母 a，然后舌尖顶住上牙床，发鼻音 n。这个音和普通话中的 an 大体相同。管字与普通话 an、ian、uan 部分对应。	饭 fan6 晚 man5 还 wan4
	in	发音时先发前音 i，然后滑向鼻音 n。即先发单韵母 i，然后发舌尖鼻音 n。in 的发音与普通话的 in 大体相同。管字与普通话 ian 部分对应。	电 din6 年 nin4 田 tin4
	ün	发音时先发前音 ü，然后滑向鼻音 n。即先发单韵母 ü，然后发舌尖鼻音 n。这个音与普通话的 ün 大体相同。管字与普通话 uan、üan、un 部分对应，与 j、q、x、y 相拼时 ü 上两点省略。	乱 lün4 船 xun4 暖 nün5
第三组	on	发音时先发前音 o，然后滑向鼻音 n。即先发单韵母 o，然后发舌尖鼻音 n，和英语 John 后面的音大体相同。管字与普通话 an 部分对应。	安 ngon1 旱 hon5 干 gon1
	un	发音时先发前音 u，然后滑向鼻音 n。即先发单韵母 u，然后发舌尖鼻音 n。这个音与普通话 un 不同，普通话 un 是 uen 的简写，中间有一个 e 音，发粤语的 un 时，注意中间不要带 e 音，发完 u 后迅速转向鼻音。管字与普通话 an、uan、en 部分对应。	宽 fun1 碗 wun2 官 gun1

PART 1 基础语音

第三组	en	发音时先发前音 e，然后滑向鼻音 n。即先发单韵母 e，然后舌尖顶住上牙床，发鼻音 n。en 与汉语拼音的 en 发音不同，粤语拼音中的 en 中的 e 是短元音，发音时比汉语拼音 en 中的 e 开口度大，时间短促。舌头靠前一点，粤语 en 这个音听起来像介于普通话 an 和 en 之间。管字与普通话 en、in、ün 部分对应。	身 sen[1] 人 yen[4] 军 guen[1]
	ên	发音时先发前音 ê，然后滑向鼻音 n。即先发单韵母 ê，然后发舌尖鼻音 n。注意 ên 中的 ê 比单韵母 ê 开口度小，发音时间短促，但舌位略高。管字与普通话 un、ün、in 部分对应。	春 cên[1] 唇 sên[4] 盾 tên[5]
第四组	m	发音时双唇闭合，让气流从鼻腔呼出。自成音节时，不再与其他声母相拼。在粤语中 m 这个音节只有一个字"唔"（不），但它非常常用。也可充当韵尾。	唔 m[4]
	ng	发音时舌根顶住上腭后部，让气流从鼻腔呼出。发较轻的单纯舌根鼻音。ng 也是一个自成音节的鼻音韵母，不再与其他声母双拼。在粤语中 ng 这个音节的字很少，与普通话音节 wu 部分对应。也可充当韵尾。	午 ng[5] 五 ng[5] 误 ng[6]

特别注意：
（1）许多外省人说粤语不地道，大部分原因是没把 am、em、im 发好，经常忘记闭口。
（2）m、ng 是粤语语音的两个鼻音。可充当韵母，自成音节。

06 后鼻韵母

后鼻韵母		发音方法	举例
第一组	ang	发音时先发前音a，然后舌头上部顶住上腭后部，发后鼻音ng。这个音与普通话的ang发音大体相同，只是a张口稍大。这个韵母管字不多，与普通话eng部分对应。	冷 lang⁵ 逛 guang⁵ 生 sang¹
第一组	ung	发音时先发前音u，然后滑向后鼻音ng。即先发舌位比单韵母u稍低、发音时间短促的u，然后发舌根鼻音ng。ung与普通话ong发音接近，只是ung张口稍大。管字与普通话ong及eng部分对应。	风 fung¹ 东 dung¹ 碰 pung³
第二组	eng	发音时先发前音e，然后滑向后鼻音ng。即先发舌位比单韵母a稍高、发音时间短促的e，然后发舌根鼻音ng。这个韵母与普通话eng不同，前边已经说过多次，粤语中的e不同于普通话的e，它是张口较小，发音较短的a音，但比普通话e张口要大，因此eng像是介于普通话ang和eng之间。管字与普通话eng、ing部分对应。	灯 deng¹ 能 neng⁴ 幸 heng⁶

PART 1 基础语音

第二组	ing	发音时先发前音 i，然后滑向后鼻音 ng。即先发舌位比单韵母 i 稍低、发音时间短促的 i，然后发舌根鼻音 ng。ing 中的 i 比单韵母 i 张口稍大，因此 ing 发音不同于普通话的 ing，像是介于普通话 ing、eng 之间的音。管字大致与普通话 ing、eng 对应。	兵 bing[1] 兄 hing[1] 星 xing[1]
	ong	发音时先发前音 o，然后滑向后鼻音 ng。粤语的 ong 与普通话的 ong 完全不同，粤语中与普通话 ong 对应的是 ung，英语中 long 后边的音就是 ong。ong 管字与普通话 ang、iang、uang 部分对应。	床 cong[4] 浪 long[6] 忙 mong[4]
第三组	éng	发音时先发前音 é，然后滑向后鼻音 ng。即先发单韵母 é，然后发舌根鼻音 ng。éng 这个韵母管字很少，主要是少数字的口语读音，与普通话 ing 部分对应。	听 téng[1] 饼 béng[2] 井 jéng[2]
	êng	发音时先发前音 ê，然后滑向后鼻音 ng。即先发单韵母 é，然后发舌根鼻音 ng。êng 中的 ê 和其他复合韵母一样。êng 管字与普通话 ang、iang 部分对应。	凉 lêng[4] 长 cêng[4] 娘 nêng[4]

入声韵母

	入声韵母	发音方法	举例
第一组	ab	发音时先发单韵母a，然后双唇闭合，堵塞气流，作发b状，但之后不爆破。管字与普通话a、ia部分对应。	答 dab³ 鸭 ngab³ 杂 zab⁶
	eb	发音时先发舌位比单韵母a稍高、发音时间短促的e，然后双唇闭合，堵塞气流，作发b状，但之后不爆破。eb发音与ab相近，但张口比ab小，发音较短。管字与普通话e、i部分对应。	吸 keb¹ 急 geb¹ 汁 zeb¹
	ib	发音时先发单韵母i，然后双唇闭合，堵塞气流，作发b状，但之后不爆破。管字与普通话e、ie部分对应。	贴 tib³ 劫 gib³ 业 yib⁶
第二组	ad	发音时先发单韵母a，然后舌尖顶住上牙床，堵塞气流，即作将发d状，但之后舌头不离开牙床，不爆破。管字与普通话a、ia、ua部分对应。	发 fad³ 杀 sad³ 滑 wad⁶
	ed	发音时先发舌位比单韵母a稍高、发音时间短促的e，然后舌尖顶住上牙床，堵塞气流，即作将发d状，但之后舌头不离开牙床，不爆破。ed听起来有点像ad，但比ad张口小而且发音较短。管字与普通话a、üe、i、u部分对应。	密 med⁶ 罚 fed⁶ 吉 ged¹

PART 1 基础语音

第二组	od	发音时先发单韵母o，然后舌尖顶住上牙床，堵塞气流，即作将发d状，但之后舌头不离开牙床，不爆破。od管字极少，与普通话e部分对应。	渴 hod³ 割 god³ 喝 hod³
	ud	发音时先发单韵母u，然后舌尖顶住上牙床，堵塞气流，即作将发d状，但之后舌头不离开牙床，不爆破。管字与普通话o、uo部分字对应。	阔 fud³ 末 mud⁶ 活 wud⁶
	id	发音时先发单韵母i，然后舌尖顶住上牙床，堵塞气流，即作将发d状，但之后舌头不离开牙床，不爆破。管字与普通话e、ie部分对应。	必 bid¹ 洁 gid³ 热 yid⁶
	üd	发音时先发单韵母ü，然后舌尖顶住上牙床，堵塞气流，即作将发d状，但之后舌头不离开牙床，不爆破。管字与普通话uo、üe部分对应。在与j、q、x、y相拼时，ü上两点省略。	夺 düd⁶ 月 yüd⁶ 说 xüd³
	êd	发音时先发舌位比单韵母ê略高、发音时间短促的(ê)音，然后舌尖顶住上牙床，堵塞气流，即作将发d状，但之后舌头不离开牙床，不爆破。其中(ê)比单韵母ê张口稍大。管字与普通话ü、uai、i部分对应。	律 lêd⁶ 摔 sêd¹ 咄 dêd⁶
第三组	ag	发音时先发单韵母a，然后用舌根顶住上腭后部，堵塞气流，即作发g状，但之后舌根不离开上腭，不爆破。管字与普通话a、ua、o、uo、e、i、ai部分对应。	白 bag⁶ 划 wag⁶ 拆 cag³
	eg	发音时先发舌位比a稍高、发音时间短促的e，然后用舌根顶住上腭后部，堵塞气流，即作发g状，但之后舌根不离开上腭，不爆破。eg发音与ag相似，但张口较小，发音较短。管字与普通话o、e、ai、ei部分对应。	北 beg¹ 麦 meg⁶ 塞 seg¹

入声韵母 07

粤语就这么简单

第三组	og	发音时先发单韵母o，然后用舌根顶住上腭后部，堵塞气流，即作发g状，但之后舌根不离开上腭，不爆破。管字与普通话o、e、üe、u、ao部分对应。	乐 log⁶ 博 bog³ 剥 mog¹
	ug	发音时先发舌位比单韵母u稍高、发音时间短促的u，然后用舌根顶住上腭后部，堵塞气流，即作发g状，但之后舌根不离开上腭，不爆破。管字与普通话u、ü、ou、iu部分对应。	绿 lug⁶ 毒 dug⁶ 肉 yug⁶
	ig	发音时先发舌位比单韵母i稍高、发音时间短促的i，然后用舌根顶住上腭后部，堵塞气流，即作发g状，但之后舌根不离开上腭，不爆破。其中i的发音比单韵母i张口稍大。管字与普通话e、i、ü部分对应。	碧 big¹ 亿 yig¹ 激 gig¹
	êg	发音时先发单韵母ê，然后用舌根顶住上腭后部，堵塞气流，即作发g状，但之后舌根不离开上腭，不爆破。管字与普通话uo、üe、iao部分对应。	桌 cêg³ 雀 zêg³ 脚 gêg³
	ég	发音时先发单韵母é，然后用舌根顶住上腭后部，堵塞气流，即作发g状，但之后舌根不离开上腭，不爆破。管字与普通话i部分对应。	尺 zég³ 笛 dég² 石 xég⁶

PART 1 基础语音

08 声调

粤语的声调是最难学的,是外省以及外国的学习者最难以掌握的。关键是要掌握规律。

粤语拼音方案只列了六个声调的调号,其实粤语有九个调。即:阴平、阴上、阴去、阳平、阳上、阳去以及阴入、中入、阳入。而拼音方案把"阴入"归入"阴平","中入"归入"阴去","阳入"归入"阳去"。

粤语九声调表

调类	阴平	阴上	阴去	阳平	阳上	阳去	阴入	中入	阳入
调号	1	2	3	4	5	6	7	8	9
例字	诗	史	试	时	市	事	色	锡	食

对于初学者,只要掌握1-6个基本声调就可以了,另外的三个阴入、中入、阳入的入调其实就是古代的仄声,用于发短促音节,可以结合入声韵母来记忆。

大家要掌握好粤语的声调可以记上表中的例字,那是标准的调。但假如你觉得上述例字太难记,也可以记下面一些好玩的句子。

第一句: 鸡好贵唔买住
gei^1 hou^2 guei^3 m^4 mai^5 jü^6
鸡很贵,先不买

第二句：三点半黎我度
sam¹ dim² bun³ lei⁴ ngo⁵ dou⁶
三点半来我这里

第三句：瓜果菜禾米稻
gua¹ guo² coi³ wo⁴ mei⁵ dou⁶
瓜果菜禾米稻

第四句：心想要同你住
sem¹ sêng² yiu³ tung⁴ néi⁵ jü⁶
心想要和你住

  这四句话每一句的六个字都各代表粤语的一个调，每个字都是顺着调号1、2、3、4、5、6排的，任意挑一句你喜欢的就能轻松掌握六个调了。只要多听多练多辨别，粤语的调是不难掌握的。

Part 2
日常口语

01 问候

问候语，一般都是短小简单的，是人们生活中最常用的重要交际口语。在粤语的问候中，大部分与普通话大同小异，一般是从时间、状态、天气等开始，如"早晨！"、"食咗饭未啊？"等等。

本课的学习目标是：

1. 掌握常用的问候用语；
2. 参照书本，使用粤语问候身边的家人、朋友。

 常用短句

01
zou² sen⁴
早晨！（早上好！）

02
yeo² sem¹
有心（谢谢关心。）

03
gem³ co³ dong⁶ a³
咁错荡啊？（什么风把你吹来了？*注：用于熟悉朋友之间）

04
med¹ gem³ ngam¹ gé²
乜咁啱嘅？（这么巧啊？）

05
gen⁶ pai² dim² a³
近排点啊？（最近怎么样啊？）

06
xig⁶ zo² fan⁶ méi⁶ a³
食咗饭未啊？（吃饭了吗？*注：只用于熟悉朋友之间）

PART 2 日常口语

07 hou² noi⁶ mou⁵ gin³ la³
好耐冇见啦！（好久不见了！）

08 ma⁴ ma² déi² la¹，mei⁶ yeo⁶ hei⁶ gem²
麻麻地啦，咪又系咁！（马马虎虎，还是老样子！）

09 zeo² xin¹，deg¹ han⁴ zoi³ king²
走先，得闲再倾。（先走了啊，下次有时间再聊。）

10 wen² yed⁶ cêd¹ lei⁴ xig⁶ fan⁶ a¹
揾日出嚟食饭啊！（改天出来一起吃饭吧！）

实用对话

早晨住宅楼电梯间，徐家明准备去上学，遇到张桂芬　　A 场景

张桂芬：ming⁴ zei², fan¹ hog⁶ a⁴
明仔，翻学啊？
小明，去上学吗？

徐家明：hei⁶ a³，zêng¹ yi¹
系啊，张姨。
是啊，张阿姨。

张桂芬：xig⁶ zo² zou² can¹ méi⁶ a³
食咗早餐未啊？
吃早饭了吗？

徐家明：xig⁶ zo² lag³。zêng¹ yi¹，ngo⁵ zeo⁶ fai³ qi⁶ dou³ la³
食咗嘞。张姨，我就快迟到喇！
吃过了。张阿姨，我快要迟到了啊！

张桂芬：gem² néi⁵ ji⁶ géi² hou² séng¹ hang⁴ a³
咁你自己好声行啊！
那你路上小心！

问候 01

粤语就这么简单

上午公园内，张桂芬遇见晨运的陈正华 B 场景

张桂芬：
zou² sen⁴ wo³ cen² bag³
早晨喎陈伯！
早上好啊，陈伯！

陈正华：
zêng¹ yi¹, med¹ gem³ zou² sen⁴ a³
张姨，乜咁早晨啊？
张阿姨，今天怎么这么早啊？

张桂芬：
gem¹ yed⁶ m⁴ sei² sung³ go³ xün¹ fan¹ yeo³ yi⁴ yün² mé¹
今日唔使送个孙翻幼儿园咩？
你今天不用送小孙子上幼儿园吗？

陈正华：
sem¹ pou⁵ kem⁴ yed⁶ ceo³ zuo² go³ xün¹ fan¹ hêu³, ngo⁵ nan⁴ deg¹ qing¹ han⁴ ha⁵
心抱琴日凑咗个孙翻去，我难得清闲吓。
儿媳妇昨天接孙子回去了，我难得清闲一下。

张桂芬：
gen⁶ pai² sen¹ tei² dim² a³
近排身体点啊？
最近身体怎么样啊？

陈正华：
yed¹ go³ lou⁵ hang¹ mei⁶ yeo⁶ hei⁶ gem², m⁴ sei² béng⁶ dou¹ teo¹ xiu³ la¹
一个老坑咪又系咁，唔使病都偷笑啦！
不还是老样子呗，一个老头自己过日子，不生病算走运了。

中午公司楼下茶餐厅内，王新杰遇见旧同事徐彪 C 场景

王新杰：
wa³, lou⁵ cêu², med¹ gem³ ngam¹ a³
哇，老徐，乜咁啱啊？
哇，老徐，这么巧啊？

徐彪：
wei³, dim² a³ néi⁵? gen⁶ pai² hei² bin¹ dou⁶ fad³ dad⁶ a³
喂，点啊你？近排喺边度发达啊？
哎，你最近怎么样？在哪里发财呀？

王新杰：
ma⁴ ma² déi² la¹, mei⁶ yeo⁶ hei⁶ gem²! néi⁵ né¹
麻麻地啦，咪又系咁！你呢？
马马虎虎，不还是老样子。你呢？

PART 2 日常口语

徐彪：
ngo⁵ yeo⁶ mei⁶ ca¹ m⁴ do¹，wei³，gem¹ qi³ m⁴ deg¹ han⁴, dei⁶ yed⁶ zoi³ wen² néi⁵ king¹ guo³
我又咪差唔多。喂，今次唔得闲，第日再揾你倾过。
我不也是差不多。哎，今天比较忙，改天再找你聊天。

王新杰：
gem² wen² yed⁶ cêu¹ léi⁴ xig⁶ fan⁶ wag⁶ zé² da² ma² zêg² la¹
咁揾日出嚟食饭或者打麻雀啦！
那改天出来吃饭或者打麻将吧！

下午办公室内，刘薇为肖勇引见王新杰 ▼ D 场景

刘薇：
xiu¹ zung², ngoi³ min⁶ yeo⁵ wei² wong² sang¹ wen² néi⁵
肖总，外面有位王生揾你。
肖总，外面有位王先生找您。

肖勇：
o⁶, giu³ kêu⁵ yeb⁶ lei⁴ a¹
哦，叫佢入嚟啊。
哦，叫他进来吧。

王新杰：
xiu¹ zung² néi⁵ hou², ngo⁵ hei⁶ xing³ wa⁴ coi⁴ mou⁶ gung¹ xi¹ gé³ yib⁶ mou⁶ ging¹ léi⁵ xiu² wong², sêng⁶ qi³ hei² léi⁵ zung² dou⁶, ngo⁵ déi⁶ gin³ guo³ ga¹ la³
肖总你好，我系胜华财务公司嘅业务经理小王。上次喺李总度，我地见过嘎喇。
肖总您好，我是胜华财务公司的业务经理小王。上一次在李总那里，我们见过面的。

肖勇：
néi⁵ hou², m⁴ hou² yi³ xi¹ sêng⁶ qi³ mou⁵ lo² néi⁵ kad¹ pin²
你好，唔好意思上次冇摞你咭片。
你好，不好意思，上一次没有向你要名片。

王新杰：
m⁴ gen² yiu³，xiu¹ zung² tai³ hag¹ héi¹ la¹，m⁴ goi¹ do¹ do¹ guan¹ jiu³
唔紧要，肖总太客气啦，唔该多多关照。
没关系，肖总太客气了，请多多关照。

晚上家里，刘薇等丈夫陈国栋回家 ▼ E 场景

刘薇：
lou⁵ gung¹ néi⁵ fan¹ lei⁴ la⁴? dim² gai² gem³ ngan³ gé²
老公你翻嚟啦？点解咁晏嘅？
老公你回来啦！怎么这么晚啊？

27

陈国栋: 系啊,加班啊嘛,冇计啦!
hei³ a¹, ga¹ ban¹ a¹ ma³, mou⁵ gei² la¹
是啊,加班嘛,没有办法!

刘薇: 快啲过嚟睇下边个嚟咗。
fai³ di¹ guo³ lei⁴ tei² ha⁵ bin¹ go³ lei⁴ zo²
快过来看看谁来了。

陈国栋: 哇,老表?好耐冇见啦!乜咁错荡啊?
wa³, lou⁵ biu²?hou² noi⁵ mou⁵ gin³ la³,med¹ gem³ co³ dong⁶ a³
哇,表姐?很久不见了,什么风把您吹来了啊?

高敏: 攞啲嘢过嚟俾你哋啊嘛!
lo² di¹ yé⁵ guo³ lei⁴ béi² néi⁵ déi⁶ a¹ ma³
拿点儿东西过来给你们嘛!

陈国栋: 多谢晒,老表真系有我哋心。
do¹ zé⁶ sai³, lou⁵ biu² zen¹ hei⁶ yeo⁵ ngo⁵ déi⁶ sem¹
太谢谢表姐的关照了。

词汇及语法

1. 基本词汇:

生词	拼音	类比及联想词汇
早餐	zou² can¹	午餐 m⁵ can¹、晚餐 man⁵ can¹、下午茶 ha⁶ m⁵ ca⁴、宵夜 xiu¹ yé²
迟到	qi⁴ dou²	早退 zou² têu³、旷课 kuong⁵ fo¹、旷工 kuong³ gung¹、请假 céng³ ga³
幼儿园	yeo³ yi⁴ yün²	学校 hog⁶ hao⁶、学前班 hog⁶ qin⁴ ban¹、小学 xiu² hog⁶、中学 zung¹ hog⁶、大学 dai⁶ hog⁶
外面	ngoi min	里面 lêu⁵ min、出面 cêu¹ min、入面 yeb⁶ min⁶
公司	gung¹ xi¹	经理 ging¹ léi⁵、企业 kéi⁵ yib⁶、集团 zab⁶ tün⁴
清闲	qing¹ han⁴	得闲 deg¹ han⁴、无聊 mou⁴ liu⁴
发达	fad³ dad⁶	发财 fad³ coi⁴、有钱 yeo⁵ qin²

PART 2 日常口语

2. 方言词汇：

生词	普通话释义	例句（翻译）
fan^1 hog^6 翻学	上学	妈咪，我唔想翻学啊！ （妈妈，我不想上学啊！）
deg^1 han^4 得闲	有时间、有空	靓女今晚得唔得闲一齐食饭啊？ （美女今晚有空一起吃饭吗？）
m^4 sei^2 唔使	不需要、不用	食多啲啦唔使客气！ （多吃点吧，不用客气的！）
bin^1 dou^6 边度	哪里	你住边度啊？ （你在哪儿住呢？）
hou^2 séng^1 好声	小心、注意	唔好急，好声行啊！ （不用急的，小心点走哈！）
ceo^3 xün^1 凑孙	带孙子	唔系个个老人家都中意帮手凑孙嘎！ （不是每个老人都喜欢帮忙带孙子的！）
sem^1 pou^5 心抱	儿媳妇	张伯你个心抱真系贤淑啊！ （张伯你的儿媳妇真贤惠啊！）
gen^6 pai^2 近排	最近、这段时间	近排我都好忙。 （这段时间我都很忙。）
lou^5 hang^1 老坑	老头（贬义，用于自嘲或责骂）	咪以为我系老坑就虾我！ （不要看我是老头就欺负我！）
da^2 ma^4 zêg^2 打麻雀	打麻将、打牌	啲师奶最中意就系打麻雀！ （那些家庭主妇最喜欢打麻将了。）
m^4 hou^2 yi^3 xi^1 唔好意思	不好意思（用于道歉或者提起注意）	唔好意思，借借！ （不好意思，请让让！）
m^4 goi^1 唔该	请、麻烦（用于提起注意或者祈求帮助）	唔该帮我开门啊！ （请帮我开门！）
dim^2 gai^2 点解	为什么	点解你要呃我？ （你为什么要骗我？）
dei^6 yed^6 第日	以后	宜家唔好好读书第日就揾唔到工嘎啦！ （现在不好好念书以后就找不到工作了！）

问候

粤语就这么简单

1 基本句型

▶ (1)……咗……未啊?（……了吗?）

> **句型解析**：动词+"咗"+（宾语）+"未啊"，用于询问是否完成相关动作。
> **课文例句**：食咗早餐未啊?（吃早餐了吗?）
> **延伸例句**：做咗功课未啊?（做作业了吗?）
> BB训着咗未啊?（宝贝睡着了吗?）

▶ (2)……就快……喇!（……快要……了!）

> **句型解析**：主语+"就快"+动词+语气词
> **课文例句**：我就快迟到喇!（我快要迟到了啊!）
> **延伸例句**：汤就快滚了。（汤快要煮开了。）
> 张生，你嘅护照系咪就快过期嘞呢?（张先生，你的护照是不是快要过期了啊?）

▶ (3)乜……咁……啊!（怎么……这么……啊!）

> **句型解析**："乜"（+主语）+"咁"+形容词/副词+语气词
> **课文例句**：乜咁早晨啊?（怎么这么早啊?）
> 乜咁啱啊?（怎么这么巧啊?）
> 乜咁错荡啊?（怎么走错了啊? 意译为：哟，什么风把你吹来了?）
> **延伸例句**：乜你件衫咁污糟嘅?（怎么你的衣服这么脏的啊?）
> 乜广州嘅六月咁热嘎。（怎么广州的六月这么热的啊!）

2 专题解释：问候、打招呼的几种方式

▶ (1)常规型：（用于商务等正式场合，或晚辈对长辈，或第一次见面）

> 　　　　　　néi⁵ hou²
> 句型1：你好!
> 　　　　　　hou² gou¹ hing³ ying⁶ xig¹ néi⁵
> 句型2：好高兴认识你!
> 　　　　　　do¹ do¹ guan¹ jiu³
> 句型3：多多关照!

PART 2 日常口语

▶ (2)嘘寒问暖型：（用于亲人之间，或较熟悉的朋友、老同学间）

句型4： 你身体点啊？
　　　　néi⁵ sen¹ tei² dim² a³

句型5： 近排点啊？
　　　　gen⁶ pai² dim² a³

句型6： 食咗饭未啊？
　　　　xig⁶ zo² fan⁶ méi⁶ a³

▶ (3)明知故问型：（用于非常熟悉的朋友之间，或兄弟/闺蜜之间）

句型7： 咁错荡啊？
　　　　gem³ co³ dong⁶ a³

句型8： 乜咁啱嘅？
　　　　med¹ gem³ ngam¹ gé²

句型9： 点解又喺呢度见到你嘅？
　　　　dim² gai² yeo⁶ hei² néi¹ dou⁶ gin³ dou² néi⁵ gé²

介绍

02 介绍

粤语就这么简单

　　自我介绍是认识新朋友新同事的必经阶段，介绍他人又是将人脉关系逐步扩大的必要流程。在粤语的介绍中，其方式还有自我介绍和介绍他人的内容，都与普通话的大同小异，一般是姓名、职业、爱好等个人基本信息，如"我叫王老师，系教粤语嘅，平时中意听歌睇电影，或者打吓篮球咁！"，然后表达愿意继续交流的意向，以及使用一些谦让用语，如"我希望喺今后嘅课程中可以同大家共同进步，请大家多多指教！"。

 本课的学习目标是：

1. 掌握常用的寒暄及谦让用语；
2. 参照书本，用不超过五句粤语来完成自我介绍。

01 yi² ? néi¹ wei² hei⁶
咦？呢位系？（咦？这位是？）

02 gai³ xiu⁶ go³ yen⁴ néi⁵ xig¹
介绍个人你识！（介绍一个人给你认识。）

03 go³ wei² tung⁴ xi⁶ néi⁵ déi⁶ hou²
各位同事你哋好！（各位同事你们好！）

04 hou⁴ zei², néi¹ go³ hei⁶ a³ qün⁴
豪仔，呢个系阿全。（小豪，这是阿全。）

05 dai⁶ ga¹ giu³ ngo⁵ hou⁴ zei² deg¹ la³
大家叫我豪仔得嘞！（大家叫我小豪就可以了。）

PART 2 日常口语

06 qing² dai⁶ ga¹ do¹ do¹ ji² gao³
请大家多多指教。（请大家多多指教。）

07 zung⁶ yeo⁵ hou² do¹ yé⁵ sêu¹ yiu³ hêng³ gog³ wei² hog⁶ zab⁶
仲有好多嘢需要向各位学习。（还有很多东西需要向大家学习。）

08 ji⁶ ngo⁵ gai³ xiu⁶ ha⁵, ngo⁵ giu³ wong⁴ sen¹ yü⁵
自我介绍吓，我叫王新宇。（自我介绍一下，我叫王新宇。）

09 fong¹ m⁴ fong¹ bin⁶ leo⁴ dei¹ din⁶ wa² hou⁶ ma⁵ a³
方唔方便留低电话号码啊？（方便留下电话号码吗？）

10 gem¹ yed⁶ yeo⁵ yen⁴ gai³ xiu⁶ zo² go³ nêu⁵ zei² béi² ngo⁵ xig¹ a³
今日有人介绍咗个女仔俾我识啊！（今天有人介绍了个女孩子给我认识呢！）

实用对话

早晨课室内，杨美珊向同学们介绍新同学林伟豪   A 场景

gog³ wei² tung⁴ hog⁶, gem¹ yed⁶ yeo⁵ wei² sen¹ tung⁴ hog⁶ jün³ léi⁴ ngo⁵ déi⁶ ban¹

杨美珊： 各位同学，今日有位新同学转来我哋班。
各位同学，今天有位新同学转到我们班来。

dai⁶ ga¹ hou², ngo⁵ giu³ lem⁴ wei⁵ hou⁴, dai⁶ ga¹ giu³ ngo⁵ hou⁴ zei² zeo⁶ deg¹ la³

林伟豪： 大家好，我叫林伟豪，大家叫我豪仔就得喇。
大家好，我叫林伟豪，大家叫我小豪就可以了。

wei⁵ hou⁴ tung⁴ hog⁶ hei⁶ hêng¹ gong² yen⁴, gen¹ jü⁶ fu⁶ mou⁵ bun¹ léi⁴ guong² zeo¹ jü⁶

杨美珊： 伟豪同学系香港人，跟住父母搬来广州住。
小豪同学是香港人，和父母一起搬到广州这边居住。

33

介绍 02 粤语就这么简单

dai⁶ ga¹ ping⁴ xi⁴ yiu³ bong¹ ha⁵ kêu⁵ sug⁵ xig¹ hog⁶ hao⁶ wan⁴ ging² tung⁴ gung¹ fo³

大家平时要帮吓佢熟悉学校环境同功课。

大家平时要帮他熟悉学校的环境和课业。

hei⁶ a¹ , ngo⁵ ji¹ qin¹ yed¹ jig⁶ dou¹ hei² hêng¹ gong² fan¹ hog⁶ , pou² tung¹ wa² m⁴ hei⁶ géi² hou²

林伟豪：系啊，我之前一直都喺香港翻学，普通话唔系几好。

是啊，我以前一直都在香港上学，普通话不是很好。

ngo⁵ ngug¹ kéi² zou⁶ gong² xig¹ ca⁴ can¹ téng¹ gé³ , fun¹ ying⁴ dai⁶ ga¹ léi⁴ bong¹ cen³ a³

我屋企做港式茶餐厅嘅，欢迎大家嚟帮衬啊！

我家里是做港式茶餐厅的，欢迎大家来光顾！

léi⁴ xig⁶ yé⁵ yeo⁵ jid³ da², zung⁶ sung³ sang¹ guo² tim¹

嚟食嘢有折打，仲送生果添！

来吃东西可以打折，还送水果！

wa³ ! néi⁵ dou¹ géi² xig¹ zou⁶ sang¹ yi³ ga³ wo³

杨美珊：哇！你都几识做生意嘎喎！

哇！你也太会做生意了吧！

课间操场上，徐家明向钟铭全介绍新朋友林伟豪 B 场景

gou¹ lou² qün⁴ , gai³ xiu⁶ go³ yen⁴ néi⁵ xig¹

徐家明：高佬全，介绍个人你识！

高个儿全，介绍一个人给你认识。

*注："高佬全"的称呼比较通俗，仅用于熟悉的好友之间。若用于不熟悉的人之间，可能带有一定贬义，例如"肥婆兰"等，使用的时候要注意。）

bin¹ go³ a³

钟铭全：边个啊？

谁啊？

hou⁴ zei² , néi¹ go³ hei⁶ a³ qün⁴ , qün⁴ nin⁴ keb¹ zêu³ gou¹ gé³ , ngo⁵ déi⁶ go³ go³ dou¹ giu³ kêu⁵ gou¹ lou² qün⁴

徐家明：豪仔，呢个系阿全，全级最高嘅，我哋个个都叫佢"高佬全"。

小豪，这是阿全，他是我们年级最高的，我们个个都喊他"高个儿全"。

PART 2 日常口语

néi¹ go³ hei⁶ hou⁴ zei², lem⁴ wei⁵ hou⁴, ngo⁵ déi⁶ ban¹ gé³ cab³ ban¹ seng¹
呢个系豪仔，林伟豪，我哋班嘅插班生。
这是小豪，林伟豪，是我们班的转学生。
gem¹ yed⁶ xin¹ léi¹ gé³, gong² ngou⁶ seng¹ léi⁴ ga³
今日先嚟嘅，港澳生嚟嘎。
今天才来的，港澳生来的哦。

林伟豪： qün⁴ go¹ néi⁵ hou², ngo⁵ giu³ hou⁴ zei².
全哥你好，我叫豪仔。
全哥你好，我叫小豪。
téng¹ ming⁴ zei² gong² wa⁶ néi⁵ déi⁶ xing⁴ yed⁶ cei⁴ da² géi¹, ho² yi³ ngai³ mai¹ ngo⁵ ga³
听明仔讲话你哋成日一齐打机，可以嗌埋我嘎！
听小明说，你们经常一起打游戏，可以叫上我啊！

钟铭全： mé¹ qün⁴ go¹ a¹, gem³ hag³ héi³, qün⁴ sei³ gai³ dou¹ giu³ ngo⁴ gou¹ lou² qün⁴ gé². log⁶ tong⁴ yed¹ cei⁴ da² géi¹ a¹
咩全哥吖，咁客气，全世界都叫我高佬全嘅。落堂一齐打机吖！
什么全哥啊，这么客气的，所有人都喊我高个儿全的。下课一起去打游戏吧！

上午公司会议室内，肖勇向大家介绍新同事徐彪

C 场景

dai⁶ ga¹ hou², gem¹ yed⁶ lei⁶ wui² hoi¹ qi² qin⁴ tung⁴ dai⁶ ga¹ gai³ xiu⁶ go³ sen¹ tung⁴ xi⁶
肖勇： **大家好，今日例会开始前同大家介绍个新同事。**
大家好，在今天例会开始前，我跟大家介绍一位新同事。
ngo⁵ déi⁶ bou⁶ mun⁴ gé³ fen¹ xig¹ xi¹, cêu⁴ biu¹
我哋部门嘅分析师，徐彪。
我们部门的分析师，徐彪。

go³ wei² tung⁴ xi⁶ néi⁵ déi⁶ hou², ngo⁵ giu³ cêu⁴ biu¹, céng² dai⁶ ga¹ do¹ do¹ ji² gao³
徐彪： **各位同事你哋好，我叫徐彪，请大家多多指教。**
各位同事你们好，我叫徐彪，请大家多多指教。

cêu⁴ biu¹ ji¹ qin⁴ hei² ngen⁴ hong⁴ zou⁶ teo⁴ ji¹ fen¹ xig¹ yün⁴, yeo⁵ béi² gao¹ do¹ ging¹ yim⁶
肖勇： **徐彪之前喺银行做投资分析员，有比较多经验。**
徐彪之前在银行做投资分析员的，经验比较丰富。

35

介绍

粤语就这么简单

dai⁶ ga¹ yi⁵ heo⁶ yeo⁵ mé¹ yib⁶ mou⁶ sêng⁶ gé³ men⁶ tei⁴ yiu³ do¹ di¹ hêng³ kêu⁵ céng² gao³

大家以后有咩业务上嘅问题要多啲向佢请教。

大家以后业务上有什么问题要多向他请教。

xiu¹ zung² tai¹ toi⁴ gêu² leg³, ngo⁵ hei⁶ nam⁴ hoi¹ gem¹ yung⁴ bed¹ yib⁶ gé³, ji¹ qin⁴ hei² teo⁴ hong² zou⁶ guo³ sam¹ nin⁴ teo⁴ ji¹ fen¹ xig¹ xi¹

徐彪：肖总太抬举嘞，我系南开金融毕业嘅，之前喺投行做过三年投资分析师。

肖总太抬举我了，我是南开大学金融专业毕业的，以前在投资银行做过三年投资分析师。

ngo⁵ dêu⁶ PE xi¹ mou⁶ géi¹ gem¹ béi² gao³ sug⁶ xig¹, héi¹ mong⁶ ngo⁵ gé³ ging¹yim⁶ ho² yi³ bong¹ dou² gung¹ xi¹

我对PE私募基金比较熟悉，希望我嘅经验可以帮到公司。

我对PE私募基金业务比较熟悉，希望我的经验对公司有帮助。

yeo⁵ hou² do¹ yé³ zung⁶ yiu³ hêng³ xiu¹ zung² tung⁴ gog³ wei² hog⁶ zab⁶

有好多嘢仲需要向肖总同各位学习。

还有很多东西需要向肖总以及各位同事学习的。

hou², fei¹ wa² zeo⁶ m⁴ do¹ gong², gem¹ yi⁴ ga¹ jing³ xig¹ hoi¹ wui²

肖勇：好，废话就唔多讲嘞，咁宜家正式开会。

好，废话就不多说了，那现在正式开会吧。

傍晚电影院前，刘薇向杨美珊介绍学长王新宇 D 场景

wei³, méi⁵ san¹, néi¹ bin¹, néi¹ bin¹ a³

刘薇：喂，美珊，呢边，呢边啊！

喂，美珊，这边，这边！

yün⁴ léi¹ néi⁵ hei² dou⁶ a⁴, wen² dou³ ngo⁵ a¹. yi²? néi¹ wei² hei⁶

杨美珊：原嚟你喺度啊，揾到我吖。咦？呢位系？

原来你在这里啊，把我找得哟！咦？这位是？

ji¹ ngo⁵ gai³ xiu⁶ ha⁵, ngo⁵ giu³ wong⁴ sen¹ yü⁵. leo⁴ méi⁴ hei⁶ ngo⁵ dai⁶ hog⁶ gé³ xi¹ mui²

王新宇：自我介绍吓，我叫王新宇。刘薇系我大学嘅师妹。

自我介绍一下，我叫王新宇。刘薇是我大学的师妹。

hai¹, néi⁵ hou² a³, ngo⁵ hei⁶ yêng⁴ méi⁵ san¹, tung⁴ méi⁴ zé¹ dou¹ xig¹ zo² hou² noi⁶ ga³ la³

杨美珊：嗨，你好啊，我系杨美珊，同薇姐都识咗好耐嘎喇。

嗨，你好啊，我是杨美珊，跟薇姐也认识很久了。

PART 2 日常口语

王新宇: dei⁶ yed¹ qi³ gin³ min⁶, fong¹ m⁴ fong¹ bin⁶ leo⁴ dei¹ din⁶ wa² hou⁶ ma⁵ a³
第一次见面,方唔方便留低电话号码啊?
第一次见面,方便留下电话号码吗?

杨美珊: mou⁵ men⁶ tei⁴ a¹, néi⁵ géi³ dei¹ a¹, gem² néi⁵ géi³ do¹ a³
冇问题吖,你记低吖,咁你几多啊?
没问题,你记下来吧。那你的电话号码是多少啊?

1. 基本词汇:

生词	拼音	类比及联想词汇
今日	gem¹ yed⁶	前日qin⁴ yed⁶、琴日kem⁴ yed⁶、听日ting¹ yed⁶、后日hou⁶ yed⁶
熟悉	sug⁶ xig¹	了解liu⁵ gai²、认识ying⁶ xig¹、点头之交dim² teo⁴ ji¹ gao¹、陌生meg⁶ seng¹
父母	fu⁶ mou⁵	兄弟hing¹ dei⁶、姊妹ji² mui⁵、兄嫂hing¹ sou²、叔婶sug¹ sem²
学校	hog⁶ hao⁶	公司gung¹ xi¹、单位dan¹ wei²、家庭ga¹ ting⁴
功课	gung¹ fo³	作业zog³ yib⁶、课程fo³ qing⁴
茶餐厅	ca⁴ can¹ téng¹	西餐厅sei¹ can¹ téng¹、拉面馆lai¹ min⁶ gun²、茶楼ca⁴ leo⁴
做生意	zou⁶ sang¹ yi³	创业cong³ yib⁶、打工da² gung¹
抬举	toi⁴ gêu²	赏识sêng² xig¹、交流gao¹ leo⁴、沟通keo¹ tung¹

2. 方言词汇:

生词	普通话释义	例句(翻译)
bong¹ cen³ 帮衬	光顾	得闲记得再嚟帮衬啊! (有时间记得再过来光顾啊!)
xig⁶ yé⁵ 食嘢	吃东西	你做咩又唔食嘢啊?减肥啊? (你为什么又不吃东西呀?减肥吗?)
sang¹ guo² 生果	水果	夏天啲生果种类好多好新鲜! (夏天的水果种类很多很新鲜!)

介绍 02 粤语就这么简单

生词	普通话释义	例句（翻译）
gou¹ lou² 高佬	高人、高个子	你觉得头先嗰个高佬点啊？（你觉得刚才那个高个子怎么样啊？）
da² géi¹ 打机	打游戏机	仔，你唔好一有时间就打机啦！（儿子啊，你不要一有时间就打游戏机啦！）
ngai³ 嗌	叫	有好嘢记得一定要嗌我啊！（有好事情记得一定要告诉我啊！）
log⁶ tong⁴ 落堂	下课	你几点落堂啊？我嚟接你吖！（你几点下课呀？我来接你吧！）
yi⁴ ga¹/ yi¹ ga¹ 宜家/依家	现在	宜家我好唔得闲啊！（现在我很忙啊！）
wen² 搵	找、赚	我冇攞你嘅嘢，你自己翻去搵吓啦！（我没拿你的东西，你自己回去找一下吧！）
nêu⁵ zei² 女仔	女孩	女仔大多数中意高啲嘅男仔！（女孩子大多数喜欢高一点的男孩子！）
sêu⁶ ngan⁵ 顺眼	合眼缘	我第一眼见佢就觉得佢好顺眼。（我第一眼见他就觉得他很合眼缘。）
geb¹ zên³ 急进	急于前进、冲动	追女仔唔可以咁急进嘎！（追求女孩子不适宜太过冲动的！）
tei² din⁶ ying² 睇电影	看电影	我平时最中意睇电影嘅喇！（我平时最喜欢看电影的。）
dai⁶ lou² 大佬	大哥、老大（帮派或者组织中）	你哋呢度边个系大佬？（你们这儿谁说了算的？）
sei³ lou² 细佬	1. 弟弟 2. 小弟（谦称）	细佬我有两个细佬嘎！（小弟我有两个弟弟呢！）

 语法解析

1 基本句型

(1)转述的基本句式，用于描述他/她/它的情况。

a. 转换人称后，直接开始描述：

PART 2 日常口语

- **句型解析：**"佢"（+"系"+）……
- **本课例句：**佢喺一间中学做语文老师。（她在一间中学当语文老师。）
  佢屋企人系开茶餐厅嘅。（他家里是开茶餐厅的。）
- **延伸例句：**佢都唔钟意食辣椒嘅。（他都不喜欢吃辣椒。）
  佢系湖南人。（他是湖南人。）

b. 转换人称后，引入"话"（说）、"觉得"（认为）等感官动词，间接复述：

- **句型解析：**"佢"（+同我讲）+"话"……
- **本课例句：**佢同我讲话佢喺一间中学做语文老师。（她跟我说她在一间中学当语文老师。）
  佢话佢屋企人系开茶餐厅嘎嗰。（他说他家里是开茶餐厅的喔。）
- **延伸例句：**佢同我讲过佢唔钟意食辣椒嘅。（他跟我说过他不喜欢吃辣椒的。）
  佢话佢自己系湖南人。（他说他自己是湖南人。）

▶ (2)……唔系几……（……不是那么……）

- **句型解析：**主语（东西、行为等）+"唔系几"+形容词+语气词，用于婉转地表示某种东西或者行为不如想象中的令人满意。
- **课文例句：**我普通话唔系几好啊。（我的普通话不是那么好的。）
- **延伸例句：**你咁样做好似唔系几啱嘎！（你这样做好像不太好吧。）
  佢男朋友对佢唔系几好。（她男朋友对她不是很好。）

2 专题解释：介绍他人或自己的几种方式

▶ (1)直接介绍（自我介绍）：

句型1：　　dai⁶ ga¹ hou², ngo⁵ hei⁶ lem⁴ wei⁵ hou⁴
　　　　　大家好，我系林伟豪。（大家好，我是林伟豪。）
句型2：　　giu³ ngo⁵ hou⁴ zei² zeo⁶ deg¹ la³
　　　　　叫我豪仔就得喇！（叫我小豪就可以了！）
句型3：　　go³ go³ dou¹ giu³ ngo⁵ féi⁴ zei² hou⁴ gé²
　　　　　个个都叫我肥仔阿豪嘅！（大家都喊我胖子阿豪！）
句型4：　　ngo⁵ léi⁴ ji⁶ guong² dung¹ meo⁴ ming⁴
　　　　　我嚟自广东茂名。（我来自广东茂名。）
句型5：　　ngo⁵ hei⁶ ngo⁵ déi⁶ ngug¹ kéi² zêu³ sei³ gé³
　　　　　我系我哋屋企最细嘅。（我是我们家最小的。）
句型6：　　ngo⁵ zung¹ hog⁶ hei² guong² zeo¹ yi⁶ zung¹ dug⁶ gé³
　　　　　我中学系喺广州二中读嘅。（我中学的时候在广州二中读书。）

39

介绍

句型7：　yi⁴ ga¹ dug⁶ gen² dai⁶ sam¹
宜家读紧大三。（现在在念大三。）

句型8：　m⁴ goi¹ do¹ do¹ ji² gao³
唔该多多指教！（请多多指教！）

句型9：　yi⁵ heo⁶ zung⁶ yeo² dai⁶ ba² yé⁵ yiu³ gen¹ néi⁵ déi⁶ hog⁶ ga³
以后仲有大把嘢要跟你哋学嘎！（以后还有很多东西要你们学习的！）

(2)间接介绍（引荐他人）

句型1：　bed¹ yü⁴ ngo⁵ gai³ xiu⁶ go³ yen⁴ béi² néi⁵ xig¹ a¹
不如我介绍个人俾你识啊。（不如我介绍一个人给你认识吧？）

句型2：　léi⁴, gai³ xiu⁶ go³ léng¹ nêu² béi² néi⁵ xig¹
嚟，介绍个靓女你识啊！（来，介绍一个美女给你认识吧！）

句型3：　néi⁵ géi³ m⁴ géi³ deg¹ kêu⁵ a³
你记唔记得佢啊？（你还记得他吗？）

句型4：　kêu⁵ zeo⁶ hei⁶ ngo⁵ sêng⁶ qi³ tung⁴ néi⁵ gong² go² go³ lou⁵ hêng¹
佢就系我上次同你讲嘅个老乡。（他就是我上次跟你说起的那个老乡。）

句型5：　kêu⁵ sang¹ deg¹ géi² gou¹, géi² sên⁶ ngan⁵ ga³
佢都生得几高，几顺眼嘎！（他也长得挺高，样貌不错！）

句型6：　kêu⁵ hei⁶ go³ yü⁵ men⁴ lou⁵ xi¹
佢系个语文老师。（他是语文老师。）

句型7：　kêu⁵ ngug¹ kéi² hei⁶ hêng¹ gong² gé³
佢屋企系香港嘅。（他家里是香港的。）

句型8：　ngo⁵ tung⁴ kêu⁵ xig¹ zo² ya⁶ géi² nin⁴ ge³ la³
我同佢识咗廿几年噶啦！（我跟他认识了二十几年了！）

PART 2 日常口语

张桂芬： yün⁴ jü⁶ néi¹ tiu⁴ lou⁶ jig⁶ hang⁴ zeo⁶ deg¹ la³, hei⁶ mei⁶ a³
沿住呢条路直行就得喇，系咪啊？
沿着这条路直走就行了，对吗？

路人： hei⁶ a³, hei² seo⁶ piu³ dim² cêd¹ xi⁶ lou⁵ yen⁴ jing³ ho² neng⁴ zung⁶ ho² yi³ min⁵ piu³ tim¹, ho² yi³ jig⁶ jib³ sêng⁵ san¹
系啊，喺售票点出示老人证可能仲可以免票添，可以直接上山。
是啊，在售票点出示老人证可能还能免票呢，能直接上山。

张桂芬： o⁴, hou², m⁴ goi¹ sai¹ léng² zei²
哦，好，唔该晒靓仔。
哦，好的，谢谢哈年轻人。

上午，徐彪开车送儿子徐家明去同学家玩
B 场景

徐彪： a³ zei² a³, néi⁵ geo⁶ ging² xig¹ m⁴ xig¹ deg¹ lou⁶ ga³
阿仔啊，你究竟识唔识路嘎？
儿子啊，你究竟知不知道怎么走的呀？

徐家明： ngo⁵ géi³ deg¹ tung⁴ hog⁶ gong² wa⁶ hei⁶ hei² néi¹ dou⁶ fu⁶ gen⁶ ga³
我记得同学讲话系喺呢度附近嘎！
我记得同学说是在这里附近的！

徐彪： bed¹ yü⁴ néi⁵ da² go³ din⁶ wa² men⁶ ha⁵ tung⁴ hog⁶ zei² la¹
不如你打个电话问吓同学仔啦！
不如你打个电话问一下同学吧！

徐家明： gou¹ lou² qün⁴, ngo⁵ yi⁴ ga¹ hei² ced¹ zei² fu⁶ gen⁶ a³, néi⁵ ngug¹ kéi² hei² bin¹ a³
高佬全，我宜家喺"7仔"附近啊，你屋企喺边啊？
高个儿全，我现在在7-11便利店附近，你家在哪儿啊？

钟铭全： guo³ zo² ced¹ zei² go³ go³ lou⁶ heo² jün³ zo² la¹, jig⁶ hang⁴ guo³ do¹ go³ gai¹ heo² zeo⁶ hei⁶ la³, yêng⁴ guong¹ fa¹ yün²
过咗"7仔"嗰个路口转左啦，直行过多个街口就系喇，阳光花园。
过了7-11便利店那个路口左拐吧，直走再过一个路口就是了，阳光花园。

徐家明： ming⁴ sai³, zen⁶ gan¹ gin³, lou⁵ deo⁶, qin⁴ min⁶ lou⁶ heo² jün³ zo² yêng⁴ guong¹ fa¹ yün² a¹
明晒，阵间见。老豆，前面路口转左阳光花园吖。
明白了，等会儿见。老爸，就是前面路口左拐的阳光花园哦。

43

交通

电话中，杨美珊问刘薇日本餐厅的位置

场景 C

杨美珊：
méi⁴ zé¹, ngo⁵ hei⁶ a³ san¹ a³。 sêng⁶ qi³ néi⁵ wa⁶ hou² hou² xig⁶ gé² go² gan¹ yed⁶ bun² coi³ can¹ téng¹ lé¹, hei² bin¹ dou⁶ a³

薇姐，我系阿珊啊。上次你话好好食嘅嗰间日本菜餐厅咧，喺边度啊？

薇姐，我是阿珊。上次你说很好吃的那间日本餐厅，在哪里啊？

刘薇：
go² gan¹ yé⁵ a⁴, zou⁶ mé¹ a³? deg⁶ yin⁴ gan¹ sêng² hêu⁶ gé²

嗰间嘢啊，做咩啊？突然间想去嘅？

那一间店啊，怎么啦？为什么突然间想去的？

杨美珊：
wong⁴ sen¹ yü⁵ yêg³ ngo⁵ xig⁶ fan⁶ a³, men³ ngo⁵ sêng² xig⁶ mé¹, ngo⁵ nem² héi¹ néi⁵ sêng⁶ qi³ wa⁶

王新宇约我食饭啊，问我想食咩，我谂起你上次话……

王新宇约我吃饭，问我想吃什么，我就想起你上次说……

刘薇：
ha¹ ha¹, hou²。 néi⁵ géi³ m⁴ géi³ deg¹ ngo⁵ déi⁶ sêng⁶ qi³ mai⁵ néi⁵ go² tiu⁴ mei⁵ xig¹ kuen⁴ gé² go² gan¹ pou³ teo² a³

哈哈，好。你记唔记得我哋上次买你嗰条米色裙嘅嗰间铺头啊？

哈哈，好的。你还记得上次我们买你那条米色裙子的那间店吗？

杨美珊：
géi³ deg¹ a³, hei² go² dou⁶ fu⁶ gen⁶ a⁴

记得啊，喺嗰度附近啊？

记得啊，在那儿附近吗？

刘薇：
hei⁶ a³, hei² qin⁴ min⁶ go² go³ sêng¹ cêng⁴ yeb⁶ min⁶, hou² qi³ hei² séi³ leo²。

系啊，喺前面嗰个商场入面，好似喺四楼。

是啊，在前面那个商场里面，好像是四楼。

néi⁵ hêu² dou³ men⁶ men⁶ sêng¹ cêng⁴ di¹ yen⁴ zeo⁶ ji¹ ga³ la³

你去到问问商场啲人就知嘎啦。

你去到那里问问商场的人就知道了。

杨美珊：
hou², m⁴ goi¹ sai³ méi⁴ zé¹

好，唔该晒薇姐。

好的，谢谢啊薇姐。

PART 2 日常口语

地铁站，林伟豪想去动漫星城，向路人问路　　D 场景

林伟豪： go⁴ go¹, m⁴ goi¹ ngo⁵ sêng² men⁵ ha⁵ hêu² dung⁶ man⁶ xing¹ xing⁴ dab³ géi² hou⁶ xin³ a³
哥哥，唔该我想问吓去动漫星城搭几号线啊？
哥哥，不好意思，我想问一下去动漫星城坐地铁几号线呢？

路人： dung⁶ man⁶ xing¹ xing⁴ a⁴, ngo⁵ tei² ha⁵ xin¹. dung⁶ man⁶ xing¹ xing⁴ hei⁶ hei² gung¹ yün² qin⁴ zam⁶ wo³
动漫星城啊，我睇下先。动漫星城系喺公园前站喎。
动漫星城，我看看。动漫星城是在公园前站哦。

林伟豪： hou² qi⁵ hei⁶ a³, fu² gen⁶ zung⁶ yeo² beg¹ ging¹ lou⁶ bou⁶ heng⁴ gai¹
好似系啊，附近仲有北京路步行街。
好像是的，附近还有北京路步行街。

路人： gem² zeo⁶ hei⁶ lag³, néi⁵ dab³ sam¹ hou⁶ xin³ hêu³ dou³ tei² yug⁶ sei¹ lou⁶ zam⁶,
咁就系嘞，你搭三号线去到体育西路站，
这就对了，你坐三号线到体育西路站，
zoi³ jün³ yed¹ hou⁶ xin³ hêu³ dou³ gung¹ yün² qin⁴ zam³
再转一号线去到公园前站。
再转一号线到公园前站。

林伟豪： wa³, gem² ma⁴ fan⁴ a⁴? guong² zeo¹ déi⁶ tid³ dou¹ géi² fug¹ zab⁶ wo³
哇，咁麻烦啊？广州地铁都几复杂喎。
哇，这么麻烦啊？广州地铁也挺复杂的哦。

路人： xiu² xiu² gem² la¹, hei² yed¹ hou⁶ xin³ gung¹ yün² qin⁴ zam⁶ log⁶ déi⁶ tid³, dou¹ hou² fai³ gé²
小小咁啦，喺一号线公园前站落地铁，都好快嘅。
一点点吧，在一号线公园前站下地铁，也很快的。

计程车上，刘薇跟司机说要去妇幼医院　　E 场景

刘薇： xi¹ géi¹, m⁴ goi¹ hêu³ fu⁵ yeo³ yi¹ yün² a¹
司机，唔该去妇幼医院吖！
师傅，麻烦去妇幼医院！

45

司机： hou² a³, m⁴ goi¹ keo³ hou² ngon¹ qün⁴ dai² ha²! hang⁴ tin¹ fu² lou⁶ ding⁶ hei² wong⁴ bou³ dai⁶ dou⁶ a³

好啊，唔该扣好安全带吓！行天府路定系黄埔大道啊？

好的，请扣好安全带吧！走天府路还是黄埔大道？

刘薇： wong⁴ bou³ dai⁶ dou⁶ ho² neng⁴ seg¹ cé¹。hang⁴ tin¹ fu² lou⁶ la¹, ho² neng⁴ fai³ di¹

黄埔大道可能塞车。行天府路啦，可能快啲。

黄埔大道可能堵车哦。走天府路吧，可能快一点儿。

司机： tou⁴ xin¹ téng¹ din¹ toi¹ gao¹ tung¹ xiu¹ xig¹, hou² qi³ wa⁶ tin¹ fu² lou⁶ zong⁶ zo² cé¹, yeo⁵ xiu² xiu² seg¹ wo³

头先听电台交通消息，好似话天府路撞咗车，有小小塞喎。

刚刚听电台交通消息，好像说天府路撞车了，有点儿堵车哦。

刘薇： gem² a⁴? gem² zeo⁶ hang⁴ wong⁴ bou³ dai⁶ dou⁶ la¹。néi¹ pai¹ log⁶ yü⁵ tin¹, gao¹ tung¹ yi³ ngoi⁶ zen¹ hei⁶ do¹

咁啊？咁就行黄埔大道啦。呢排落雨天，交通意外真系多！

这样啊？那就走黄埔大道吧。这段时间下雨天，交通意外真的很多！

司机： tin¹ yü⁵ lou⁶ wad⁶ a¹ ma³, cé¹ yeo⁵ do¹ yen⁴ yeo⁵ do¹, mou⁵ ban⁶ fad³ la¹

天雨路滑吖嘛，车又多人又多，冇办法啦！

下雨路滑嘛，车也多人也多，没有办法呀！

词汇及语法

1. 基本词汇：

生词	拼音	类比及联想词汇
白云山	bag⁶ wen⁴ san¹	莲花山lin⁴ fa¹ san¹、西樵山sei¹ qiu⁴ san¹、大帽山da⁶ mou⁶ san¹
售票	seo⁶ piu³	门票mun⁴ piu³、售票点seo⁶ piu³ dim²、票站piu³ zam⁶、票贩piu³ fan²
老人证	lou⁵ yen⁴ jing³	学生证hog⁶ sang¹ jing³、证件jing³ gin²、优惠卡yeo¹ wei⁶ ka¹

PART 2 日常口语

生词	拼音	类比及联想词汇
商场	sêng¹ cêng⁴	店铺dim³ pou³、商店sêng¹ dim³
交通工具	gao¹ tung¹ gung¹ gêu⁶	私家车si¹ ga¹ cé¹、线路xin³ lou⁶
动漫	dong⁶ man⁶	漫画man⁶ wa²、展览jin² lam⁵
公园前	gung¹ yün² qin⁴	北京路beg¹ ging¹ lou⁶、天府路tin¹ fu² lou⁶、黄埔大道wong⁴ bou¹ dai⁶ dou⁶
地铁	déi⁶ tid³	公交车gung¹ gao¹ cé¹、巴士ba¹ xi²、单车dan¹ cé¹
妇幼医院	fu⁵ yeo³ yi¹ yün²	天河公园tin¹ ho⁴ gung¹ yün²、体育中心tei² yug⁶ zung¹ sem¹
安全带	ngon¹ qün⁴ dai²	安全帽ngon¹ qün⁴ mou²、安全气囊ngon¹ qün⁴ héi³ nong⁴
交通意外	gao¹ tung¹ yi³ ngoi⁶	塞车seg¹ cé¹

2. 方言词汇：

生词	普通话释义	例句（翻译）
gen¹ jü⁶ 跟住	接着	你转左直行跟住再转右就到喇！ （你左拐直走，然后再右拐就到了！）
yün⁴ jü⁴ 沿住	沿着	你沿住呢条路行啦！ （你沿着这条路走吧！）
xig¹ lou³ 识路	知道怎么走	你唔好指意我，我唔识路！ （你不要指望我，我不知道怎么走！）
ced¹ zei² 7仔	7-11便利店	离呢度最近嘅7仔喺边？ （离这里最近的7-11便利店在哪里？）
ngug¹ kéi² 屋企	家	你上嚟我屋企啦！ （你来我家吧！）
gai¹ heo² 街口	路口	间铺就喺前面一个街口！ （那间店就在前面一个路口！）
zen⁶ gan¹ 阵间	等会儿	我阵间过嚟搵你啦！ （我等会儿过来找你吧！）
nem² 惗	想	你点解咁惗我嘎？ （你怎么这样想我的？）
pou³ teo² 铺头	店铺（一般指比较小的）	嗰间铺头个老板娘好好人嘎！ （那间店的老板娘人很好！）
ding⁶ hei⁶ 定系	还是	你要呢样定系嗰样啊？ （你要这个还是那个？）

生词	普通话释义	例句（翻译）
seg^1 cé^1 塞车	堵车	我点会谂到咁塞车啊！ （我怎么会想到这么堵车呢？）
mou^5 ban^6 fad^3 冇办法	没办法	我都有晒办法喇！ （我也没有办法了！）

1 基本句型

▶ (1)……究竟……嘎？（……究竟……啊？）

> **句型解析：** 主语+"究竟"+语气词，用于表示对主语的疑问或质问。
> **课文例句：** 你究竟识唔识路嘎？（你究竟知不知道怎么走的呀？）
> **延伸例句：** 佢咁做究竟系唔系路嘎？（他这样做究竟能不能行呀？）
> 今日究竟系咪要翻学嘎？（今天究竟要不要上学呀？）

▶ (2)……记唔记得……？/记得……（……还记得……吗？/……记得……。）

> **句型解析：** 主语+"记（唔记）得"+（名词/完整句子），用于记不记得某种情况。
> **课文例句：** 我记得同学讲话系喺呢度附近嘎！（我记得同学说是在这里附近的！）
> 你记唔记得我哋上次买你嗰条米色裙嘅嗰间铺头啊？（你还记得上次我们买你那条米色裙子的那间店吗？）
> **延伸例句：** 我记得我老豆同我讲过嘅。（我记得我老爸跟我说过的。）

▶ (3)……定系……啊？（……还是……啊？）

> **句型解析：** （名词/完整句子）+"定系"+（名词/完整句子）+语气词，用于表示选择。
> **课文例句：** 行天府路定系黄埔大道啊？（走天府路还是黄埔大道？）
> **延伸例句：** 你钟意食韩国菜定系日本菜啊？（你喜欢吃韩国菜还是日本菜？）
> 高佬全同佢女朋友分手系因为屋企反对定系性格不合啊？（高个儿全跟他女朋友分手是因为家里反对还是性格不合呢？）

PART 2 日常口语

2 专题解释：

▶ (1)问路的几种方式

a. 有明确指定的问路：

句型1：m⁴ goi¹, tin¹ ho⁴ xing⁴ guong² cêng⁴ dim² hêu³ a³
唔该，天河城广场点去啊？（请问天河城广场怎么走？）

句型2：m⁴ goi¹, dim² yêng² xin¹ ho² yi³ hêu³ dou² tin¹ ho⁴ xing⁴ guong² cêng⁴ a³
唔该，点样先可以去到天河城广场啊？（请问怎样才能到达天河城广场呢？）

句型3：m⁴ goi¹, néi⁵ ji¹ m⁴ ji¹ dim² dab³ déi⁶ tid³ hêu³ tin¹ ho⁴ xing⁴ guong² cêng⁴ a³
唔该，你知唔知点搭地铁去天河城广场啊？（请问你知道怎么坐地铁去天河城广场吗？）

句型4：m⁴ goi¹, hêu³ tin¹ ho⁴ xing⁴ guong² cêng⁴ dab³ méi¹ cé¹ a³
唔该，去天河城广场搭咩车啊？（请问去天河城广场坐几路车呢？）

b. 无明确指定的问路

句型1：m⁴ goi¹, zêu³ ken⁵ gé³ yi¹ yün² hei² bin² a³
唔该，最近嘅医院喺边啊？（请问最近的医院在哪里呢？）

句型2：fu⁶ gen⁶ gé³ yeo⁴ gug² hei² bin¹ a³
附近嘅邮局喺边啊？（附近的邮局在哪里呢？）

句型3：m⁴ goi¹, fu⁶ gen⁶ yeo⁵ bin¹ dou⁶ ho² yi³ mai⁵ xü¹ a³
唔该，附近有边度可以买书啊？（请问附近哪里可以买书呢？）

句型4：néi⁵ sêng⁶ qi³ tei⁴ dou³ gé³ go² gan¹ dim³ hei² bin¹ a³
你上次提到嘅嗰间店喺边啊？（你上次提到的那间店在哪里呢？）

句型5：a³ big¹ wa⁶ tei² din⁶ ying² hou² dei² gé³ go² gan¹ din⁶ ying² yün² hei² bin¹ dou⁶ a³
阿碧话睇电影好抵嘅嗰间电影院喺边度啊？（阿碧说看电影很实惠的那间电影院在哪里呢？）

▶ (2)搭乘公共交通工具用语：

a. 计程车：

句型1：xi¹ géi¹ m⁴ goi¹ hêu³ qün⁴ keo⁴ tung¹ dai⁶ ha⁶ a¹
司机唔该全球通大厦吖！（师傅，麻烦去全球通大厦！）

句型2：hêu³ tei² yug⁶ zung¹ sem¹
去体育中心！（去体育中心！）

句型3：m⁴ goi¹ zêu³ ken⁵ gé³ din⁶ ying² yün² a¹
唔该最近嘅电影院吖！（麻烦去最近的电影院！）

49

句型4：deg¹ la¹, néi¹ dou⁶ ting⁴ deg¹ la¹
得啦，呢度停得啦！（行吧，这里停可以了！）

句型5：béi² fad³ piu¹ a¹
俾发票吖！（给发票吧！）

b. 公交车或地铁：

句型1：xi¹ géi¹ deng² mai⁴
司机等埋！（司机请等等！）

句型2：yeo⁵ log⁶ a³ m⁴ goi¹
有落吖唔该！（有要下车的，谢谢！）

句型3：m⁴ goi¹ yeo⁵ log⁶
唔该有落！（麻烦有要下车的！）

句型4：m⁴ goi¹ hêu³ m⁴ hêu³ guog³ fong⁴ dai⁶ ha⁶ a³
唔该去唔去国防大厦啊？（请问去国防大厦吗？）

句型5：xi¹ géi¹ m⁴ goi¹ hêu³ dou³ fa¹ yün⁴ zeo² dim³ tei¹ séng² ha⁵ ngo⁵ a¹
司机唔该去到花园酒店提醒吓我啊！（师傅，麻烦到了花园酒店提醒一下我！）

句型6：m⁴ goi¹ hei² bin¹ go³ zam⁶ jün³ xin³/ jün³ cé¹ a³
唔该喺边个站转线/转车啊？（请问在哪一个站转线/转车呢？）

▶ (3)描述路名、地名时，应力求准确，如无法表述清楚，应增加附近标志物

A: m⁴ goi¹, néi¹ dou⁶ fu⁴ gen⁶ yeo⁵ gan¹ xig⁶ zug¹ xing¹ min⁶ gé³ pou³ teo² hei⁶ hei² bin¹ dou⁶ a³
唔该，呢度附近有间食竹升面嘅铺头系喺边度啊？（不好意思，这里附近有间吃竹升面的店是在哪儿呢？）

B: mé¹ pou⁴ teo² a³, méi⁶ téng¹ gong² guo³ wo³
咩铺头啊，未听讲过喎。（什么店啊，没听说过哦。）

A: sen¹ men² sêng⁶ bou³ dou⁶ guo³ ga³, hou² qi⁵ wa⁶ hei⁶ hei² yed¹ gan¹ sêng¹ cêng⁴ gé³ heo⁶ hong²
新闻上报道过嘎，好似话系喺一间商场嘅后巷。（新闻上报道过的，好像说在一间商场的后巷。）

B: hei⁶ mé¹? yeo⁵ gan¹ gem² gé³ yé⁵ mé¹? o⁶, ngo⁵ ji¹ dou³ leg³
系咩？有间咁嘅野咩？哦，我知道嘞。（是吗？有这样的店吗？哦，我知道了。）

A: hei⁶ a³ hei⁶ a², téng¹ gong² hou² cêd¹ méng² ga³
系啊系啊，听讲好出名嘎。（是啊是啊，听说很出名的。）

PART 2 日常口语

04 电话

本课将主要讲述如何打电话以及接电话，包括商务电话用语以及给熟人打电话。在商务电话用语中，由于使用的敬词较多，而且表述较为正式，因此与普通话电话用语基本一致；给熟人打电话，我们能够发现其说法更为口语化，省略的句子成分较多，应重点掌握。

 本课的学习目标是：
1. 能用粤语订酒店、卡拉OK房或者餐厅包房；
2. 能用粤语准确描述一件简单的事，并通过电话向朋友讲述。

01 wei², m⁴ goi¹ hei³ mei³ bing² xing⁶ a³
喂，唔该系咪炳胜啊？（喂，请问是炳胜酒家啊？）

02 néi⁵ hou², néi¹ dou⁶ hei⁶ gem¹ bou² gung¹ xi¹
你好，呢度系金宝公司。（您好，这里是金宝公司。）

03 qing² men⁶ yeo⁵ mé¹ ho² yi³ bong¹ dou² néi⁵
请问有咩可以帮到你？（请问有什么可以帮助您啊？）

04 néi⁵ hou², m⁴ goi¹ wen² cêu⁴ ging¹ léi⁵ a¹
你好，唔该揾徐经理吖！（您好，请找徐经理。）

05 m⁴ hou² yi³ xi¹, kêu⁵ ngam¹ ngam¹ hang⁴ hoi¹ zo²
唔好意思，佢啱啱行开咗。（不好意思，他刚刚走开了。）

06 néi⁵ yeo⁵ mé¹ xi⁶ wen² kêu⁵ lé¹
你有咩事揾佢咧？（您有什么事情要找他呢？）

电话　04　粤语就这么简单

07　fong¹ m⁴ fong¹ bin⁶ leo⁴ dei¹ go³ heo² sên³ a³
方唔方便留低个口信啊？（方便留下口信吗？）

08　deng² cêu⁴ ging¹ léi⁵ fan¹ léi⁴ ngo⁵ zoi³ da² guo³ léi⁴ a¹
等徐经理翻来我再打过嚟吖。（等徐经理回来我再打过来吧。）

09　ngo⁵ hei⁶ cêu⁴ biu¹, bin¹ wei² wen² ngo⁵
我系徐彪，边位揾我？（我是徐彪，哪位找我？）

10　m⁴ goi¹ néi⁵ deng² do¹ zen⁶ la¹
唔该你等多阵啦！（麻烦您再等会儿。）

实用对话

早上，徐家明生病了，母亲高敏向学校打电话请假　　A 场景

高敏：
wei² néi⁵ hou², m⁴ goi¹ hei⁶ mei³ seb³ lug⁶ zung¹ co¹ sam¹ ban⁶ gung¹ sed¹ a³
喂你好，唔该系咪十六中初三办公室啊？
喂，您好，请问是第十六中学初三办公室吗？
ngo⁵ sêng² wen² co¹ sam¹ sam¹ ban¹ yêng⁴ lou⁵ xi¹
我想揾初三三班杨老师。
我想找初三三班的杨老师。

邱俊：
m⁴ hou² yi³ xi¹, yêng⁴ lou⁵ xi¹ méi⁵ fan¹。néi⁵ yeo⁵ mé¹ xi⁶ wen² kêu⁵ lé¹
唔好意思，杨老师未翻。你有咩事揾佢咧？
不好意思，杨老师还没回来，您有什么事情找她吗？

高敏：
o⁶. hei⁶ gem² gé², ngo⁵ hei⁶ hog⁶ sang¹ gé³ ga¹ zêng². ngo⁵ go³ zei² hei⁶ co¹ sam¹ sam¹ ban⁶ gé³ cêu⁴ ga¹ ming⁴, kêu⁵ gem¹ yed⁶ m⁴ xü¹ fug⁶ yiu³ céng² yed¹ yed⁶ ga³
哦。系咁嘅，我系学生嘅家长。我个仔系初三三班嘅徐家明，佢今日唔舒服要请一日假。
哦。是这样的，我是学生的家长。我的儿子是初三三班的徐家明，他今天不舒服要请一天假。

PART 2 日常口语

邱俊： o⁶, ming⁴ zei² gem¹ yed⁶ yiu³ céng³ ga³ a⁴? ngo⁵ hei⁶ gao³ sou³ hog⁶ gé³ yeo¹ lou⁵ xi¹,
哦，明仔今日要请假啊？我系教数学嘅邱老师，
哦，小明今天要请假吗？我是教数学的邱老师，
zen⁶ gan¹ yêng⁴ lou⁵ xi¹ fan¹ lei³, ngo⁵ giu³ kêu⁵ fug¹ néi⁵ din⁶ wa²
阵间杨老师翻嚟，我叫佢复你电话！
等会儿杨老师回来了，我让她回您电话。

高敏： hou², m⁴ goi¹ sai³ yeo¹ lou⁵ xi¹
好，唔该晒邱老师。
好的，谢谢邱老师。

邱俊： m⁴ sei² hag³ héi³, ying¹ goi¹ gé³. néi⁵ giu³ ming⁴ zei² hou² hou² yeo¹ xig¹ la¹, géi³ jü⁶ yiu³ tei² yi¹ seng¹ wo³
唔使客气，应该嘅。你叫明仔好好休息啦，记住要睇医生喎。
不客气，应该的。你叫小明好好休息，记得要去看病哦。

上午，办公室，刘薇打电话到餐厅订座

B 场景

接线员： néi⁵ hou², néi¹ dou⁶ hei⁶ fug¹ lem⁴ mun⁴ zeo² ga¹, qing² men⁶ yeo⁵ mé¹ ho² yi³ bong¹ dou² néi⁵
你好，呢度系福临门酒家，请问有咩可以帮到你？
您好，这里是福临门酒家，请问有什么可以帮您？

刘薇： néi⁵ hou², ngo⁵ sêng² déng⁶ gem¹ man¹ gé³ dai⁶ fong², dai⁶ koi³ seb⁶ yi⁶ go³ yen⁴ zo² yeo². m⁴ goi¹ yeo⁵ mou⁵ fong² a³
你好，我想订今晚嘅大房，大概12个人左右。唔该有冇房啊？
你好，我想预订今天晚上的大房，大概12个人左右，请问有房间吗？

接线员： m⁴ hou² yi³ xi¹, gem¹ man¹ gé³ fong² gan¹ yi⁵ ging¹ qün⁴ bou⁶ déng⁶ mun⁵ lag³
唔好意思，今晚嘅房间已经全部订满嘞。
不好意思，今晚的房间已经全部订满了。

刘薇： gem² dai³ téng¹ lé¹? yeo⁶ wag⁶ zé² kéi⁴ ta¹ fen¹ dim³ lé¹
咁大厅呢？又或者其他分店呢？
那么大厅呢？又或者其他分店呢？

接线员： fu⁶ gen⁶ tin¹ ho⁴ lou⁶ fen¹ dim³ zung⁶ yeo⁵ yed¹ gan¹ dai⁶ fong², sei² m⁴ sei² bong¹ néi⁵ yü⁶ déng⁶ a³
附近天河路分店仲有一间大房，使唔使帮你预订啊？
附近天河路分店还有一间大房，需要帮您预订吗？

刘薇： m⁴ goi¹ bong¹ ngo⁵ yü² déng⁶ a¹，sé² leo⁴ xiu² zé² leo⁴ jig² zeo⁶ deg¹ la³
唔该帮我预定吖，写刘小姐留席就得喇。
请帮我预定吧，写刘小姐预订就可以了。

下午，办公室，客户致电徐彪

C 场景

客户： wei²，néi⁵ hou²，m⁴ goi¹ wen² cêu⁴ ging¹ léi⁵ a¹
喂，你好，唔该揾徐经理吖。
喂，您好，麻烦找一下徐经理。

刘薇： m⁴ hou² yi³ xi¹，cêu⁴ ging¹ léi⁵ ngam¹ ngam¹ hang⁴ hoi¹ zo²，néi⁵ fong¹ m⁴ fong¹ bin⁶ leo⁴ dei¹ go³ heo² sên³ a³
唔好意思，徐经理啱啱行开咗，你放唔方便留低个口信啊？
不好意思，徐经理刚刚走开了，您方便留下口信吗？

客户： m⁴ sei² leg³，deng² cêu⁴ ging¹ léi⁵ fan¹ léi⁴ ngo⁵ zoi³ da² guo³ léi⁴ a¹，m⁴ goi¹ sai³
唔使嘞，等徐经理翻来我再打过嚟吖，唔该晒。
不用了，等徐经理回来我再打过来吧，谢谢。

刘薇： m⁵ sei² hag⁳ héi³…a¹，cêu⁴ ging¹ léi⁵ fan¹ léi⁴ leg³，néi⁵ deng² zen⁶，kêu⁵ léi⁴ téng¹ din⁶ wa² la³
唔使客气……吖，徐经理翻来嘞，你等阵，佢来听电话喇。
不客气……啊，徐经理回来了，您稍等，他过来接电话了。

客户： liou⁷ a³，m⁴ goi¹
好啊，唔该。
好的，谢谢。

徐彪： wei² néi⁵ hou²，ngo⁵ hei⁶ cêu⁴ biu¹，bin¹ wei² wen² ngo⁵
喂你好，我系徐彪，边位揾我？
喂你好，我是徐彪，哪位找我？

客户： cêu⁴ ging¹ léi⁵ néi⁵ hou²，ngo⁵ hei⁶ yüd⁶ yêng⁴ sêng¹ mou⁶ gung¹ xi¹ gé³ hag³ wu⁶ bou⁶ ging¹ léi⁵
徐经理你好，我系越洋商务公司嘅客户部经理……
徐经理您好，我是越洋商务公司的客户部经理……

PART 2 日常口语

下午,王新杰打电话联系旅游公司   D 场景

王新杰:
wei², m⁴ goi¹ hei⁶ mei⁶ gem¹ bou² sêng¹ mou³ lêu⁵ yeo⁴ gung¹ xi¹ a³?
喂,唔该系咪金宝商务旅游公司啊?
喂,请问是金宝商务旅游公司吗?
ngo⁵ sêng² ji¹ sên¹ ha⁵ dim² yêng² ban⁶ léi⁵ yed⁶ bun² qim¹ jing³
我想咨询吓点样办理日本签证。
我想咨询一下怎样办理日本签证。

接线员:
o⁶, néi⁵ deng² zen⁶ a¹。wei³, yin³ zé¹, néi⁵ tou⁴ xin¹ go² go³ hag³ fad³ zo² qün¹ zen¹ léi¹ la³, néi⁵ seo¹ ha⁵ la¹
哦,你等阵吖。(对着电话以外)喂,燕姐,你头先嗰个客发咗传真嚟喇,你收吓啦!
哦,你等一下。哎,燕姐,你刚才那个客户发了传真过来,你收一下吧。

王新杰:
wei²? yeo⁵ mou⁵ yen⁴ a³? ngo⁵ sêng² ji¹ sên¹ yed⁶ bun² qim¹ jing³
喂?有冇人啊?我想咨询日本签证。
喂?有没有人啊?我想咨询日本签证。

接线员:
m⁴ goi¹ néi⁵ deng² do¹ zen⁶ la¹。yin³ zé¹ a³, néi⁵ fen⁶ qün¹ zen¹ a³
唔该你等多阵啦。(对着电话以外)燕姐啊,你份传真啊!
麻烦您再等会儿。燕姐啊,你的传真!

王新杰:
néi⁵ yeo⁵ mou⁵ gao² co³, zung⁶ zou⁶ m⁴ zou⁶ sang¹ yi³? fug⁶ mou⁶ tai³ dou⁶ gem³ ca¹
你有冇搞错,仲做唔做生意?服务态度咁差!
你有没有搞错,还做不做生意?服务态度这么差!

接线员:
a³ sang¹ néi⁵ deng² do¹ zen⁶ la¹, mong⁴ a¹ ma³ yi⁴ ga¹
阿生你等多阵啦,忙吖嘛宜家。
先生您再等会儿吧,现在很忙啊。

王新杰:
néi⁵ sên³ m⁴ sên³ ngo⁵ teo⁴ sou³ néi⁵ a¹ la⁴? ngo⁵ men⁶ guo³ dei⁶ gan¹!
你信唔信我投诉你吖喇?我问过第间!
你信不信我投诉你?我到别家问去!
gem³ gé³ fug⁶ mou⁶ tai³ dou⁶ néi⁵ déi⁶ ting³ zeb¹ leb¹ la¹
咁嘅服务态度你哋听执笠啦!
这样的服务态度你们等着关门大吉吧!

电话

词汇及语法

1. 基本词汇：

生词	拼音	类比及联想词汇
初三	co¹ sam¹	初一co¹ yed¹、初二co¹ yi⁶、初中co¹ zung¹、高中gou¹ zung¹
家长	ga¹ zêng²	家教ga¹ gao³、家访ga¹ fong³、家庭ga¹ ting⁴
请假	céng² ga³	病假béng⁶ ga³、事假xi⁶ ga³、婚假fen¹ ga³
数学	sou³ hog⁶	语文yü⁵ men⁴、外语ngoi⁶ yü⁵、物理med⁶ léi⁵、化学fa³ hog⁶、生物seng¹ med⁶
休息	yeo¹ xig¹	放假fong³ ga³、歇息hid³ xig¹
预订	yü⁶ déng⁶	提前tei⁴ qin⁴、提早tei⁴ zou²
今晚	gem¹ man¹ /man⁵	听晚ting¹ man¹ /man⁵、后晚heo⁶ man¹ /man⁵、前晚qin⁴ man⁵、琴晚kem⁴ man⁵
分店	fen¹ dim³	总店zung² dim³、旗舰店kéi⁴ lam⁶ dim³
方便	fong¹ bin³	便利bin³ léi³、顺利sên³ léi³
传真	qün⁴ zen¹	打印da² yen³、印刷yen³ cad³、复印fug⁶ yen³、装订zong¹ déng⁶
投诉	teo⁴ sou³	上诉sêng⁶ sou³、打官司da² gun¹ xi¹、仲裁zung⁶ coi⁴

2. 方言词汇：

生词	普通话释义	例句（翻译）
m⁴ xü¹ fug⁶ 唔舒服	不舒服	我今日好唔舒服啊！（我今天很不舒服啊！）
fug¹ din⁶ wa² 复电话	回电话	你记住叫佢复电话俾我喔！（你记得让他回我电话哦！）
tei² yi¹ seng¹ 睇医生	看病	有病点解唔去睇医生啊？（生病为什么不去看病啊？）
m⁴ sei² 唔使	不用	呢啲嘢唔使我话你知啦！（这些东西不需要我告诉你啦！）

PART 2 日常口语

生词	普通话释义	例句（翻译）
ngam¹ ngam¹ 啱啱	刚才、刚好	我都系啱啱先翻到屋企咋！ （我也是刚刚才到家！）
hang⁴ hoi¹ 行开	走开	你等阵，唔好行开！ （你等会儿，不要走开！）
dim² yêng² 点样	怎样	唔该点样去北京路啊？ （请问怎么去北京路呢？）
zeb¹ leb¹ 执笠	收摊、结业	嗰间餐厅已经执咗笠啦！ （那间餐厅已经结业了！）
deng² zen⁶ 等（一）阵	等会儿	我等阵再过嚟吖！ （我等会儿再过来吧！）
dei⁶ gan¹ 第（二）间	另外一间	唔去呢间我哋去第间！ （不去这一间我们可以去另外一间！）

语法解析

1 基本句型

▶ (1)（唔该）系咪……啊？（（请问）是……吗？）

> **句型解析：**（唔该）"系咪"+……+语气词，用于表示对一般疑问。
> **课文例句：** 唔该系咪十六中初三办公室啊？（请问是第十六中学初三办公室吗？）
> **延伸例句：** 系咪小袁啊？（你是小袁吗？）
> 系咪我做错咗啲咩令你唔开心啊？（是我做错了什么让你不开心吗？）

▶ (2) 使唔使……啊？（需要……吗？）

> **句型解析：** "使唔使"+……+语气词，用于提出帮助或者询问需求。
> **课文例句：** 使唔使帮你预订啊？（需要我帮你预订吗？）
> **延伸例句：** 我去便利店，使唔使帮你带啲咩啊？（我去趟便利店，需要帮你带点什么吗？）
> 咁小事，使唔使咁啊？（这么小的事情，需要这样吗？）

电话

(3)……咁……（……这么/那么……）

- **句型解析**：主语+"咁"+形容词+语气词，用于非常严重的程度。
- **课文例句**：服务态度咁差！（服务态度这么差！）
- **延伸例句**：点解今日咁热嘎！（今天怎么那么热啊！）
件衫咁靓，贵啲都抵啦！（这件衣服那么漂亮，价格贵点也值得！）

2 专题解释：打电话的基本用语

(1)接电话为陌生人，或商务场合

句型1：m⁴ goi¹ hei⁶ mei⁶ leo⁴ sang¹ a³, ngo⁵ hei⁶ zêng¹ xiu² zé² a³?
唔该系咪刘生啊，我系张小姐啊。（请问是刘先生吗？我是张小姐。）

句型2：néi⁵ hou², ngo⁵ hei⁶ xing³ wa⁴ gung¹ xi¹ gé³ hag³ fug⁶ doi⁶ biu²
你好，我系胜华公司嘅客服代表。（您好，我是胜华公司的客服代表。）

句型3：qing² men⁶ zêng¹ sang¹ hei² m⁴ hei² dou⁶ a³
请问张生喺唔喺度啊？（请问张先生在吗？）

句型4：m⁴ goi¹ ngo⁵ wen² leo⁴ xiu² zé² a¹
唔该我揾刘小姐吖！（不好意思我找刘小姐。）

(2)接电话为熟人，或亲戚朋友场合

句型1：ming⁴ zei² a⁴? ngo⁵ hei⁶ yêng⁴ lou⁵ xi¹ a³
明仔啊？我系杨老师啊。（小明吗？我是杨老师。）

句型2：wei³, Mark, gem¹ man¹ deg¹ m⁴ deg¹ han⁴ a³
喂，Mark，今晚得唔得闲啊？（喂，Mark，今晚有空吗？）

句型3：ji¹ m⁴ ji¹ ngo⁵ hei⁶ bin¹ go³ a³
知唔知我系边个啊？（知道我是谁吗？）

句型4：hou² noi⁶ mou⁵ da² din⁶ wa² béi¹ néi⁵ lag³, zung⁶ géi³ m⁴ géi³ deg¹ ngo⁵ a³
好耐冇打电话俾你嘞，仲记唔记得我啊？（很久没给你打电话了，还记得我吗？）

PART 2 日常口语

番外篇 1 小结

第1课到第4课的主要学习内容为问候、介绍、交通用语以及电话用语，是粤语初学者需要首先掌握的四个重点内容。本次小结，首先会介绍一下"粤语成句训练法"，让大家了解，初次接触粤语短句以及长句的时候，需要通过什么方法尽快"上口"；在"粤语成句训练法"中，我们将一起对本单元的部分长句进行"成句练习"；另外，本部分也会给大家回顾一下本单元的重点语法点，并进行分类说明；最后，为大家提供一些补充练习。

一、重点虚词一览：代词

跟汉语的语法相一致，粤语的常用词汇分为虚词和实词。其中，粤语虚词主要分为代词、连词、介词、语气词、副词和形容词，实词则主要分为名词和动词。本书附录的词汇将为大家补充名词词汇，其余的词汇将在每单元的总结中进行介绍。

本单元将重点介绍粤语虚词中的代词，第二单元总结将重点介绍粤语连词、介词和部分副词，第三单元总结将重点介绍语气词，第四单元总结将介绍形容词和副词。粤语实词中的动词将在第五单元总结中进行归纳。

以下为本单元出现的粤语代词，已基本涵盖粤语方言中的所有常用代词。请注意掌握其意义及用法，并在日常使用中注意彼此区分：

1. 人称代词

序号	虚词	普通话释义	用法说明	例句
1	ngo⁵ 我	我	第一人称代词，相当于普通话"我"。	我叫徐家明！ （我叫徐家明！）
2	néi⁵ 你	你	第二人称代词，相当于普通话"你"。	你叫咩名啊？ （你叫什么名字？）
3	kêu⁵ 佢	他/她/它	第三人称代词，不区分男女以及事物，统一用"佢"进行指代。	佢嚟唔嚟啊？ （他来吗？）
4	ngo⁵ déi⁶ 我哋	我们	第一人称代词复数，相当于普通话"我们"。	我哋都唔清楚。 （我们也不清楚。）

番外篇 小结 ① 粤语就这么简单

序号	虚词	普通话释义	用法说明	例句
5	néi⁵ déi⁶ 你哋	你们	第二人称代词附属，相当于普通话"你们"。	你哋有冇搞错？（你们有没有搞错？）
6	kêu⁵ déi⁶ 佢哋	他/它们	第三人称代词附属，不区分男女以及事物，统一用"佢哋"进行指代。	佢哋成日一齐玩！（他们成天一起玩！）

2. 方位代词

序号	虚词	普通话释义	用法说明	例句
1	néi¹ 呢	这	相当于普通话"这"，常与"~度""~边""~啲"搭配，表示这里、这边、这些等。	呢度就系我屋企嘞！（这里就是我家了！）
2	go² 嗰	那	相当于普通话"那"，常与"~度""~边""~啲"搭配，表示那里、那边、那些等。	嗰啲嘢都系俾你嘎！（那些东西都是给你的！）
3	bin¹ 边	哪	疑问代词，相当于普通话"哪"，常与"~度""~边""~啲"搭配，表示哪里、哪边、哪些等。	你谂住买边啲啊？（你打算买哪些啊？）

备注：其余未涉及的疑问代词将在第二单元中进行介绍。

二、常用句型总结

1. 用于描述动作的完成程度及状态

1) ……咗……未啊？（……了吗？）

> 课文例句：食咗早餐未啊？（吃早餐了吗？）

2) ……就快……喇！（……快要……了）

> 课文例句：我就快迟到喇！（我快要迟到了！）

2. 用于描述人或者事物的状态

1) 乜（……）咁……啊！（怎么（……）这么……啊！）

> 课文例句：乜咁早晨啊？（怎么这么早啊？）

PART 2 日常口语

2) ……唔系几……（……不是那么……。）

> 课文例句：我普通话唔系几好啊。（我的普通话不是那么好。）

3) ……咁……（……这么/那么……）

> 课文例句：服务态度咁差！（服务态度这么差！）

3. 用于询问状态及需求

1) ……究竟……嘎？（……究竟……呀？）

> 课文例句：你究竟识唔识路嘎？（你究竟知不知道怎么走的呀？）

2) （唔该）系咪……啊？（（请问）是……吗？）

> 课文例句：唔该系咪十六中初三办公室啊？（请问是第十六中学初三办公室吗？）

3) 使唔使……啊？（需要……吗？）

> 课文例句：使唔使帮你预订？（需要我帮您预订吗？）

4) ……记唔记得……？/记得……（……还记得……吗？/……记得……）

> 课文例句：我记得同学讲话系喺呢度附近嘎！（我记得同学说是在这里附近的了！）

4. 表选择

……定系……啊？（……还是……？）

> 课文例句：行天府路定系黄埔大道啊？（走天府路还是黄埔大道？）

三、粤语成句训练法

通过前面的学习，相信大家已经初步了解了粤语常用的虚词，在介绍粤语的实词之前，希望通过介绍"粤语成句训练法"，从拼音、咬字，到断句、语气和加快语速的练习，帮助大家把握粤语学习的要点，让粤语表达能更流利、地道。

番外篇 小结 1

粤语就这么简单

> **例句：** 如果唔系阿爸阿妈肯定要我去餐厅帮手。（第三单元第九课）

1. **拼音和咬字**：注意掌握前面所介绍的"拼读三步走"的咬字方法。

   1) 找准生词：

   ◎ 练习：

   如果 yü⁴ guo²　肯定 heng² ding⁶　餐厅 can¹ téng¹　帮手 bong¹ seo²

   2) 通过单个词快速诵读、连续重复10次的方法，实现生词顺口。
   3) 成句：通过结合生词以及其他拼音，将句子读通顺。

   注意：本阶段要求大家语速放慢，尽量读准每一个字。

2. **断句和语气**：对于10个字以上的长句，需根据句意适当断句，从而舒缓气息，同时使表达的意思更为清晰明了。

   1) 分解句子：

   　　这是一个条件陈述句，条件是"如果唔系"，陈述句的主语是"阿爸阿妈"，副词和谓语是"肯定要"，第一宾语是"我"，补语是我的动作，即"去餐厅帮手"。因此本句子可以断句如下：

   ◎ 练习：

   如果唔系 / 阿爸阿妈 / 肯定要我去餐厅帮手！

   注意1：分解句子没有绝对的原则，仅仅要求分解之后，句子一方面更顺口，另一方面也更易懂。

   注意2：不同的短句将会造成句子歧义，如：

   　　如果唔系我阿爸 / 阿妈肯定要我 / 去餐厅帮手！
   　　（如果不是我爸爸在，妈妈肯定要我去餐厅帮忙！）

   2) 语气的把握

   　　粤语很多句子可以在句首或者句末加上不同的语气词，以体现不同的语气，关于粤语的常用语气词将在第二单元总结中向大家介绍。使用不同的语气词将会使句子所带有的情绪有微妙的改变。我们可以设想一下两个句子的语境：

   ◎ 练习：

   a. 我哋快啲行啦，如果唔系阿爸阿妈肯定要我去餐厅帮手嘅啦！
   　（我们快点走吧，不然的话爸爸妈妈肯定要我去餐厅帮忙的！）

PART 2 日常口语

b. 我喺屋企做好多家务嘎！如果唔系放假，阿爸阿妈肯定要我去餐厅帮手添啦！
（我在家做很多家务事的，如果不是放假，爸爸妈妈肯定还会要我去餐厅帮忙的！）

3. **加快语速**：考虑到不同人说话的风格和习惯，初学者仅需力求使自己在讲粤语的时候能达到自己平时说普通话或家乡话时的速度，不必过于追求速度。

1) 重复练习：如果唔系阿爸阿妈肯定要我去餐厅帮手。
2) 逐渐加快：如果唔系阿爸阿妈肯定要我去餐厅帮手。
3) 多遍诵读，养成嘴型习惯。

注意：练习语速除了多遍诵读以外，没有其他办法，请大家在练习语速的过程中，注意把每个字都发音到位，不要出现漏字、吞字、变音等情况。

补充 长句"成句练习"

通常我们把字数超过10个字的粤语语句成为长句，长句应念得通顺，一气呵成。

01 gem^1 yed^6 m^4 sei^2 sung^3 go^3 xün^1 fan^1 yeo^3 yi^4 yün^2 mé^1
今日/唔使送个孙/翻幼儿园咩？

02 wen^2 yed^6 cêu^1 léi^4 xig^6 fan^6 wag^6 zé^2 da^2 ma^4 zêg^2 a^1
搵日出嚟食饭/或者打麻雀啊！

03 ngo^5 hei^6 xing^3 wa^4 coi^4 mou^6 gung^1 xi^1 gé^3 yib^6 mou^6 ging^1 léi^5 xiu^2 wong^2
我系胜华财务公司嘅业务经理/小王！

04 m^4 hou^2 yi^3 xi^1 sêng^6 qi^3 mou^5 lo^2 néi^5 kad^1 pin^2
唔好意思/上次冇攞你咭片。

05 gem^1 yed^6 yeo^5 go^3 sen^1 tung^4 hog^6 jün^3 léi^4 ngo^5 déi^6 ban^1
今日有个新同学/转来我哋班。

06 dai^6 ga^1 ping^4 xi^4 yiu^3 bong^1 ha^5 kêu^5 sug^6 xig^1 hog^6 hao^6 wan^4 ging^2 tung^4 gung^1 fo^3
大家平时要帮下佢/熟悉学校环境同功课。

07 ngo^5 ji^1 qin^4 yed^1 jig^6 dou^1 hei^2 hêng^1 gong^2 fan^1 hog^6
我之前/一直都喺香港翻学！

08 léi^4 xig^6 yé^5 yeo^5 jid^3 da^2, zung^6 sung^3 sang^1 guo^2 tim^1
嚟食嘢有折打/仲送生果添！

番外篇 小结 1
粤语就这么简单

09
téng¹ ming⁴ zei¹ gong² wa⁶ néi⁵ déi⁶ xing⁴ yed⁶ yed¹ cei⁴ da² géi¹
听明仔讲/话你哋成日一齐打机。

10
gem¹ yed⁶ lei⁶ wui² hoi¹ qi² qin⁴ tung⁴ dai⁶ ga¹ gai³ xiu⁶ go³ sen¹ tung⁴ xi⁶
今日例会开始前/同大家介绍个新同事!

11
cêu⁴ biu¹ ji¹ qin³ hei² ngen⁴ hong⁴ zou⁶ teo⁴ ji¹ fen¹ xig¹ yün⁴, dai⁶ ga¹ yi⁵ heo⁶ yeo⁵ mé¹ yib⁶ mou⁶ sêng⁶ gé³ men⁶ tei⁴ yiu³ do¹ di¹ hêng³ kêu⁵ céng² gao³
徐彪之前喺银行/做投资分析员,大家以后/有咩业务上嘅问题/要多啲向佢请教。

12
ngo⁵ dêu³ PE tung⁴ xi¹ mou⁴ géi¹ gem¹ béi² gao³ sug⁶ xig¹, héi¹ mong⁶ ngo⁵ gé³ ging¹yim⁶ ho² yi³ bong¹ dou² gung¹ xi¹
我对PE/同埋私募基金/比较熟悉,希望我嘅经验/可以帮到公司。

13
yeo⁵ hou² do¹ yé⁵ zung⁶ yiu³ hêng³ xiu¹ zung² tung⁴ gog³ wei² hog⁶ zab⁶
有好多嘢/仲需要向肖总/同各位学习。

14
fong¹ m⁴ fong¹ bin⁶ leo⁴ dei¹ din⁶ wa² hou⁶ ma⁵ a³
方唔方便/留低电话号码啊?

15
hei² seo⁶ piu³ dim² cêd¹ xi⁶ lou⁵ yen⁴ jing³ ho² neng⁴ zung⁶ ho² yi³ min⁵ piu³ tim¹
喺售票点出示老人证/可能仲可以免票!

16
ngo⁵ géi³ deg¹ tung⁴ hog⁶ gong² wa⁶ hei⁶ hei² néi¹ dou⁶ fu⁶ gen⁶ la³
我记得同学讲/话系喺呢度附近喇。

17
néi⁵ géi³ m⁴ géi³ deg¹ ngo⁵ déi⁶ sêng⁶ qi³ mai⁵ néi⁵ go² tiu⁴ mei⁵ xig¹ kuen⁴ gé³ go² gan¹ pou³ teo² a³
你记唔记得/我哋上次/买你嗰条米色裙/嘅嗰间铺头啊?

18
m⁴ goi¹ ngo⁵ sêng² men⁶ ha⁵ hêu³ dung⁶ man⁶ xing¹ xing⁴ dab³ géi² hou⁶ xin³ a³
唔该我想问吓/去动漫星城/搭几号线啊?

19
hang⁴ tin¹ fu² lou⁶ ding⁶ hei⁶ wong⁴ bou³ dai⁶ dou⁶ a³
行天府路/定系黄埔大道啊?

20
zen⁶ gan¹ yêng⁴ lou⁵ xi¹ fan¹ lei⁴ ngo⁵ wui⁵ giu³ kêu⁵ fug¹ néi⁵ din⁶ wa² gé³ la³
阵间杨老师翻嚟/我会叫佢复你电话嘅喇。

21
ngo⁵ sêng² ji¹ sên¹ ha⁵ dim² yêng² ban⁶ léi⁵ yed⁶ bun² qim¹ jing³
我想咨询吓/点样办理日本签证。

22
gem² gé³ fug⁶ mou⁶ tai³ dou⁶ néi⁵ déi⁶ ting¹ zeb¹ leb¹ la¹
咁嘅服务态度/你哋听执笠啦!

PART 2 日常口语

05 数量与货币

　　数量、货币和时间是粤语日常生活用语中最常用、涉及范围最广的用语之一，也是我们在粤语日常会话中需要重点传递的信息。本课将首先介绍数量与货币，请大家在学习过程中要把重点放在单个数字的念法和组合数量的念法，以及留意不同名词所搭配的量词。本课将另外补充货币的俗语表达方法，例如"一百块"我们可以俗称为"一旧水"。

 本课的学习目标是：

1. 熟练掌握1~10数字的念法，和20、30以及多个数字的念法；
2. 能流利地念出电话号码、银行账号等数字串；
3. 能基本听懂关于货币的表达，并用粤语尝试描述经济数据，以及进行购物和讨价还价。

| 01 | yi⁶ qin¹ men¹ mud⁵ leb⁶ fong¹ mei¹
2000蚊每立方米。（2000块每立方米。） |

| 02 | yi⁶ fen⁶ ji¹ pai¹ R ping⁴ fong¹
二分之一πR平方。（二分之一πR平方。） |

| 03 | jig¹ hei⁶ yi⁶ bag³ séi³ seb⁶ yi⁶ ping⁴ fong¹ léi⁴ mei¹
即系242平方厘米。（就是242平方厘米。） |

| 04 | zeng¹ zêng² dai⁶ koi³ lug⁶ go³ dim² dou²
增长大概6个点度。（增长大概6%。） |

| 05 | zeng¹ ga¹ zo² bag³ fen⁶ ji¹ m⁵ seb⁶
增加咗百分之五十。（增加了50%。） |

数量与货币

粤语就这么简单

06 ha⁶ gong³ zo² sa¹-a³ go³ "percent"
下降咗仨个percent。（下降了3%。）

07 yed¹ gung⁶ lêng⁵ gen¹ bun³, ced¹ go³ bun³ a¹ m⁴ goi¹
一共两斤半，七个半啊唔该。（一共2.5斤，7.5元，谢谢。）

08 néi¹ dou⁶ hei⁶ zêng¹ seb⁶ men¹ ji²
呢度系张十蚊纸。（这里是一张10元纸币。）

09 zeo⁶ xid⁶ bun² sam¹ men¹ gei¹ béi² sai³ néi⁵ la¹
就蚀本三蚊鸡俾晒你啦。（就亏本三块钱都卖给你吧。）

10 m⁵ geo² sêu² za¹ ma³, yeo⁶ m⁴ hei⁶ m⁵ péi⁴
5旧水咋嘛，又唔系5皮。（500元而已嘛，又不是50000元！）

实用对话

早上办公室内，汤晶晶向刘薇领用企业介绍书

A 场景

leo⁴ béi³ xü¹, sêng² men⁶ ha⁵ néi⁵ yi⁴ ga¹ seo² teo⁴ sêng⁶ yeo⁵ géi² do¹ bun² kéi⁵ yib⁶ gai³ xiu⁶ xü¹ a³

汤晶晶： 刘秘书，想问吓你宜家手头上有几多本企业介绍书啊？

刘秘书，想问一下你现在手上有多少本企业介绍书呢？

sêng⁶ qi³ jü¹ zung³ guo³ léi⁴ hou² qi⁵ lo² zo² géi² bun², zung⁶ méi⁶ wan⁴ fan¹ béi² ngo⁵. ngo⁵ hêu³ sou² ha⁵

刘薇： 上次朱总过嚟好似攞咗几本，仲未还翻俾我。我去数吓！

上一次朱总过来好像拿了几本，还没还给我。我去数一下！

hou², yed¹ zen⁶ gan¹ yeo⁵ hag³ wu⁶ guo³ léi⁴ hoi¹ wui², sêu¹ yiu³ ya⁶ yi⁶ bun² gem³ do¹

汤晶晶： 好，一阵间有客户过嚟开会，需要廿二本咁多。

好的，一会儿有客户过来开会，需要22本那么多。

PART 2 日常口语

yi⁶, séi³, lug⁶, bad³, seb⁶, seb⁶ yi⁵, seb⁶ séi³, seb⁶ lug⁶, seb⁶ bad³, yi¹ seb⁶, deg¹ yi⁶ seb⁶ bun² za³ wo³

刘薇： 二、四、六、八、十，十二、十四、十六、十八、二十，得二十本咋喎！

二、四、六、八、十、十二、十四、十六、十八、二十，只有二十本而已！

zung⁶ ca¹ lêng⁵ bun² a⁴? m⁴ gen² yiu³ la¹, qün⁴ bou⁶ zé³ jü⁶ béi² ngo⁵ xin¹

汤晶晶： 仲差两本啊？唔紧要啦，全部借住俾我先。

还差两本吗？不要紧，先全部借给我。

数学课上，邱俊提问林伟豪   B 场景

lem⁴ wei⁵ hou⁴ tung⁴ hog⁶, hei² m⁴ hei² dou⁶ a³

邱俊： 林伟豪同学，喺唔喺度啊？

林伟豪同学，在吗？

hei² dou⁶, yeo¹ lou⁵ xi¹

林伟豪： 喺度，邱老师。

在的，邱老师。

m⁴ goi¹ néi⁵ wui⁴ dab⁶ ha⁵ néi¹ go³ men⁶ tei⁴: yed¹ go³ cé¹ lug¹, ngoi⁶ bun³ ging³ sam¹ seb⁶ léi⁴ mei¹,

邱俊： 唔该你回答吓呢个问题：一个车碌，外半径30厘米，

请你回答一下这个问题：一个车轮，外直径30厘米

noi⁶ bun³ ging³ bad³ léi⁴ mei¹, heo⁵ dou⁶ seb⁶ léi⁴ mei¹, ga² qid³ go³ cé¹ lug¹ hei⁶ sed⁶ sem¹ gé³,

内半径8厘米，厚度10厘米。假设个车碌系实心嘅，

内半径8厘米，厚10厘米。假设这个车轮是实心的，

coi⁴ liu² hei⁶ yi¹ qin¹ men¹ mud⁵ leb⁶ fong¹ mei¹, zou⁶ yed¹ go³ gem² yêng² gé³ cé¹ lug¹,

材料系2000蚊每立方米，做一个咁样嘅车碌，

材料是2000元每立方米，做一个这样的车轮，

sêu¹ yiu³ gé³ coi⁴ liu² xing⁴ bun² hei⁶ géi² do¹ qin² lé¹

需要嘅材料成本系几多钱咧？

所需材料的成本是多少钱呢？

deng² ngo⁵ gei³ ha⁵ xin¹.

林伟豪： 等我计吓先。

让我先计算一下。

数量与货币 05

粤语就这么简单

cé¹ lug¹ gé³ dei² min⁶ jig¹ héi⁶ yi⁶ fen⁶ ji¹ pai¹ R ping⁴ fong¹, jig¹ hei⁶ yi⁶ bag³ séi³ seb³ yi⁶ ping⁴ fong¹ léi⁴ mei¹

车碌嘅底面面积系二分之一πR平方，即系242平方厘米。

车轮的底面面积是二分之一πR平方，就是242平方厘米。

tei² jig¹ hei⁶ dei² min⁶ jig¹ xing⁴ yi⁵ gou¹, jig¹ hei⁶ yi⁶ qin¹ séi³ bag³ yi⁶ seb⁶ lab⁴ fong¹ léi¹ mei¹,

体积系底面积乘以高，即系2420立方厘米，

体积是底面积乘以高，就是2420立方厘米，

wun⁶ xün³ xing⁴ lab⁶ fong¹ mei¹, zeo⁶ hei⁶ ling⁴ dim² yi⁶ séi³ yi⁶ lab⁶ fong¹ mei¹

换算成立方米，就系0.242立方米。

换算成立方米，就是0.242立方米。

zoi³ xing⁴ yi⁵ mui⁵ lab⁶ fong¹ coi⁴ liu² fei¹ hei⁶ yi⁶ qin¹ men¹, jig¹ hei⁶ séi³ bag³ séi³ seb⁶ bad³ men¹

再乘以每立方材料费2000蚊，即系484蚊。

再乘以每立方米费2000元，就是484元。

mou⁵ co³, gei³ xün³ guo³ qing⁴ tung⁴ dab³ ngon³ dou¹ hei⁶ ngam¹ gé³. co⁰ dei¹ la¹

邱俊：冇错，计算过程同答案都系啱嘅。坐低啦！

没错，计算过程跟答案都是对的。请坐下吧！

下午办公室内，肖总向徐彪询问工作情况

C 场景

gem¹ go³ guei³ dou⁶ qün⁴ guog³ m⁵ seb⁶ gan¹ fong⁴ dei⁶ can² sêng⁵ xi⁵ gung¹ xi¹ gé³ yib⁶ jig¹ dim² a³

肖勇：今个季度全国五十间房地产上市公司嘅业绩点啊？

这个季度全国五十间房地产上市公司的业绩怎么样？

yeo⁴ yi⁴ ga¹ seo¹ zab⁶ dou² gé³ bun³ nin⁴ sou³ gêu⁴ léi¹ tei², dêu³ béi² sêng⁶ go³ guei³ dou⁶ jing⁶ léi⁶ yên⁶ ha⁶ gong³ zo² sa¹-a³ go³ "percent"

高敏：由宜家收集到嘅半年度数据嚟睇，对比上个季度，净利润下降咗仨个percent。

从现在收集到的半年度数据来看，对比上个季度净利润下降了3%。

hei⁶ mé¹ yün⁴ yen¹? yeo⁵ mou⁵ zou⁶ wui¹ guei¹ fen¹ xig¹ a³

肖勇：系咩原因？有冇做回归分析啊？

是什么原因？有做回归分析吗？

PART 2 日常口语

徐彪： zou⁶ gen² leg³, dan⁶ héi⁴ ngo⁵ gu² gei³ hoi¹ fad³ xing⁴ bun² zeng¹ ga¹ zo² yi⁶-a⁶ go³ "percent"
做紧嘞。但系我估计开发成本增加咗廿个percent，
在做了，但是我估计开发成本增加了二十个百分点，
gun² léi⁴ fei³ yung⁶ zeng¹ ga¹ zo² m⁵ go³ "percent"，hei¹ jü² yiu³ yün⁴ yen¹
管理费用增加咗五个percent，系主要原因。
管理费用增加了百分之五，是主要原因。

王新杰： dou¹ hei⁶ yiu³ zou⁶ yün⁴ wui⁴ guei¹ fen¹ xig¹ xin¹ ho² yi³ pun³ dün⁶ gé³
都系要做完回归分析先可以判断嘅。
还是得做完回归分析才能判断。
coi⁴ mou⁴ fei³ yung⁶ yeo⁵ mou⁵ ming⁴ hin² zeng¹ zêng²
财务费用有冇明显增长？
财务费用有明显增长吗？

徐彪： dai⁶ koi³ lug⁶ go³ dim² dou², hei² jing⁴ sêng⁴ bin³ dung⁶ fan⁶ wei⁴ ji¹ noi⁵, seo⁶ ga¹ xig¹ ying³ hêng² m⁴ dai⁶
大概6个点度，喺正常变动范围之内，受加息嘅影响唔大。
大概六个百分点，在正常变动范围以内，受加息的影响不大。

傍晚市场内，张桂芬向小贩买青菜
D 场景

小贩： léng³ yi¹, mai⁵ m⁴ mai⁵ di¹ coi³ sem¹ gem² a³? hou² sen¹ xin¹ wo³
靓姨，买唔买啲菜心咁啊？好新鲜喎。
阿姨，要买些菜心吗？很新鲜哦。

张桂芬： tei² ha⁵ xin¹. di¹ coi³ sem¹ dim² mai⁶ a³
睇下先。啲菜心点卖啊？
让我先看看。这些菜心怎么卖啊？

小贩： gem¹ jiu¹ zou² zung⁶ mai⁶ sei³ men¹ gen¹ ga³, yi⁴ ga¹ zeo⁶ fai³ seo¹ xi⁵ leg³, sam¹ go³ bun³ béi² néi⁵ a¹
今朝早仲卖4蚊斤嘎，宜家就快收市嘞，三个半俾你吖！
今天早上还卖4块钱一斤的，现在快要收市了，3块5卖给你吧！

张桂芬： sam¹ go³ bun³ a⁴? hou² qi⁵ zung⁶ hei⁶ guei³ di¹ wo³. sam¹ men¹, ngo⁵ lo² sai³ kêu⁴ la¹
三个半啊？好似仲系贵啲喎。三蚊，我攞晒佢啦。
3块5呀？好像还是贵了一点哦。3块钱吧，我全部买了。

69

粤 语 就 这 么 简 单

小贩：
gem² a⁴? zeo⁶ xid⁶ bun² sam¹ men¹ gei¹ béi² sai³ néi⁵ la¹。yed¹ gung⁶ lêng⁵ gen¹ bun³, ced¹ go³ bun³ a¹ m⁴ goi¹

咁啊？就蚀本三蚊鸡俾晒你啦。一共两斤半，七个半吖唔该。

这样啊，就亏本3块钱卖给你吧。一共两斤半，谢谢7块5。

张桂芬：
na⁴, néi¹ dou⁶ seb⁶ men¹, zao² fan¹ lêng⁵ men¹ bun³ béi² ngo⁵ a¹! ngo⁵ m⁴ yiu³ ngen² zei² bo³

呐，呢度十蚊，找翻两蚊半俾我吖！我唔要银仔啵！

喏，这里有10块钱，找回2块5给我吧！我不要硬币哦！

晚上，徐家明和钟铭全在家里打游戏机

E 场景

徐家明：
mé¹ xi⁶ a³, gou¹ lou² qün⁴? tei² log⁶ yeo⁵ sem¹ xi⁶ gem² wo³

咩事啊，高佬全？睇落有心事咁喎。

什么事情啊，高个儿全？看上去好像有心事哦。

钟铭全：
gem¹ go³ yüd⁶ ngo⁵ a³ ma¹ zung⁶ méi⁶ ling⁴ yung⁶ qin² ngo⁵ a³, dan⁶ hei⁶ ngo⁵ sêng² mai⁵ bou⁶ sen¹ "game" a³

今个月我阿妈仲未俾零用钱我啊，但系我想买部新game啊。

这个月我妈妈还没给零花钱我，但是我想买一部新游戏呢。

徐家明：
ngo⁵ mai⁵ zo² dou³ xi⁴ zé³ béi² néi⁵ wan² mei⁵ deg¹ lo¹, bed¹ guo³ néi⁵ yiu³ ying¹ xing⁴ tung⁴ ngo⁵ yed¹ ced⁴ wan² ga³ bo³

我买咗到时借俾你玩咪得咯，不过你要应承同我一齐玩嘎啵。

我买了后借给你玩不就可以了吗？不过你要答应和我一起玩哦。

钟铭全：
heng² ding⁶ deg¹ la¹, bed¹ guo³ yiu³ séng⁴ m⁵ geo⁶ sêu² wo³, néi⁵ yeo⁵ mou⁵ ga³

肯定得啦，不过要成5旧水喎，你有冇嘎?

肯定可以啦，不过要差不多五百块的，你有没有啊？

徐家明：
m⁵ geo⁶ sêu² za¹ ma³, yeo⁶ m⁴ hei⁶ m⁵ péi⁴, ngo⁵ cou⁵ lêng⁵ go³ yüd⁶ zeo⁶ yeo⁵ la¹

5旧水咋嘛，又唔系5皮，我储两个月就有啦！

五百块而已，又不是五万。我存两个月就行了！

钟铭全：
med¹ néi⁵ gem³ yeo⁵ mei⁵ ga³? ngo⁵ yed¹ go³ yüd⁶ deg¹ go² bag³ m⁵ men¹ za³, sam¹ lêng⁵ yed⁶ zeo⁶ sei² sai³ leg³

乜你咁有米嘎？我一个月得嗰150蚊咋，三两日就使晒嘞。

原来你这么有钱的呀？我一个月只有那150元，三两天就花光了。

PART 2 日常口语

1. 基本词汇：

生词	拼音	类比及联想词汇
秘书	béi³ xü¹	文员men⁴ yün⁴、工程师gung¹ qing⁴ xi¹、设计师qid³ gei⁶ xi¹、律师lêd⁶ xi¹
企业	kéi⁵ yib⁶	业绩yib⁶ jig¹、利润léi⁶ yên⁶、费用fei³ yung⁶、管理gun² léi⁵、财务coi⁴ mou⁶
客户	hag³ wu⁶	领导ling⁵ dou⁶、老板lou⁵ ban²、上级sêng⁶ keb¹、下属ha⁶ sug⁶
半径	bun³ ging³	直径jig⁶ ging³、面积min⁶ jig¹、体积tei² jig¹
厘米	léi⁴ mei¹	毫米hou⁴ mei¹、厚度heo⁵ dou⁶、高度gou¹ dou³、平方ping⁴ fong¹
假设	ga² qid³	估计gu² gei³、判断pun³ dün⁶、数据sou³ gêu³
材料	coi⁴ liu²	成本xing⁴ bun²、季度guei³ dou⁶
计算	gei³ xün³	换算wun⁶ xün³、数据sou³ gêu³、答案dab³ ngon³
增加	zeng¹ ga¹	减少gam² xiu²、降低gong³ dei¹、增长zeng¹ zêng²
范围	fan⁶ wei⁴	明显ming⁴ hin²、影响ying² hêng²
新鲜	sen¹ xin¹	菜心coi³ sem¹

2. 方言词汇：

生词	普通话释义	例句（翻译）
cé¹ lug¹ 车碌	车轮	老豆，个车碌俾人偷咗啊！ （爸爸，车轮被人偷走了呀！）
seo¹ xi⁵ 收市	结束营业	我哋十点钟先收市。 （我们十点才收市。）
ngen² zei² 银仔	硬币	唔好找咁多银仔俾我！ （不要找回那么多硬币给我！）
ying¹ xing⁴ 应承	答应	呢个请求你一定要应承啊！ （这个请求你一定要答应啊！）
cou⁵ 储	储蓄	我阿妈专门买咗个钱盎俾我储钱！ （我妈妈专门买了一个储钱罐给我存钱！）
yeo⁵ mei⁵ 有米	有钱、富有	佢边有好似佢自己讲咁有米喎！ （他哪有像他自己说的那么有钱！）

数量与货币 05

1 基本句型

▶ (1)……仲……啊？（……还……吗？）

> **句型解析：**（主语）+"仲"+（动词+宾语）+语气词，用于表达疑问或惊奇。其中主语可以省略。
> **课文例句：** 仲差两本啊？（还差两本吗？）
> **延伸例句：** 原来你仲唔知呢件事啊？（原来你还不知道这件事情呀？）
> 都十二点嘞，阿仔仲未翻屋企啊？（都十二点了，儿子还没回家吗？）

▶ (2)等……先！（先让……/等……再说吧！）

> **句型解析：** "等"+完整句子+"语气词"，用于表示先让某人完成某事。
> **课文例句：** 等我计吓先。（先让我算一下。）
> **延伸例句：** 你唔使急，等佢翻来先啦！（你不要急，等他回来再说吧！）
> 等间屋装修完先啦！（等这间房子装修完再说吧！）

▶ (3)睇落……咁喎。（看上去好像……哦。）

> **句型解析：** "睇落"+完整句子+"咁"+语气词，用于委婉地描述观察到的情况。
> **课文例句：** 睇落有心事咁喎。（看上去好像有心事哦。）
> **延伸例句：** 睇落你好似唔系几开心咁喎。（看上去你好像不是很开心的样子哦。）
> 睇落呢间公司都几大咁喎。（看上去这间公司也挺大的哦。）

▶ (4)……咋嘛，又唔系……。（只是……而已，又不是……。）

> **句型解析：** 完整句子/短语+"咋嘛"，"又唔系"+完整句子/短语，用于表示对前一种说法的不屑。
> **课文例句：** 5旧水咋嘛，又唔系5皮。（只是五百块钱而已，又不是五万。）
> **延伸例句：** 我问你借来睇下咋嘛，又唔系要攞走。（我只是问你借来看看而已，又不是要拿走。）
> 佢仲未意识到呢个问题咋嘛，又唔系知错唔改。（他只是还没意识到这个问题而已，又不是知错不改。）

PART 2 日常口语

2 专题解释：常用数字和钱币描述方式

▶ (1)数字的读法

0~9:	ling⁴、yed¹、yi⁶、sam¹、séi³、m⁵、lug⁶、ced¹、bad³、geo²
	零 一 二 三 四 五 六 七 八 九
10~19:	seb⁴、seb⁴ yed¹、seb⁴ yi⁶、seb⁴ sam¹
	十 十一 十二 十三（依此类推）
20~29:	yi⁶ seb⁶、yi⁶ seb⁶ yed¹、yi⁶ seb⁶ yi⁶
	二十 二十一 二十二（依此类推）
	ya⁶-a⁶ yed¹、ya⁶-a⁶ yi⁶、ya⁶-a⁶ sam¹
	廿一 廿二 廿三（依此类推）
30~39:	sam¹ seb⁶、sam¹ seb⁶ yed¹、sam¹ seb⁶ yi⁶
	三十 三十一 三十二（依此类推）
	sa¹-a⁶ yed¹、sa¹-a⁶ yi⁶、sa¹-a⁶ sam¹
	卅一 卅二 卅三（依此类推）
40以上:	séi³ seb⁶、séi³ seb⁶ yed¹、séi³ seb⁶ yi⁶
	四十 四十一 四十二（依此类推）

▶ (2)钱币的描述方法

a. 元：蚊

用法： 数字+"蚊"，表示人民币"元"。

例句： 一蚊、两蚊、三蚊、十蚊、十一蚊、二十蚊、廿一蚊、廿二蚊、卅蚊、卅一蚊、一百蚊

注意： 10块钱以下时，我们会在"蚊"后面加上"鸡"字，表示钱很少，如：5块钱=5蚊鸡

如果是外币，直接读作"美金""円""澳币"，而不用"蚊"这个单位。

b. 水

用法： 当"水"字表示钱时，通常指没有具体数量的、一捆捆的钱；

短语1： 普通话"退钱"可译为粤语"回水"；

短语2： 普通话"给钱"可译为粤语"磅水"；

短语3： 普通话"一百块"可译为粤语"一旧水"，其中"旧"为量词，相当于"捆""块"。

c. 皮

用法： 相当于普通话"万"，例如普通话"五万"可译为粤语"五皮"。

06 时间与天气

粤语的初学者会了解到，粤语表达时间的方法跟普通话有较大的差别，例如，我们根据表盘上面的12个数字，将一小时的60分钟均分为12部分，每一部分为5分钟，成为一个"字"，因此"八点十五分"我们会读成"八点三个字"；而天气的描述方法则经常出现在寒暄语句中，也希望大家掌握。

 本课的学习目标是：

1. 掌握粤语时间的表达方法，能够准确描述活动的时间安排；
2. 能简单描述天气。

01 néi⁵ gei² dim² fan¹ gung¹ xi¹ a³
你几点翻公司啊？（你几点回公司呢？）

02 mou⁵ so² wei⁶ gei² dim² ga³
冇所谓几点嘎！（没定时间呢！）

03 bed¹ yü⁴ gem¹ man¹ lug⁶ dim² sam¹ go³ ji⁶ a¹
不如今晚六点三个字吖？（不如今晚六点十五分吧？）

04 ngo⁵ m⁵ dim² bun³ xin¹ ji³ seo¹ gung¹ a³
我五点半先至收工啊。（我五点半才下班呢。）

05 ting¹ yed⁶ jiu¹ zou² yeo⁵ mé¹ ngon¹ pai⁴ a³
听日朝早有咩安排啊？（明天早上有什么安排吗？）

06 kêu⁵ dai⁶ koi³ geo² dim² gei² seb⁶ dim² zung¹ fan¹
佢大概九点几十点钟翻。（他大概九点多十点回来。）

PART 2 日常口语

07 tin¹ héi³ yü⁶ bou³ wa⁶ gem¹ yed⁶ wui⁵ log⁶ yü⁵
天气预报话今日会落雨。（天气预报说今天会下雨。）

08 néi⁵ cêd¹ gai¹ géi³ jü⁶ dai³ zé¹ a³
你出街记住带遮啊。（你外出记得带伞哦。）

09 ting¹ yed⁶ yed¹ ding⁶ wui⁵ hou² tin¹ gé³
听日一定会好天嘅。（明天一定会有好天气的！）

10 mong⁶ zeo⁶ mong⁶ kêu⁵ ting¹ yed⁶ cêd¹ tai³ yêng⁴ la¹
望就望佢听日出太阳啦！（希望明天出太阳吧！）

实用对话

早晨家里　　　　　　　　　　　　　　　　A 场景

刘薇： lou⁵ gung¹, néi⁵ gem¹ yed⁶ géi² dim² fan¹ gung¹ xi¹ a³
老公，你今日几点翻公司啊？
老公，你今天几点回公司呢？

陈国栋： ngo⁵ gem¹ yed⁶ ji⁶ géi² yed¹ go³ fan¹ hêu³ ga¹ ban¹, mou⁵ so² wei⁶ géi² dim² ga³! dai⁶ koi³ seb⁶ dim² bun³ dou² ca¹ m⁴ do¹
我今日自己一个翻去加班，冇所谓几点嘎！大概十点半到差唔多！
我今天一个人回去加班，没定时间呢！大概十点半到就差不多了。

刘薇： tin¹ héi³ yü⁶ bou³ wa⁶ gem¹ yed⁶ wui⁵ log⁶ yü⁵, néi⁵ géi⁶ deg¹ dai³ zé¹ a³, go³ tin¹ hou² qi⁵ yem¹ yem¹ déi²
天气预报话今日会落雨，你记得带遮啊，个天好似阴阴地。
天气预报说今天会下雨的，你记得带伞啊，好像天阴了。

陈国栋： lou⁵ po⁴ zen¹ hei⁶ sei³ sem¹ la³, néi⁵ ji⁶ géi² cêd¹ gai¹ dou¹ géi³ jü⁶ dai³ zé¹ a³
老婆真系细心喇，你自己出街都记住带遮啊。
老婆真细心啊，你自己外出也要记得带伞哦。

06 时间与天气

刘薇: ngo⁵ yêg³ zo² dai⁶ hog⁶ tung⁴ hog⁶ zen⁶ gan¹ king¹ din⁶ wa² a³, zung¹ m⁵ xig⁶ fan⁶ qin⁴ dou¹ m⁴ wui⁵ cêd¹ gai¹
我约咗大学同学阵间倾电话啊，中午食饭前都唔会出街。
我约了大学同学等会儿聊电话，中午吃饭前都不会外出的。

上午商场内，杨美珊与王新宇第一次约会，王新宇迟到

B 场景

王新宇: m⁴ hou² yi³ xi¹ a³, néi⁵ deng² zo² hou² noi⁶ a⁴
唔好意思啊，你等咗好耐啊？
不好意思啊，你等了很久吗？

杨美珊: m⁴ hei⁶ hou² noi⁶ zé¹, géi² fen¹ zung¹ gem² la¹, ngo⁵ dou¹ hei⁶ ngam¹ ngam¹ xin¹ dou³
唔系好耐啫，几分钟咁啦，我都系啱啱先到。
不是很久，几分钟而已，我也是刚刚才到。

王新宇: gem¹ yed⁶ ngo⁵ bun² sen¹ yü⁶ zug¹ xi⁴ gan¹ ga⁶! bad⁶ dim² zung¹ héi² sen¹,
今日我本身预足时间嘎！八点钟起身，
今天本来我预留了足够时间的。八点起床，
nem² jü⁶ dab³ cé¹ guo³ léi⁴ gé², bad⁶ dim² zung¹ zeo⁶ hêu³ dou³ cé¹ zam⁶ leg³
谂住搭车过嚟嘅，八点半就去到车站嘞。
打算坐车过来的，八点半就到车站了。

杨美珊: gem² ying¹ goi¹ m⁴ wui⁵ m⁴ geo³ xi⁴ gan⁶ gag⁶
咁应该唔会唔够时间嘅。
那应该不会不够时间的呀。

王新宇: dim² ji¹ deng² zo² séng⁴ bun³ go³ zung¹ dou¹ mou⁵ cé¹! heo⁶ méi¹ dou³ ca¹ m⁴ do¹ geo² dim²
点知等咗成半个钟都冇车！后尾到差唔多九点，
谁知道等了几乎半个小时都没有车！后来等到差不多九点，
ngo⁵ gog³ deg¹ gon³ m⁴ qid¹ leg³, mei⁵ jig¹ hag¹ jid⁶ dig¹ xi² lo¹
我觉得赶唔切嘞，咪即刻截的士啰。
我觉得来不及，就马上拦计程车了。

杨美珊: bed¹ guo³ dou¹ hou² coi² gon² deg¹ qid¹, ngo⁵ déi⁶ yeb⁶ hêu³ la¹
不过都好彩赶得切，我哋入去啦。
不过幸好来得及，我们进去吧。

PART 2 日常口语

下午公司内，汤晶晶通过刘薇约见肖总，安排明天开会 ······C 场景

汤晶晶： xiu² leo², sêng² men⁶ ha⁵ xiu¹ zung² ting¹ yed⁶ jiu¹ zou² yeo⁵ mou⁵ mé¹ ngon pai⁴ gem² a³
小刘，想问吓肖总听日朝早有冇咩安排咁啊？
小刘，想问问肖总明天早上有没有什么安排呢？

刘薇： sêng⁶ zeo³ zam⁶ xi¹ méi⁶ yeo⁵ ngon¹ pai⁴, zung¹ m⁵ zeo⁶ yêg³ zo² hag⁶ xig⁶ fan⁶, seb⁶ yed¹ dim² zo² yeo⁶ zeo⁶ cêu¹ hêu³ lag³
上昼暂时未有安排，中午就约咗客食饭，十一点左右就出去嘞。
上午暂时没有安排，但中午约了客人吃饭，所以十一点左右就要出去了。

汤晶晶： gem² a⁴, ngo⁵ sêng² yêg⁶ kêu⁵ sêng⁶ zeo³ king¹ ha⁵ ji¹ qin⁴ go² fen⁶ heb⁶ tung⁴ sei³ jid³, m⁴ goi¹ bong¹ seo² ngon¹ pai⁴ ha⁵
咁啊，我想约佢上昼倾吓之前嘅份合同细节，唔该帮手安排吓。
这样啊，我想约他上午谈一下之前那份合同的细节，请帮忙安排一下。

刘薇： hou², kêu⁵ dai⁶ koi³ geo² dim² gei² seb⁶ dim² zung¹ fan¹ dou³ gung¹ xi¹, tung⁴ néi⁵ yêg³ seb⁶ dim² la¹
好，佢大概九点几十点钟翻到公司，同你约十点啦。
好的，他大概九点多十点回到公司。帮您约十点吧。

汤晶晶： hou², yed¹ go³ zung¹ teo⁴ ca¹ m⁴ do¹ ho² yi³ king¹ yün⁴ lag³
好，一个钟头差唔多可以倾完嘞。
好的，一个小时差不多可以谈完了。

刘薇： tong¹ bou⁶, deng² ngo⁵ tung⁴ xiu¹ zung² kog³ ying⁶ guo³ ji¹ heo⁶ zoi³ tung¹ ji¹ néi⁵ a¹
汤部，等我同肖总确认过之后再通知你吖。
汤部长，等我跟肖总确认了以后再通知您。

下午办公室内，王新杰给徐彪打电话，约他见面聊天 ······D 场景

王新杰： wei², lou⁵ cêu⁴, ngo⁵ hei⁶ wong⁴ sen¹ gid⁶ a³
喂？老徐，我系王新杰啊。
喂？老徐，我是王新杰啊。

77

06 时间与天气

粤语就这么简单

徐彪：
wei³, lou⁵ wong⁴. ai³, mong⁴ dou³ sêng⁶ qi³ gin³ dou² néi⁵ ji¹ heo⁶ dou¹ m⁴ géi³ deg¹ da² din⁶ wa² béi² néi⁵ tim¹

喂，老王。哎，忙到上次见到你之后都唔记得打电话俾你添。

喂，老王。哎，忙得上次见过面之后都忘记给你打电话了。

王新杰：
gem¹ man¹ deg¹ m⁴ deg¹ han⁴ a³? yed¹ cei⁴ xig⁶ fan⁶ a¹

今晚得唔得闲啊？一起食饭吖。

今晚上有没有时间吗？一起吃饭吧。

ngo⁵ tung⁴ ngo⁵ sei³ lou² gem¹ man¹ hei² fug⁶ yün² déng⁶ zo² wei⁴ toi² a³

我同我细佬今晚喺福园订咗围台啊。

我跟我弟弟今晚在福园酒家订了一桌啊。

徐彪：
deg¹ a³. bed¹ yü⁴ gem¹ man¹ lug⁶ dim² sam¹ go³ ji⁶ a¹? ngo⁵ m⁵ dim² bun³ xin¹ ji³ seo¹ gung¹ a³

得啊。不如今晚六点三个字吖？我五点半先至收工啊。

可以啊。不如今晚六点一刻吧？我五点半才下班呢。

王新杰：
gem⁴ ced² dim³ la¹ hou² m³ hou³, yü³ sung¹ di¹,

咁七点啦好唔好，预松啲。

那就七点吧，好吗，预留宽松一点。

deng² ngo⁵ sei³ lou² jib³ mai⁴ nêu⁵ peng⁴ yeo⁵ log⁶ ban¹, yed¹ cei⁴ guo² léi⁴

等我细佬接埋女朋友落班，一齐过嚟。

等我弟弟接完女朋友下班，一起过来。

徐彪：
mou⁵ men⁶ tei⁴, gem² ced¹ dim² zung¹ gin³ la¹

冇问题，咁七点钟见啦！

没问题，那七点钟见吧！

傍晚大街上，张桂芬遇见陈正华

E 场景

陈正华：
wa³, zêng¹ yi¹, med¹ gem¹ yed⁶ zêg³ deg¹ gem³ léng³ gé²

哇，张姨，乜今日着得咁靓嘅？

哇，张阿姨，怎么今天穿得这么漂亮啊？

张桂芬：
hei⁶ a³, ting¹ yed⁶ lou⁵ nin⁴ zung¹ sem¹ hei² sé⁵ kêu¹ gung¹ yün² biu² yin² jid¹ mug⁶ a¹ ma³

系啊。听日老年中心喺社区公园表演节目吖嘛。

是啊。明天老年中心在社区公园表演节目嘛。

ngo⁵ biu² yin² tiu³ mou⁵, so² yi³ gem¹ man¹ bad³ dim² jing¹ hoi¹ qi² pai⁴ lin⁶

我表演跳舞，所以今晚八点正开始排练。

我表演跳舞。所以今晚八点整开始排练。

PART 2 日常口语

wa³, dan³ hei³ gem¹ man¹ hou² dai⁶ mou² wo³, hou² qi⁵ zên² béi⁶ log⁶ yü¹ lag³

陈正华： 哇，但系今晚好大雾喎，好似准备落雨嘞。

哇，但是今晚很大雾气哦，好像要下雨了。

mong⁶ zeo⁶ mong⁶ kêu⁵ gem¹ man¹ log⁶ yün⁴, ting¹ yed⁶ cêd¹ tai³ yêng⁴ la¹. yü⁴ guo² m⁴ hei⁶ zeo⁶ yiu³ têu¹ qi⁴ lag³

张桂芬： 望就望佢今晚落完，听日出太阳啦。如果唔系就要推迟嘞。

希望今晚下完雨，明天就出太阳吧。不然就要推迟了。

m⁴ wui⁵ gé³, ting¹ yed¹ yed¹ ding⁶ wui⁵ hou² tin¹ gé³. ngo⁵ zou² di¹ héi² sen¹ hêu³ pung² néi⁵ déi⁶ cêng⁴ la³

陈正华： 唔会嘅，听日一定会好天嘅。我早啲起身去捧你哋场啦。

不会的，明天一定会有好天气的。我早点起来去捧你们场。

hou² a³, cen² bag³, néi⁵ yed¹ ding⁶ yiu³ léi⁴ pung² cêng⁴ a³

张桂芬： 好啊，陈伯。你一定要嚟捧场啊。

好啊，陈伯。你一定要来捧场啊。

词汇及语法

1. 基本词汇：

生词	拼音	类比及联想词汇
天气预报	tin¹ héi³ yü⁶ bou³	天气变化tin¹ héi³ bin³ fa³、晴天qing⁴ tin¹、阴天yem¹ tin¹、落雨log⁶ yü⁵
细心	sei³ sem¹	认真ying⁶ zen¹、细致sei³ ji³、仔细ji² sei³、谨慎gen² sen⁶
本身	bun² sen¹	安排ngoi¹ pai⁴、推迟têu¹ qi⁴、本来bun² lêi⁴
合同	heb⁶ tung⁴	细节sei³ jid³、协议hib³ yi⁵、备忘录bei⁶ mong⁴ lug²
大概	dai⁶ koi³	大约dai⁶ yêg³、大致da⁶ ji³、基本上géi¹ bun² sêng⁶
确认	kog³ ying⁶	通知tung¹ ji¹、电话din¹ wa²、短信dün² sên³、飞信fei¹ sên³
公园	gung¹ yün²	场馆cêng⁴ gun²、健身中心gin⁶ sen¹ zung¹ sem¹、俱乐部kêu¹ log⁶ bou⁶

时间与天气

粤语就这么简单

生词	拼音	类比及联想词汇
表演	biu² yin²	跳舞tiu³ mou⁵、唱歌cêng³ go¹、演出yin² cêd¹、演唱会yin² cêng³ wui²、演奏会yin² zeo³ wui²

2. 方言词汇：

生词	普通话释义	例句（翻译）
log⁶ yü⁵ 落雨	下雨	如果宜家唔出门，阵间可能落雨！ （如果现在不出门，等会儿可能下雨呢！）
zé¹ 遮	伞	出太阳啦，唔担遮就会晒黑。 （已经出太阳了，不打伞就会被晒黑。）
yem¹ 阴	天灰，快要下雨的样子	个天好阴，我哋唔好出街啦！ （天阴沉沉的，我们不要外出吧！）
cêd¹ gai¹ 出街	外出	咁夜你就唔好出街啦！ （这么晚你就不要外出吧！）
king¹ din⁶ wa² 倾电话	聊电话	你唔好一日到黑都顾住倾电话啦！ （你不要一天到晚只顾着聊电话！）
dab³ cé¹ 搭车	乘车	我谂住搭车去啊！ （我打算乘公交车去呢！）
heo¹ méi¹ 后尾	后来、最后	后尾发生咩事你都知啦！ （后来发生什么事情你也知道了！）
gon² m⁴ qid³ 赶唔切	来不及	行快啲啦，赶唔切啦！ （快点走，来不及了！）
jig¹ hag¹ 即刻	马上	我要你宜家即刻过嚟！ （我要你现在马上过来！）
hou² coi² 好彩	幸好	好彩我一早已经做完功课！ （幸好我一早就已经做完作业！）
sêng⁶ zeo³ 上昼	上午	你听日上昼有咩安排啊？ （你明天上午有什么安排呢？）
bong¹ seo² 帮手	帮忙	唔该你帮吓手啦！ （麻烦你帮一下忙吧！）
seo¹ gung¹/ log⁶ ban¹ 收工/落班	下班	收工一齐去食饭吖！ （下班一起去吃饭吧！）

PART 2 日常口语

1 基本句型

▶ (1)……真系（好）……啊！

（……真的（很）…啊！/……真是（很）……啊！）

> **句型解析**：主语+"真系"+形容词+语气词，用于描述程度或者进行赞美、责骂。其中"好"为程度副词，相当于普通话的"很/相当/非常"，例如在第一单元中学到的句型"……咁……"，译成"……这么/那么……"也有类似的用法。
> **课文例句**：老婆真系细心喇！（老婆真的很细心啊！）
> **延伸例句**：你知唔知道你真系好烦啊？（你知不知道你真的很烦啊？）
> 哇！呢条裤真系好啱身喇！（哇！这条裤子真的很合身哦！）

▶ (2)点知……！（谁知道/怎么知道……！）

> **句型解析**："点知"+完整句子，用于句首，描述情况出乎意料。
> **课文例句**：点知等咗成半个钟都冇车！（谁知道等了近半个小时都没有车！）
> **延伸例句**：我点知佢会呃你嗝。（我怎么知道他会骗你啊。）
> 点知嗰个老细转头就走咗佬！（谁知道那个老板转眼就走人了！）

▶ (3)不如……吖？（不如……吧？）

> **句型解析**："不如"+完整句子+语气词，用于建议和请求。
> **课文例句**：不如今晚六点半吖？（不如今晚六点半吧？）
> **延伸例句**：不如你帮我同佢攞电话吖？（不如你帮我向她拿电话号码吧？）
> 不如我哋今晚去食泰国菜吖？（不如今晚我们去吃泰国菜吧？）

▶ (4)望就望……啦！（希望（可以/能）……吧！）

> **句型解析**："希望"+完整句子+语气词，用于表示希望和语气。
> **课文例句**：望就望佢今晚落完，听日出太阳啦。（希望今晚下完雨，明天出太阳吧。）
> **延伸例句**：望就望豪仔知道阿妈咁样系为佢好啦！（希望小豪明白妈妈这样是为他好的！）
> 望就望听日个市唔好再跌喇！（希望明天股市不要再跌了！）

81

2 专题解释：常用时间描述方式

▶ (1)时刻的描述方法

> a. 每5分钟为一个"字"。例如：
>
> 02:00： lêng⁵ dim² zung¹、lêng⁵ dim² jing³、ngam¹ hou² lêng⁵ dim²
> 两点钟；两点正；啱好两点（刚好两点）
>
> 02:15： lêng⁵ dim² sam¹ go³ ji⁶、lêng⁵ dim² sam³、lêng⁵ dim² seb⁶ m⁵ fen¹、lêng⁵ dim² guo³ seb⁶ m⁵ fen¹ zung¹
> 两点三个字；两点三；两点十五分；两点过十五分钟
>
> 02:30： lêng⁵ dim² bun³、lêng⁵ dim² sam³ seb⁶ fen¹
> 两点半；两点三十分
>
> 02:45： lêng⁵ dim² geo³ go³ ji⁶、lêng⁵ dim² geo³、lêng⁵ dim² séi³ seb⁶ m⁵、ca¹ seb⁶ m⁵ fen¹ zung¹ dou³ sam¹ dim²
> 两点九个字；两点九；两点四十五；差十五分钟到三点
>
> 02:50-03:00： ca¹ m⁵ do¹ dou³ sam¹ dim²、ca¹ xiu² xiu² dou³ sam¹ dim²、ca¹ di¹ sam¹ dim²、méi⁵ geo³ sam¹ dim²
> 差唔多到三点；差小小三点；差啲三点；未够三点
>
> b. 半个、整个小时称为"钟头"或"钟"，量词可为"个"或者"粒"（"粒"只搭配"钟"）
>
> 句型1： ngo¹ deng⁶ zo⁵ néi¹ bun³ go³ zung¹ teo² la³
> 我等咗你半个钟（头）啦！（我等了你半个小时了！）
>
> 句型2： néi⁵ ji¹ m⁴ ji¹ néi⁵ ji⁶ géi³ qi⁴ zo² séng⁴ go³ zung¹ teo⁴ a³
> 你知唔知你自己迟咗成个钟（头）啊？（你知不知道你迟了差不多一个小时啊？）
>
> 句型3： biu² yin² zung⁶ yeo⁵ lêng⁵ leb¹ zung¹ xin¹ ji³ hoi¹ qi²
> 表演仲有两粒钟先至开始！（表演还有两个小时才开始！）
>
> 句型4： zung¹ yeo⁵ bun³ leb¹ zung¹ ngo⁵ déi⁶ zeo⁶ dou³ mug⁶ dig¹ déi⁶ la³
> 仲有半粒钟我哋就到目的地喇！（还有半个小时我们就到达目的地了！）
>
> 注意：不是半个或整个小时的，不能采取这种表达方式。
> 例如，不能说：仲有四分之一个钟头就十二点啦？

▶ (2)日期的描述方法

> gem¹ yed⁶ hei⁶ yi⁶ ling⁴ yed¹ yed¹ nin⁴ séi³ yüd⁶ yed¹ hou⁶ xing¹ kéi⁴ yed¹ yü² yen⁴ jid³
>
> 句型1： 今日系2011年4月1号星期一愚人节！（今天是2011年4月1日星期一愚人节！）

PART 2 日常口语

> ngo⁵ hei⁶ lug⁶ yüd³ m⁵ hou⁶ cêd¹ sei³ gé³
> 句型2：我系6月5号出世嘅。（我是6月5日出生的。）
> néi⁵ géi³ jü⁶ seb⁶ yed¹ yüd⁶ dei² yiu³ hêu³ sêng⁶ hoi² hoi¹ wui²
> 句型3：你记住11月底要去上海开会！（你记住11月底要去上海开会！）
> 注意：粤语日期的描述方法与普通话大致相同，习惯把"日"讲成"号"。

▶ (3)某个时间点前后的时间

时间	较长时间以前	刚才/刚刚	现在	过一会儿	较长时间以后
口语描述	之前 好耐以前	啱啱 头先 啱先	宜家 依家	等阵 阵间 转头	过多阵 迟小小 迟啲

注意：一般用于描述一天以内某个时间点之前或者之后的时间，不适用于多天以前或者以后。

▶ (4)一天以内的时间

时间	00:00-05:00	05:00-08:00	08:00-12:00	12:00-14:00	14:00-17:00	17:00-19:00	19:00-24:00
书面描述	深夜	早上	上午	中午	下午	傍晚	夜晚 晚上
口语描述	凌晨	朝早 朝头早	上昼 日头	中午	下昼 晏昼	挨晚	晚黑

注意：按照相应的描述，书面的问候用语。

时间	书面问候语	口语问候语	通用问候语
清晨	早上好！	早晨！（早上好）	你好！（你好）
早上	上午好！		你哋好！（你们好）
中午	午安！		咁多位你哋好！（大家好！）
下午	下午好！		各位你哋好！（各位你们好！）
晚上	晚上好！	早唞！（早点休息）	

▶ (5)一周以内的时间

时间	周一	周二	周三	周四	周五	周六	周日
描述	星期一 礼拜一	星期二 礼拜二	星期三 礼拜三	星期四 礼拜四	星期五 礼拜五	星期六 礼拜六	星期日 礼拜日

注意：粤语每周的说法跟普通话基本一致，但是口语中通常不采用"周一"这样的书面描述。

(6) 一月以内的时间

时间	大前天	前天	昨天	今天	明天	后天	大后天
描述	大前日	前日	琴日 寻日	今日	听日	后日	大后日
详细描述	大前日朝早 大前日上昼 大前日下昼 大前晚	前日朝早 前日上昼 前日下昼 前晚	琴日朝早 琴日上昼 琴日下昼 琴晚	今朝早 今朝 今日上昼 今日下昼 今晚	听朝早 听朝 听日上昼 听日下昼 听晚	后日朝早 后日上昼 后日下昼 后晚	大后日朝早 大后日上昼 大后日下昼 大后晚

注意：前天以前的时间、后天以后的时间，可在"前日/晚"前增加若干个"大"字进行描述。但是"大"字不宜超过三个，超出过后应用具体日期或星期几进行描述，以免造成误会。

(7) 一年以内的时间

时间	大前年	前年	去年	今年	明年	后年	大后年
描述	大前年	前年	旧年	今年	明年	后年	大后年
详细描述		前年年初 前年年底 前年年尾	旧年年初 旧年年底 旧年年尾	今年年初 今年年底 今年年尾	明年年初 明年年底 明年年尾		

注意：前年以前、后年以后的时间一般直接用年份进行描述。

PART 2 日常口语

07 购物

在购物用语的学习中，我们需要结合第一单元学习到的代词，运用数量和货币的表达方式。在本书以后内容的学习中，大家要注意粤语实词的积累。

 本课的学习目标是：
1. 利用粤语指示货物，询问价格，讨价还价，付钱找零；
2. 记忆本课中出现的一般货品名称，并诵读附录中有关服装、配件和食品的词汇。

01　sei² teo⁴ sêu² hei² go² bin¹
　　洗头水喺嗰边。（洗发水在那边。）

02　zung⁶ yeo⁵ di¹ med¹ yé⁵ yiu³ mai⁵ a³
　　仲有啲乜嘢要买啊？（还有些什么要买的吗？）

03　mai⁴ léi⁴ tei² ha⁵ di¹ cen³ sam¹ a¹
　　埋嚟睇吓啲衬衫吖！（过来看一下这些衬衫吧！）

04　néi⁵ ping⁴ xi⁴ mai⁵ hoi¹ bin¹ zé³ a³
　　你平时买开边只啊？（你平时习惯买哪种呢？）

05　néi⁵ gog³ deg¹ go² gin⁶ cen³ sam¹ dim² a³
　　你觉得嗰件衬衫点啊？（你觉得那件衬衫怎么样呢？）

06　mai⁵ lêng⁵ gin⁶ yeo⁵ mou⁵ deg¹ péng⁴ di¹ a³
　　买两件有冇得平啲啊？（买两件可以便宜些吗？）

85

07 yeo¹ wei⁶ bag³ fen⁶ ji¹ yi⁶ seb⁶ jig¹ hei⁶ péng⁴ séng⁴ seb⁶ men¹
优惠20%即系平成10蚊！（优惠20%就是便宜几乎10块钱！）

08 yung⁶ wui² yün⁴ ka¹ zung⁶ ho² yi³ da² geo² m⁵ jid³ tim¹
用会员卡仲可以打95折添！（用会员卡还能打95折！）

09 néi¹ dou⁶ hei⁶ jün¹ mai⁶ dim³, mou⁵ deg¹ gong² ga³ ga³
呢度系专卖店，冇得讲价嘎！（这里是专卖店，不可以讲价的。）

10 m⁴ goi¹ lo² go² gin⁶ lam⁴ xig¹ gé³ béi² ngo⁵ tei² ha⁵ a¹
唔该攞嗰件蓝色嘅俾我睇下吖。（麻烦拿那件蓝色的给我看一下。）

实用对话

上午超市内，高敏与徐彪选购生活用品　　　　　　　　　　　Ａ 场景

高敏： lou² gung¹, néi⁵ géi³ m⁴ géi³ deg¹ ngug¹ kéi² zung⁶ yeo⁵ mou⁵ ngeo⁴ nai⁵ a³
老公，你记唔记得屋企仲有冇牛奶啊？
老公，你记得家里还有牛奶吗？

徐彪： ha²? ngo⁵ bin¹ dou⁶ géi³ deg¹ a³? ngo⁵ cung⁴ léi⁴ dou¹ m⁴ yem² gé², dou¹ hei⁶ a³ zei² yem² gé²
吓？我边度记得啊？我从嚟都唔饮嘅，都系阿仔饮嘅。
啊？我哪里记得呀。我从来都不喝，都是儿子喝的。

高敏： bed¹ yü⁴ ngo⁵ déi⁶ mai⁵ do¹ yed¹ sêng¹ la¹, a³ zei² zung¹ yi³ yem² néi¹ zé³ deg¹ lên⁴ sou¹
不如我哋买多一箱啦，阿仔中意饮呢只特仑苏。
不如我们多买一箱吧，儿子喜欢喝这种特仑苏。

徐彪： lou⁵ po⁴ néi⁵ sei² m⁴ sei² mai⁵ sêng¹ gou¹ koi³ nai⁵ a³? hou² qi⁵ wa⁶ nêu⁵ yen² séi³ seb⁶ yung⁴ yi⁶ gued¹ gag³ so¹ sung¹
老婆你使唔使买箱高钙奶啊？好似话女人四十容易
骨骼疏松。
老婆你要买箱高钙奶吗？好像说女人四十容易骨骼疏松。

PART 2 日常口语

高敏: deg¹ a³, néi⁵ bong¹ seo² bun¹ sêng⁵ leo² ngo⁵ mei⁶ mai⁵ lo¹
得啊，你帮手搬上楼我咪买咯！
可以啊，你帮忙搬上楼去我不就买咯！

徐彪: pa³ mé¹ zé¹? ngo⁵ déi⁶ yeo⁵ za¹ cé¹ léi⁴ gem² ma³! hei⁶ lag³, ngug¹ kéi² hou² qi³ mou⁵ sei² teo⁵ sêu² lag³ wo³
怕咩啫？我哋有抓车嚟咁嘛！系嘞，屋企好似冇洗头水嘞喝。
怕什么呢？我们有开车过来的嘛！对了，家里好像没有洗发水了哦。

高敏: hei⁶ wo³, sei² teo⁴ sêu² hei² go² bin¹, lou⁵ gung¹ néi⁵ têu¹ bou⁶ cé¹ guo³ hêu³ a¹
系喎，洗头水喺嗰边，老公你推部车过去吖！
对哦，洗发水在那边，老公你把车推过去吧！

徐彪: lou⁵ po⁴, néi⁵ ping⁴ xi⁴ mai⁵ hoi¹ bin¹ zé³ a³
老婆，你平时买开边只啊？
老婆，你平时买的是哪种啊？

高敏: hoi² féi¹ xi¹ la¹, néi⁵ tung⁴ a³ zei¹ di¹ teo⁴ fad³ dou¹ gem³ yeo⁴
海飞丝啦，你同阿仔啲头发都咁油。
海飞丝吧，你跟儿子的头发都这么油。

徐彪: hei⁶ mei⁶ néi¹ zung² a³
系咪呢种啊？
是这种吗？

高敏: hei⁶ zeo⁶ hei⁶, bed¹ guo³ néi⁵ lo² ji¹ dai⁶ gé³ la¹, m⁴ hei⁶ ga¹ ting⁴ zong¹ dou¹ m⁴ geo³ néi⁵ lêng⁵ zei¹ yé⁴ yung⁴ a³
系就系，不过你攞支大嘅啦，唔系家庭装都唔够你两仔爷用啊！
是啊，不过你选大的那种吧，不是家庭装的话都不够你父子俩用呢！

徐彪: wa³!, lou⁵ po⁴ néi⁵ tei² ha⁵ a¹! ga¹ ting⁴ zong¹ yeo¹ wei⁶ bag³ fen⁶ ji¹ yi⁶ seb⁶ a³!, jig¹ hei⁶ péng⁴ séng⁴ seb⁶ men¹
哇，老婆你睇吓吖！家庭装优惠20%啊！即系平成10蚊！
哇，老婆你看一下，家庭装优惠20%呢，就是便宜差不多10块钱啊！

高敏: hei⁶ a³, yung⁶ néi¹ go³ sêng¹ cêng⁴ gé³ wui² yün⁴ ka¹ zung⁶ ho² yi⁵ da² geo² m⁵ jid³ tim¹
系啊，用呢个商场嘅会员卡仲可以打95折添！
是啊，用这个商场的会员卡还可以打95折！

徐彪: hang⁴ zo² gem³ noi⁶ lag³. lou⁵ po⁴, zung⁶ yeo⁵ di¹ med¹ yé⁵ yiu³ mai⁵ a³
行咗咁耐嘞。老婆，仲有啲乜嘢要买啊？
逛了这么久了。老婆，还有些什么东西需要买吗？

购物

高敏： hou² qi⁵ dou¹ ca¹ m⁴ do¹ lag³. lou⁵ gung¹, néi⁵ têu¹ bou⁶ cé¹ guo³ hêu³ pai⁴ dêu² mai⁴ dan¹ la¹
好似都差唔多嘞。老公，你推部车过去排队埋单啦。
好像也差不多了。老公，你把车推过去排队结账吧。

下午商场内，杨美珊与刘薇在逛服装店 B 场景

刘薇： a³ san¹, néi⁵ gog³ deg¹ go² gin⁶ cen³ sam¹ dim² a³
阿珊，你觉得嗰件衬衫点啊？
阿珊，你觉得那件衬衫怎么样呢？

杨美珊： dou¹ géi² hou² wo³. di¹ xig¹ sêu² dou¹ géi² lêng³, mong⁶ log⁶ liu² dou¹ géi² hou²
都几好喎。啲色水都几靓，望落料都几好。
挺好的哦！那颜色也挺漂亮，看上去料子也挺好。

刘薇： ngo⁵ sêng² gan² gin⁶ béi² ngo⁵ lou⁵ gung¹ a³, bed¹ yü⁴ yeb⁶ hêu³ tei² ha⁵ la¹
我想拣件俾我老公啊，不如入去睇吓啦！
我想选一件给我老公呢，不如进去看一下吧！

售货员： léng³ nêu² mai⁴ léi¹ tei² ha⁵ di¹ cen³ sam¹ a¹! sen¹ fun² a³, di¹ liu² hou² gou¹ dong³ hou² xü¹ fug⁶ ga³
靓女埋嚟睇吓啲衬衫吖！新款啊，啲料好高档好舒服嘎！
美女过来看一下这些衬衫吧！新款来的，料子高档很舒服的！

刘薇： m⁴ goi¹ lo² go² gin⁶ lam⁴ xig¹ gé³ béi² ngo⁵ tei² ha⁵ a¹
唔该攞嗰件蓝色嘅俾我睇吓吖！
麻烦拿那件蓝色的给我看一下吧！

售货员： na⁴! néi⁵ zég¹ fun² zung⁶ yeo⁵ bag⁶ xig¹ tung⁴ mai⁴ fui¹ xig¹ ga³! sei² m⁴ sei² lo² mai⁴ béi² néi⁵ tei²
呐！呢只款仲有白色同埋灰色嘎！使唔使攞埋俾你睇？
喏。这个款式还有白色跟灰色的！都拿给你看吗？

刘薇： m⁴ sei² jü⁶, deng² zen⁶ xin¹! a³ san¹, néi⁵ gog³ deg¹ néi¹ zé³ fun² hou² m⁴ hou² a³? tiu⁴ léng⁵ wui⁵ m⁴ wui⁵ tai³ kua¹ a³
唔使住，等阵先！阿珊，你觉得呢只款好唔好啊？条领会唔会太夸啊？
先不用，等一会儿。阿珊，你觉得这个款式好吗？领子会不会太夸张了？

PART 2 日常口语

杨美珊： néi¹ tiu⁴ léng³ qid³ gei² deg¹ géi² deg⁶ bid² a¹, di¹ xig¹ yeo⁶ géi² cen³, yed¹ di¹ dou¹ m⁴ kua¹ a³
呢条领设计得几特别吖，啲色又几衬，一啲都唔夸啊！
这领子设计得挺特别的啊，那颜色也挺搭配的，不会夸张！

刘薇： hou², gem² ngo⁵ yiu³ néi¹ zég³ lam⁴ xig¹! m⁴ goi¹ dai⁶ ma⁵ a¹
好，咁我要呢只蓝色！唔该大码吖！
好，那我要这种蓝色！麻烦大码的！

售货员： hou², néi⁵ yiu³ ban² ding⁶ hei² ngo⁵ lo² gin⁶ sen¹ gé³ béi² néi⁵ a³
好，你要版定系我攞件新嘅俾你啊？
好，你要样板还是我拿件新的给你呢？

刘薇： geng² hei² lo² gin⁶ sen¹ gé³ la¹! a³ san¹ néi⁵ sei² m⁴ sei² mai⁵ fan¹ gin⁶ béi² sen¹ yü⁵ a³
梗系攞件新嘅啦！阿珊你使唔使买翻件俾新宇啊？
当然要一件新的啦！阿珊你要买一件给新宇吗？

杨美珊： dou¹ hou² wo³, bed¹ guo³ sen¹ yü⁴ hou² qi⁵ m⁴ zung¹ yi³ lam⁴ xig¹。 m⁴ goi¹ lo² gin⁶ fui¹ xig¹ béi² ngo⁵ tei² ha⁵ a¹
都好喎，不过新宇好似唔中意蓝色。唔该攞件灰色俾我睇吓吖！
也好啊，不过新宇好像不喜欢蓝色。麻烦拿件灰色的给我看一下吧！

售货员： ma⁴ fan⁴ deng² ha⁵, ngo⁵ yeb⁶ cong¹ lo² béi² néi⁵ déi⁶! bei¹ yü⁴ néi⁶ déi¹ zoi¹ tei² ha⁵ kéi¹ ta¹ yeo⁵ mé¹ ngam¹
麻烦等吓，我入仓攞俾你哋！不如你哋再睇吓其他有咩啱？
麻烦稍等，我进去仓库给你们拿！不如你们再看一下其他有没有合适的？

刘薇： ngo⁵ déi⁶ mai⁵ lêng⁴ gin⁶ yeo⁵ mou⁵ deg¹ péng⁴ di¹ a³
我哋买两件有冇得平啲啊？
我们买两件可以便宜一点吗？

售货员： m⁴ hou² yi³ xi¹ a³, néi¹ dou⁶ hei² jün¹ mai⁶ dim³, mou⁵ deg¹ gong² ga³ ga³
唔好意思啊，呢度系专卖店，冇得讲价嘎！
抱歉，这里是专卖店，不可以讲价的！
yü⁴ guo³ néi⁵ déi⁶ mai⁵ geo³ yed¹ qin¹ men¹ ho² yi³ ban⁶ zêng¹ wui² yün⁴ ka¹, yeo⁵ yed¹ dêu¹ sên⁴ min⁴ med⁶ sung³ ga³
如果你哋买够1000蚊可以办张会员卡，有一对纯棉袜送嘎！
如果你们买够1000元可以办理一张会员卡，送一双纯棉袜子！

购物

07 粤语就这么简单

词汇及语法

1. 基本词汇：

生词	拼音	类比及联想词汇
牛奶	ngeo⁴ nai⁵	高钙奶gou¹ koi³ nai⁵、低脂奶dei¹ ji¹ nai⁵、脱脂奶tüd⁶ ji¹ nai⁵、酸奶xün¹ nai⁵
特仑苏	deg⁶ lên⁴ sou¹	橙汁cang¹ zeb¹、汽水héi³ sêu²、可乐ho² log⁶、柠檬茶ling⁴ mung¹ ca⁴、饮料yem² liu²
骨骼	gued¹ gag³	肌肉géi¹ yug⁶、内脏noi⁶ zong⁶、经络ging¹ log⁶、皮肤péi⁴ fu¹
洗头水	sei² teo⁴ sêu²	沐浴露mug⁶ yug⁶ lou⁶、洗面奶sei² min⁶ nai⁵、洗衣粉sei² yi¹ fen²、洗洁精sei² gid³ jing¹
海飞丝	hoi² féi¹ xi¹	潘婷pun¹ ting⁴、清扬qing¹ yêng⁴、飘柔piu¹ yeo⁴、多芬do¹ fen¹、沙宣sa¹ xün¹
家庭装	ga¹ ting⁴ zong¹	旅行装lêu⁵ heng⁴ zong¹、试用装xi³ yung⁶ zong¹
商场	sêng¹ cêng⁴	商店sêng¹ dim³、士多xi⁶ do¹、购物中心keo³ med⁶ zung¹ sem¹、超市qiu¹ xi⁵、街市gai¹ xi⁵
优惠	yeo³ wei⁶	打折da⁵ jid³、会员卡wui¹ yün¹ ka³、优惠券yeo⁶ wei³ gün³、折扣券jid³ keo³ gün³
衬衫	cen³ sam¹	西装sei¹ zong¹、长裤cêng⁴ fu³、皮带péi⁴ dai²、领结léng⁵ gid³、领呔léng⁵ tai¹、外套ngoi⁶ tou³
高档	gou¹ dong³	舒服xü¹ fug⁶、斯文xi¹ men⁴、得体deg¹ tei²、大方dai⁶ fong¹、夸张kua¹ zêng¹
专卖店	jün¹ mai⁶ dim³	折扣店jid³ keo³ dim³、体验店tei² yim⁶ dim³、连锁店lin⁶ so² dim³、加盟店ga¹ meng⁴ dim³
蓝色	lam⁴ xig¹	白色bag⁶ xig¹、灰色fui¹ xig¹、红色hung⁴ xig¹、绿色lug⁶ xig¹、黑色hag¹ xig¹
大码	dai³ ma⁵	中码zung¹ ma⁵、细码sei³ ma⁵、加大码ga¹ dai³ ma⁵、加细码ga¹ sei³ ma⁵

2. 方言词汇：

生词	普通话释义	例句（翻译）
ngug¹ kéi² 屋企	家	我姨妈屋企喺北京路！ （我姨妈的家在北京路！）

PART 2 日常口语

生词	普通话释义	例句（翻译）
bong¹ seo² 帮手	帮忙	唔该你搵多两个男仔嚟帮下手吖！ （麻烦你多找两个男孩子来帮一下忙吧！）
za¹ cé¹ 揸车	开车	我唔谂住买车住，因为我唔识揸车！ （我先不打算买车，因为我不会开车！）
mai⁴ dan¹ 埋单	买单	今次我嚟埋单啦！ （这一次我来买单吧！）
péng⁴ 平	便宜	我哋买咁多你都唔平啲！ （我们买这么多你也不便宜一点！）
gong² ga³ 讲价	讨价还价	唔好意思我哋呢度唔讲价嘎！ （抱歉我们这里不能讨价还价的！）
yeb⁶ cong¹ 入仓	进仓库	燕姐你帮我睇住个档口吖，我入仓啊！ （燕姐你帮我看着摊子，我进仓库！）

1 基本句型

▶ (1)你……，我咪……咯！（如果你……，我不就……咯！）

> **句型解析**：完整句子/短句，完整句子/短句的主语+"咪"+完整句子/短句的谓语+语气词，表条件。
> **课文例句**：你帮手搬上楼，我咪买咯！（你帮忙搬上楼，我不就买咯！）
> **延伸例句**：等佢翻到嚟，我咪走咯！（等他回来，我不就走咯！）
> 　　　　　　你考试攞到第一名，我咪帮你买遥控车咯！（你考试得到第一名，我不就帮你买遥控车咯！）

▶ (2)怕咩啫？……咁嘛！（怕什么呢？……的嘛！）

> **句型解析**："怕咩啫？"+完整句子+"咁嘛"，用于说明情况，消除顾虑。
> **课文例句**：怕咩啫？我哋有揸车嚟咁嘛！（怕什么呢？我们有开车过来的嘛！）
> **延伸例句**：你怕咩俾人炒啫？你有真才实学咁嘛！（你怕什么被人解雇呢？你有真才实学的嘛！）
> 　　　　　　佢怕咩啫？佢大佬咁有钱，一定会帮佢咁嘛！（他怕什么呀？他哥哥这么有钱，一定会帮他的嘛！）

91

▶ **(3)你平时……开……啊？**（你平常习惯……啊？）

> **句型解析**：主语+"平时"+动词+"开"+宾语+语气词，用于询问习惯。其中"动词+'开'+宾语"可以翻译为"'习惯'+动词+宾语"，注意"开"必须用于动词后。
> **课文例句**：你平时买开边只啊？（你平时习惯买哪一种啊？）
> **延伸例句**：你知唔知佢平时用开边只香水啊？（你知不知道她平时习惯用哪款香水啊？）
> 我平时上班搭开541嘎！（我平时上班习惯坐541路车。）

▶ **(4)……有冇得……啊？**（……可以……吗？）

> **句型解析**：完整句子/短语+"有冇得"+短语+语气词，用于询问可能性。
> **课文例句**：我哋买两件有冇得平啲啊？（我们买两件可以便宜一点吗？）
> 呢度系专卖店，冇得讲价嘎！（这里是专卖店，不能讨价还价！）
> **延伸例句**：考得唔好有冇得补考嘎？（考得不好可以补考吗？）
> 如果我提前完成任务，有冇得加奖金啊？（如果我提前完成任务，可以加奖金？）

2 专题解释：询问价格及讨价还价的常用语句

▶ **(1)询问价格**

> m⁴ goi¹, néi¹ zég³ bui¹ géi² qin² a³
> **句型1**：唔该，呢只杯几钱啊？（请问，这个杯子多少钱啊？）
> m⁴ goi¹ di¹ sang¹ coi³ dim² mai⁶ a³
> **句型2**：唔该啲生菜点卖啊？（请问这些生菜多少钱一斤？）
> jü¹ yug⁶ géi² qin² gen¹ a³
> **句型3**：猪肉几钱斤啊？（猪肉多少钱一斤啊？）
> lou⁵ sei³, yi⁴ ga¹ wong⁴ gem¹ mé¹ ga³ wei² a³
> **句型4**：老细，宜家黄金咩价位啊？（老板，现在黄金什么价位啊？）

▶ **(2)讨价还价**

> wa³ med¹ gem³ guei³ ga³? péng⁴ di¹ la¹
> **句型1**：哇乜咁贵嘎？平啲啦！（哇怎么这么贵啊？便宜点吧？）
> yeo¹ wei⁶ di¹ deg¹ m⁴ deg¹
> **句型2**：优惠啲得唔得？（优惠一点可以吧？）
> béi² do¹ go¹ jid³ teo⁴ la¹
> **句型3**：俾多个折头啦！（再给我打个折吧！）
> séi³ seb⁶ men¹, deg¹ m⁴ deg¹? m⁴ deg¹ ngo⁵ zeo⁶ zeo² ga³ la³
> **句型4**：40蚊，得不得？唔得我就走嘎喇！（40块钱行不行？不行我就走人啦！）

PART 2 日常口语

08 生病

本部分介绍生病及看病的常用语，包括询问病情、描述病情或者疼痛、治疗方法、治疗成果等，请大家结合词库中的第二部分——人体部位进行学习。

 本课的学习目标是：
1. 掌握描述病情的基本方法；
2. 掌握人体不同部位及脏器的名称。

01
néi⁵ bin¹ dou⁶ m⁴ xü¹ fug⁶ a³
你边度唔舒服啊？（你哪里不舒服呢？）

02
hei⁶ mei⁶ xig⁶ zo² di¹ m⁴ gon¹ zéng⁶ gé³ yé⁵ a³
系咪食咗啲唔干净嘅嘢啊？（是不是吃了些不干净的东西呀？）

03
gong² zo² néi⁵ géi² do¹ qi³ a³
讲咗你几多次啊？（说了你多少次了？）

04
gem¹ kêu⁴ geo³ ging² mé¹ xi⁶ a³
咁佢究竟系咩事啊！（那他究竟是什么事啊？）

05
dim² gai² kêu⁵ go³ tou⁵ wui⁵ deg⁶ yin⁴ gan¹ gem² tung³
点解佢个肚会突然间咁痛？（为什么他的肚子会忽然间这么痛？）

06
hoi¹ di¹ yêg⁶ béi² kêu⁵ xig⁶ a¹
开啲药俾佢食吖！（开一些药给他吃吧！）

07
ngo⁵ geo³ ging² géi¹ xi⁴ cêd¹ deg¹ yün² a³
我究竟几时出得院啊？（我究竟什么时候能够出院啊？）

08 生病

08 yed¹ go³ xing¹ kéi⁴ zeo⁶ cêd¹ deg¹ yün² lag³
一个星期就出得院嘞！（一个星期就可以出院了！）

09 yem² xig⁶ yeo⁵ mé¹ yiu³ jü³ yi³ ga³
饮食有咩要注意嘎？（饮食有什么需要注意的啊？）

10 yem² xig³ qing¹ tam⁵ di¹, m⁴ hou² gem³ yeo⁴ léi⁶ zeo⁶ deg¹ la³
饮食清淡啲，唔好咁油腻就得喇。（饮食清淡一点，不要那么油腻就可以了。）

实用对话

晚上医院急诊室内，高敏带着儿子徐家明看病 A 场景

医生： cêu⁴ ga¹ ming⁴ hei⁶ mei⁶ a³? néi⁵ bin¹ dou⁶ m⁴ xü¹ fug⁶ a³?
徐家明系咪啊？你边度唔舒服啊？
徐家明是吗？你哪里不舒服呢？

高敏： kêu⁵ xig⁶ yün⁴ fan⁶ zeo⁶ wa⁶ go³ tou⁵ hou² tung³ la³? dan⁶ ngo⁵ tung⁴ kêu⁵ lou⁶ deo⁶ dou¹ mou⁵ xi⁶ bo³
佢食完饭就话个肚好痛喇，但我同佢老豆都冇事啵。
他吃完饭就说肚子很疼，但我跟他爸爸都没事哦。

医生： hei⁶ mei⁶ xig⁶ zo² di¹ m⁴ gon¹ zéng⁶ gé³ yé⁵ a³? néi⁵ ji⁶ géi² lem² ha⁵? cung¹ ha⁶ zeo³ dou¹ yi⁴ ga¹ néi⁵ xig⁶ zo² di¹ med¹
系咪食咗啲唔干净嘅嘢啊？你自己谂吓，从下昼到宜家你食咗啲乜？
是吃了些不干净的东西吗？你自己想一下，从下午到现在你吃了些什么？

徐家明： ngo⁵ log⁶ tong⁴ zeo⁶ tung⁴ gou¹ lou² qün⁴、hou⁴ zei² déi⁶ hêu⁶ xig⁶ zo² wun² ngeo⁴ zab⁶, gen¹ jü⁶ zeo⁶ hêu² zo² da² bo¹
我落堂就同高佬全、豪仔哋去食咗碗牛杂，跟住就去咗打波。
我下课就跟高个儿全、小豪他们去吃了碗牛杂，然后就去打球了。

94

PART 2 日常口语

高敏： sêu¹ zei²? gong² zo² néi⁵ géi² do¹ qi³ a³? m⁴ hou² yed¹ xig⁶ yün⁴ yé⁵ zeo⁶ wen⁶ dung⁶ a¹ ma³
衰仔，讲咗你几多次啊？唔好一食完嘢就运动吖嘛！
臭小子，说了你多少次了？不要一吃完东西就运动嘛！

徐家明： yeo⁶ m⁴ hei⁶ xig⁶ zo² hou² do¹. gen¹ jü⁶ da² bo¹ go² zen² yem² zo² ji¹ ho² log⁶, gen¹ jü⁶ zeo⁶ fan¹ ngug¹ kéi² lag³.
又唔系食咗好多。跟住打波嗰阵饮咗支可乐，跟住就翻屋企嘞。
又不是吃了很多。然后打球的时候喝了一瓶可乐，然后就回家了。

高敏： zoi³ gen¹ jü⁶ kêu⁵ fan¹ dou² léi⁴, yeo⁵ yem² zo² wun² tong¹, zeo⁶ xig⁶ fan⁶ lag³
再跟住佢翻到嚟，又饮咗碗汤，就食饭嘞。
再接着他回到家，又喝了一碗汤，就吃饭了。

医生： néi⁵ dou¹ xig⁶ zo² géi² do¹ yé⁵ wo³
你都食咗几多嘢喎！
你也吃了不少东西嘛！

徐家明： gem² ngo⁵ log⁶ tong⁴ go² zen⁶ xi⁴ tou⁵ ngo⁶ a¹ ma³, gen¹ jü⁶ da² bo¹ yeo⁶ géng² hod³ wo³
咁我落堂嗰阵时肚饿吖嘛，跟住打波又颈渴喎。
那我下课的时候肚子饿嘛！然后打球又口渴。

dim² ji¹ man⁵ hag¹ a³ ma¹ yeo⁶ yiu³ ngo⁵ yem² zo² wun² tong¹ kêu⁵
点知晚黑阿妈又要我饮咗碗汤佢！
谁知道晚上妈妈又硬是要我喝汤！

高敏： bin¹ go³ giu³ néi⁵ fong³ hog⁶ xig⁶ gem³ do¹ yé⁵ a¹? ping⁴ xi⁴ yeo⁶ m⁴ guai¹ guai¹ dei² xig⁶ fan⁶
边个叫你放学食咁多嘢吖？平时又唔乖乖哋食饭。
谁叫你放学吃那么多东西呀？平时又不好好吃饭。

徐家明： gem² ngo⁵ hou² tou⁵ ngo⁶ a¹ ma³
咁我好肚饿吖嘛！
那我肚子很饿嘛！

高敏： yi¹ seng¹, gem² kêu⁴ geo³ ging² mé¹ xi⁶ a³! dim² gai² kêu⁵ go³ tou⁵ wui⁵ deg⁶ yin⁴ gan¹ gem³ tung³
医生，咁佢究竟咩事啊！点解佢个肚会突然间咁痛？
医生，那他究竟是什么事啊！为什么他的肚子会忽然间这么痛？

医生： yi⁴ ga¹ yeo⁵ lêng⁵ zung² ho² neng⁴ xing³. yed¹ zung² zeo⁶ hei⁶ xig⁶ gé³ ngeo⁴ zab⁶ m⁴ wei⁶ seng¹, ho² neng⁴ yeo⁵ xiu² xiu² sei³ kuen² gem² yim⁵
宜家有两种可能性。一种就系食嘅牛杂唔卫生，可能有小小细菌感染。
现在有两种可能性。一种就是吃的牛杂不卫生，可能有一点儿细菌感染。

08 生病

粤语就这么简单

dei⁶ yi⁶ zung² ho² neng⁴ xing³ zeo⁶ hei⁶ yen¹ wei⁶ xig⁶ yé⁵ xig⁶ deg¹ béi² gao³ zab⁶,
第二种可能性就系因为食嘢食得比较杂，
第二种可能性就是因为吃的东西比较杂，

ga¹ sêng⁵ yem² zo² dung¹ gé³ héi³ sêu² yeo⁶ ma⁵ sêng⁶ xig⁶ fan⁶, dou⁶ ji³ cêng⁴ wei⁶ seo⁶ qi³ gig¹
加上饮咗冻嘅汽水又马上食饭，导致肠胃受刺激！
加上喝了冷的汽水又马上吃饭，导致肠胃受刺激！

高敏：
gem² a⁴。 yi¹ seng¹, dim² yêng² xin¹ ho² yi³ wun² gai² a³? hoi¹ di¹ yêg⁶ béi² kêu⁵ xig⁶ a¹
咁啊。医生，点样先可以缓解啊？开啲药俾佢食吖？
这样啊。医生，怎样才可以缓解啊？开一些药给他吃吗？

医生：
mei⁵ geb¹ jü⁶, deng² ngo⁵ bong¹ kêu⁵ hoi¹ zêng¹ dan¹ zou⁶ go³ gim² ca⁴ xin¹, m⁴ ho² yi³ cêu⁴ cêu⁴ pin² pin² hoi¹ yêg⁶ gé³
咪急住，等我帮佢开张单做个检查先，唔可以随随便便开药嘅。
先不要急，等我帮他开一张化验单先做个检查，不能够随随便便开药。

刘薇刚做完手术，处于恢复期，陈国栋向医生询问情况

B 场景

刘薇：
yi¹ seng¹, ngo⁵ geo³ ging² gei² xi⁴ cêd¹ deg¹ yün² a³
医生，我究竟几时出得院啊？
医生，我究竟什么时候能出院啊？

医生：
néi⁵ zou⁶ yün⁴ seo² sêd⁶ xin¹ ji³ dei⁶ m⁵ yed⁶, zoi¹ gun¹ cad³ ha⁵ la¹
你做完手术先至第五日，再观察吓啦！
你做完手术才第五天，再观察一下吧！

陈国栋：
lou⁵ po⁴ néi⁵ sei² med¹ gem³ geb¹ zé¹! yi¹ seng¹ wa⁶ méi⁶ cêd¹ deg¹ heng² ding⁶ zeo⁶ hei⁶ néi⁵ méi⁶ fui¹ fug⁶ hou² la¹
老婆你使乜咁急啫！医生话未出得肯定就系你未恢复好啦！
老婆你用得着那么着急嘛！医生说还不可以出院，肯定就是你还没有恢复好！

刘薇：
dan⁶ ngo⁵ ji¹ qin⁴ yeo⁵ go³ peng⁴ yeo⁵ zou⁶ yün⁴ néi¹ zung² seo² sêd⁶, yed¹ go³ xing¹ kéi⁴ zeo⁶ cêd¹ deg¹ yün² lé³
但我之前有个朋友做完呢种手术，一个星期就出得院嘞！
但是我之前有个朋友做完这种手术，一个星期就可以出院了！

PART 2 日常口语

医生： mui⁵ go³ yen⁴ gé³ zong⁶ fong³ m⁴ tung⁴, mou⁵ mé¹ ho² béi² xing³ ga³
每个人嘅状况唔同，冇咩可比性嘎！
每个人的情况不同，没有什么可比性的！

zen⁶ gan¹ wu⁶ xi⁶ wui¹ guo³ léi¹ bong¹ néi⁵ wun⁶ yêng⁶, dou¹ xi¹ zoi² tei² ha⁵ go³ sêng¹ heo² fui¹ fug⁶ séng⁴ dim² la¹
阵间护士会过嚟帮你换药，到时再睇吓个伤口恢复成点啦！
等会儿护士会过来帮你换药，到时再看一下伤口恢复得怎么样吧。

刘薇： ngam¹ zou⁶ yün⁴ seo² sêd⁶ go² zen² gog³ deg¹ tung³, yi⁴ ga¹ mou⁵ xi⁶ leg³, hoi¹ qi² gog³ deg¹ hen⁴
啱做完手术嘅阵觉得有啲痛，宜家冇事嘞，开始觉得痕。
刚刚做完手术的时候觉得有点儿痛，现在没事了，开始觉得痒。

医生： hei⁶ a³, gem² yi¹ ga¹ sêng¹ heo² hoi¹ qi² mai⁴ heo² a¹ ma³! yiu³ sang¹ di¹ sen¹ yug⁶ cêd¹ lêi⁴, heng² ding⁶ wui⁵ yeo⁵ xiu² xiu² m⁴ xü¹ fug⁶ ga³ lag³
系啊，咁宜家伤口开始埋口吖嘛！要生啲新肉出来，肯定会有小小唔舒服嘎嘞。
对啊，那现在伤口开始愈合了嘛！要长一些新肉出来，肯定会有一点儿不舒服的了。

陈国栋： lou⁵ po⁴ néi⁵ géi³ jü⁶ géi² hen⁴ dou¹ m⁴ hou² ngao¹ kêu⁵
老婆你记住几痕都唔好拗佢。
老婆你记得多痒都不要挠它。

yü⁴ guo² m⁴ hei⁶, ngao¹ xün² zo² gé³ wa², tiu⁴ la¹ yi⁵ heo⁶ zeo⁶ wui⁵ hou² wed⁶ ted⁶ gé³ la³
如果唔系，拗损咗嘅话，条癞以后就会好核突嘅喇！
要不然，挠破了的话，那条疤痕就会很丑的了！

医生： ho² yi³ giu³ gu¹ lêng⁴ wun⁶ yêng⁶ go² zen² tung⁴ néi¹ ca⁴ xiu² xiu² din² zeo², dou¹ yeo⁵ xü¹ wun⁴ ji² hen⁴ gé³ zog³ yung¹
可以叫姑娘换药嗰阵同你擦少少碘酒，都有舒缓止痕嘅作用！
可以让护士换药的时候帮你擦一点儿碘酒，也有舒缓止痒的作用！

刘薇： gem² yi¹ seng¹, hei⁶ mei⁶ go³ sêng¹ heo² géi¹ bun² sêng³ mai⁴ heo² ngo⁵ zeo⁶ ho² yi³ cêd¹ yün² la³
咁医生，系咪嗰伤口基本上埋口我就可以出院嘅喇？
那么医生，是不是伤口基本上愈合了我就可以出院啦？

医生： yün⁴ zeg¹ sêng⁶ hei⁶ gem² lo¹
原则上系咁咯。
原则上是这样。

97

生病

08 粤语就这么简单

gem² yi¹ ga¹ tung⁴ cêd¹ yün² ji¹ heo⁶ gé³ fui¹ fug¹ kéi⁴, yem² xig⁶ yeo⁵ mé¹ yiu³ jü³ yi³ ga³

陈国栋： 咁宜家同出院之后嘅恢复期，饮食有咩要注意嘎？
那么现在跟出院以后的恢复期，饮食上有什么需要注意的呢？

dou¹ mou⁵ mé¹ sêu¹ yiu³ deg⁶ bid⁶ jü³ yi³ gé², yem² xig³ qing¹ tam⁵ di¹, m⁴ hou² gem³ yeo⁴ léi⁶ zeo⁶ deg¹ la³

医生： 都冇咩需要特别注意嘅，饮食清淡啲，唔好咁油腻就得喇。
也没什么需要特别注意的，饮食清淡一点，不要那么油腻就可以了。

m⁴ goi¹ sai³ yi¹ seng¹. na⁴, néi⁵ géi³ jü⁶ la³ lou⁵ po⁴, yi⁵ heo³ m⁴ ho² yi⁵ séng⁴ yed¹ wa⁶ sêng⁴ xig³ xiu¹ pai⁴ gued¹ la³, gem³ yeo⁴ néi⁶

陈国栋： 唔该晒医生。呐，你记住喇老婆，以后唔可以成日话想食烧排骨喇，咁油腻。
谢谢医生。喏，你记住了老婆，以后不可以整天说想吃烧排骨了，这么油腻。

词汇及语法

1. 基本词汇：

生词	拼音	类比及联想词汇
舒服	xü¹ fug⁶	缓解wun⁴ gai²、开药hoi¹ yêg³
牛杂	ngeo⁴ zab⁶	鱼蛋yü⁴ dan²、羊肉串yêng⁴ yug⁶ qün³、猪肠粉jü¹ cêng⁴ fen²、猪红汤jü¹ hung⁴ tong¹
运动	wen⁶ dung⁶	跳舞tiu³ mou⁵、跑步pao² bou⁶、打球da² keo⁴
医生	yi¹ seng¹	护士wu⁶ xi⁶、出院cêu¹ yün²、手术seo¹ sêd⁶、检查gim² ca⁴、观察gun¹ cad³
伤口	sêng¹ heo²	换药wun⁶ yêg⁶、恢复fui¹ fug⁶、细菌sei³ kuen²、感染gem² yim⁵、肠胃cêng⁴ wei⁶
卫生	wei⁶ seng¹	体育tei² yug⁶、文化men⁴ fa³、教育gao³ yug⁶
因为	yen¹ wei⁶	所以so² yi³、由于yeo⁴ yü¹、虽然sêu¹ yin⁴、因此yen¹ qi²
碘酒	din² zeo²	酒精zeo² jing¹、消毒xiu¹ dug⁶、止痛ji² tung³
可能	ho² neng⁴	或者wag⁶ zé²、大概dai⁶ koi³、几乎gei¹ fu⁴

PART 2 日常口语

生词	拼音	类比及联想词汇
饮食	yem² xig⁶	清淡qing¹ tam⁵、油腻yeo⁴ léi⁶、健康gin⁶ hong¹
注意	jü³ yi³	关心guan¹ sem¹、留意leo⁴ yi³、原则yün⁴ zeg¹
烧排骨	xiu¹ pai⁴ gued¹	烧鹅xiu¹ ngo²、烧鸡xiu¹ gei¹、乳猪yü⁵ jü¹、烧鸡翼xiu¹ gei¹ yig⁶

2. 方言词汇：

土词	普通话释义	例句（翻译）
tou⁵ tung³ 肚痛	肚子痛	弊喇！我突然间好肚痛啊！ （糟糕，我突然间肚子很痛！）
tou⁵ ngo⁶ 肚饿	肚子饿	好肚饿啊，阿妈几时有饭食啊？ （肚子很饿啊，妈妈什么时候吃饭呀？）
géng² hod³ 颈渴	口渴	我颈渴到死，俾我饮啖水先啦！ （我渴得要死，让我先喝口水吧！）
da² bo¹ 打波	打球	我最中意就系打波噶嘞。 （我最喜欢就是打球了。）
hen⁴ 痕	痒	痕就擦啲药膏啦！ （痒就擦一点药膏吧！）
la¹ 癞	疤痕	咁大条癞喺块面度，点算啊？ （这么大的一条疤痕在脸上，怎么办呀？）
guai¹ guai¹ déi² 乖乖地	好好地	你可唔可以乖乖地啊？ （你能不能乖乖一点？）
mai⁴ heo² 埋口	伤口愈合	食咁多辣嘢，因着伤口唔埋口啊！ （吃这么多辣的东西，小心伤口不愈合啊！）
sêu¹ zei² 衰仔	臭小子	衰仔，俾心机读书啦！ （臭小子，用心读书呀！）
wed⁶ ded⁶ 核突	恶心、丑陋	呢只色好核突啊！ （这种颜色很丑啊！）
gu¹ lêng⁴ 姑娘	护士	唔该揾个姑娘过嚟啊！ （麻烦找一个护士过来吧！）
ji² hen⁴ 止痕	止痒	点先可以止痕啊？ （怎样才可以止痒啊？）

生病 **08** 粤语就这么简单

1 基本句型

▶ (1)从……到……，你有冇……啊？（从……到……，你有没有……呢？）

> **句型解析：**"从"+时间+"到"+时间，完整疑问句，用于询问该时间段内是否完成了某项工作。
> **课文例句：**从下昼到宜家你有冇食啲咩？（从下午到现在你有吃些什么东西吗？）
> **延伸例句：**从离开办公室到出公司大门，你有冇遇到过咩人啊？（从离开办公室到走出公司大门，你遇到过什么人吗？）

▶ (2)跟住……跟住……（接着/然后……接着/然后……）

> **句型解析：**"跟住"+完整句子/短语+"跟住"+完成句子/短语，用于说明动作的先后顺序。
> **课文例句：**跟住打波嗰阵饮咗支可乐，跟住就翻屋企了。（然后打球的时候喝了一瓶可乐，接着就回家了。）
> **延伸例句：**我跟住就打电话俾佢了，跟住佢就打俾你了。（我接着就打了电话给他，接着他就打给你了。）
> 你打开个信封，跟住拎份文件出来，跟住拎俾肖总。（你打开信封，然后把文件拿出来，然后拿给肖总。）

▶ (3)咁……吖嘛！（那，……嘛！）

> **句型解析：**"咁"+完整句子+语气词，用于解释说明。
> **课文例句：**咁我落堂嗰阵时肚饿啊嘛！（那我下课的时候肚子饿嘛！）
> 咁宜家伤口开始埋口啊嘛！（那现在伤口开始愈合了嘛！）
> **延伸例句：**咁你应该早啲通知我嘛！（那你应该早点通知我的嘛！）
> 咁我都唔清楚你哋几时嚟啊嘛！（那我也不清楚你们什么时候来嘛！）

▶ (4)到时再睇下……啦！（到时候再看看……吧！）

> **句型解析：**"到时再睇下"+完整句子/短语+语气词，表事情发生的条件取决于后续情况。

PART 2 日常口语

> 课文例句：到时再睇下个伤口恢复成点啦！（到时再看一下伤口恢复得怎么样吧。）
>
> 延伸例句：到时再睇下公司究竟有咩安排啦！（到时候再看看公司究竟有什么安排吧！）
>
> 到时你再睇下有冇机会同佢讲啦！（到时候你再看看有没有机会跟他说吧！）

2 专题解释：就医的常用语

▶ (1)询问病情

> 　　　　néi⁵ bin¹ dou⁶ gog³ deg¹ m⁴ xü¹ fug⁶ a³
> 句型1：你边度觉得唔舒服啊？（你哪里觉得不舒服吗？）
> 　　　　hei⁶ m⁴ hei⁶ néi¹ dou⁶ tung³
> 句型2：系唔系呢度痛？（是不是这里痛？）
> 　　　　hung¹ mun⁶ zo² gei² noi⁶ a³
> 句型3：胸闷咗几耐啊？（胸闷了多长时间了？）
> 　　　　cêu⁴ zo² teo⁴ tung³ ji¹ ngoi⁶，yeo⁵ mou⁵ fad³ xiu¹ a³
> 句型4：除咗头痛之外，有冇发烧啊？（除了头疼以外，有发烧吗？）

▶ (2)阐述病情

> 　　　　ngo⁵ yed¹ héi² sen¹ zeo⁶ gog³ deg¹ teo⁴ wen⁴ lag³
> 句型1：我一起身就觉得头晕嘞！（我一起来就觉得头晕了！）
> 　　　　ngo⁵ néi¹ dou⁶ tung³, zung⁶ yeo⁵ néi¹ dou⁶, néi¹ dou⁶, tung⁴ go² dou⁶
> 句型2：我呢度痛，仲有呢度，呢度，同嗰度！（我这里痛，还有这里，这里，跟那里！）
> 　　　　ngo⁵ mou⁵ xig⁶ di¹ mé¹ m⁴ gon¹ zéng⁶ gé³ yé⁵ a³
> 句型3：我冇食啲咩唔干净嘅嘢啊！（我没有吃什么不干净的东西啊！）
> 　　　　yi¹ seng¹ ngo⁵ séng⁴ yed⁶ dou¹ ked¹ a³
> 句型4：医生我成日都咳啊！（医生，我整天都咳嗽啊！）

▶ (3)确定检查、治疗方法

> 　　　　hoi¹ zêng¹ fa³ yim⁶ dan¹ béi² néi⁵ xin¹
> 句型1：开张化验单俾你先！（先给你开一张化验单吧！）
> 　　　　néi⁵ yiu³ yim⁶ yüm⁴ xiu² bin⁶ tung⁴ dai⁶ bin⁶, ngo⁵ xin¹ ho² yi³ kog³ ding⁶ néi⁵ hei⁶ mé¹ men⁶ tei⁴ gem² ma³
> 句型2：你要验完小便同大便，我先可以确定你系咩问题咁嘛！（你要化验完小便跟大便，我才能确定你是什么问题嘛！）

101

生病 08

粤 语 就 这 么 简 单

yi¹ seng¹ m⁵ da² zem¹ deg¹ m⁴ deg¹ a³
句型3： 医生唔打针得唔得啊？（医生，可以不打针吗？）
gem² da² zem¹ ho² yi³ hou² deg³ fai³ di¹ a¹ ma³
句型4： 咁打针可以好得快啲吖嘛！（那打针可以好得快点嘛！）
néi¹ zég³ yêg⁶ yed¹ qi³ sam¹ leb¹, yed¹ yed⁶ xig⁶ sam¹ qi³
句型5： 呢只药一次三粒，一日食三次！（这种药一次吃三颗，一天吃三次！）

PART 2 日常口语

番外篇 2　小结

第5课到第8课的主要学习内容为数量与钱币、时间与天气、购物用语以及生病用语,是在第1课的基础上补充的生活基本用语,其中"数量""钱币"以及"时间"的相关章节需要大家特别注意。在本单元总结中,我们首先跟大家回顾前面两个单元出现的重点虚词,然后向大家解析本单元出现的重点语法及粤语惯用语,最后将为大家提供一些补充练习,以及本单元课后练习的答案。

一、重点虚词一览:连词、介词和部分副词

本单元将重点介绍粤语虚词中的连词、介词和部分副词。

以下为前面两个单元出现的粤语连词、介词和副词,已基本涵盖粤语方言中的所有常用连词和介词。请注意掌握其意义及用法,并在日常使用中注意彼此区分:

1. 粤语常用的连接词、副词、介词

序号	虚词	普语释义	用法说明	例句
1	hei^6 系	是	判断副词,相当于"是"	你系唔系广州人啊? (你是广州人吗?)
2	hei^2 喺	在	介词,相当于"在"	你喺边啊?我见唔到你嘅! (你在哪里啊?我看不到你。)
3	mou^5 冇	没有	相当于"没有"	我冇带锁匙啊今日。 (我今天没有带钥匙。)
4	m^4 唔	不	判断副词,相当于"不";经常与"唔好""唔使"连用	我下昼唔使翻公司喇。 (我下午不需要回公司了。)
5	$méi^6$ 未	没有	表未完成,用于动词后表该动作未完成,疑问句中可与"咗~"搭配增强语气	我仲未食饭啊阴功! (很惨啊,我还没有吃饭!)

序号	虚词	普语释义	用法说明	例句
6	mei⁵ 咪	不就/不要	动词，表否定，经常与"~系"	帮你洗衫嘅个咪系我咯！（帮你洗衣服的人不就是我咯！）
7	néi¹/li¹ 呢	这	方位代词，指代"这里"	呢度系唔系天河城广场啊？（这里是天河城广场吗？）
8	go² 嗰	那	方位代词，指代"那里"	嗰个人就系我上次话嘅嗰个！（那个人就是我上次说的那个！）
9	bin¹ 边	哪里	疑问代词，指代未知的位置	你屋企喺边啊？（你的家在哪里？）
10	di¹ 啲	那些	指代副词，相当于普语"那一些"	攞啲嘢过嚟俾你哋啊！（拿一些东西过来给你们呢！）
11	gem²; gem³ 咁	那/要是这样的话；这么/那么	连接词，引出下半句内容，一般不单独使用；程度副词，表程度比较深，一般用于形容词或副词前	咁你谂住点啊？（那你打算怎样呢？）乜你咁恶嘎？（你怎么这么凶的啊？）
12	sai³ 晒	全都	程度副词，形容全部都转变为某状态	我啲钱已经使晒啦！（我的钱已经全都花光了！）
13	géi² 几	挺	程度副词，1.陈述句中表示一定程度，相当于"挺"；2.疑问句中表示很大程度，相当于"多么"	你身材都几好啊！（你身材也挺好的嘛！）你知唔知你身材几好啊？（你知道你的身材有多好吗？）
14	zo² 咗	了	时间副词，用于动词后，表示动作完成	你啲年假休咗未啊？（你的年假休了没有啊？）
15	jü⁶ 住	着	时间副词，用于动词后，表示动作在持续	不如你着住呢件衫先啦！（不如你先穿着这件衣服吧！）
16	gen² 紧	正在/已经	时间副词，用于动词后，用于表示动作在已经开始并且在持续中	份报告我写紧嘅啦！（那份报告我已经在写了！）

PART 2 日常口语

序号	虚词	普语释义	用法说明	例句
17	ha⁵ 吓	一下	时间副词，用于动词后，表示动作维持一会儿	唔该你帮吓我啦！ （麻烦你帮我一下吧！）
18	xin¹ 先	先	时间副词，表示动作的时间提前	你行先啦，我未走得。 （你先走吧，我还不能走。）
19	zung⁶ 仲	还	副词，相当于"还"	你点解仲唔翻嚟嚓啊？ （你怎么还不回来啊？）
20	ting³ 听	等着	副词，表预期	你咁吃法听变成肥妹啦！ （你这种吃法等着变成肥妹吧！）
21	dim² 点	怎么/怎样	疑问副词，用于宾语后询问宾语的状态、用于动词前问动作完成方法	喺屋企点整豉油鸡啊？ （在家里怎么弄豉油鸡呀？）
22	dou² 度	左右	副词，用于数字或时间点后，用于估计或者猜测	你望落都系廿岁度啦！ （你看上去也是二十岁左右吧！）

2. 用法易混淆的虚词辨析

以下为两个同样表示动作进行中的虚词："住"、"紧"

	相同	不同	例句辨别
住	时间副词，用于动词后，表示动作在持续	1. "~住"相当于英语语法中动词的"过去/将来进行时"时态。 2. "~住"一般用在祈使句中，表示过去或者将来持续进行的动作，而现在并未进行。	呢个问题我谂住同你讲嘅嘞！ （这个问题我想好要跟你说的了！） 　　表示已经想好了、已经得出结论了，"谂住"描述的是"过去正在想，并已想好"这种状态。
紧		1. "~紧"类似于英语语法中的"现在进行时/完成时"时态。 2. "~紧"一般用于描述语气的句子中，阐述动作目前在持续进行。	呢个问题我谂紧同唔同你讲！ （这个问题我在想跟不跟你说！） 　　表示正在想，"谂紧"描述的是"已经开始想，并在进行中，未有结论"这种状态。

二、常用句型总结

1. 用于描述观察到的、或者事物本身的状况

1) 睇落……咁喎。（看上去好像……哦。）

> 课文例句：睇落有心事咁喎。（看上去好像有心事哦。）

2) 点知……！（谁知道/怎么知道……！）

> 课文例句：点知等咗成半个钟都冇车！（谁知道等了几乎半个小时都没有车！）

3) 怕咩啫？……咁嘛！（怕什么呢？……的嘛！）

> 课文例句：怕咩啫？我哋有抓车嚟咁嘛！（怕什么呢？我们有开车过来的嘛！）

4) 咁……吖嘛！（那/这样的话，……嘛！）

> 课文例句：咁我落堂嗰阵时肚饿吖嘛！（那我下课的时候肚子饿嘛！）
> 咁宜家伤口开始埋口吖嘛！（那现在伤口开始愈合了嘛！）

5) ……真系（好）……啊！

（……真的（很）…啊!/……真是（很）……啊！）

> 课文例句：老婆真系细心喇！（老婆真细心呀！）

6) 跟住……跟住……（接着……接着……）

> 课文例句：跟住打波嗰阵饮咗支可乐，跟住就翻屋企嘞。（然后打球的时候喝了一瓶可乐，接着就回家了。）

2. 用于表达惊奇、不屑、希望、建议等不同语气

1) ……仲……啊？（……还是……吗？）

> 课文例句：仲差两本啊？（还差两本吗？）

2) ……咋嘛，又唔系……（只是……而已，又不是……）

> 课文例句：5旧水咋嘛，又唔系5皮。（只是五百块钱而已，又不是五万。）

PART 2 日常口语

3) 望就望……啦！（希望（可以/能）……吧！）

课文例句：望就望佢今晚落完，听日出太阳啦。（希望今晚下完雨，明天出太阳吧！）

4) 不如……啊？（不如……吧？）

课文例句：不如今晚六点半啊？（不如今晚六点半吧？）

3. 表条件

1) 等……先！（先让……吧！）

课文例句：等我计吓先。（先让我算一下吧！）

2) 你……，我咪……咯！（如果你……，我不就……咯！）

课文例句：你帮手搬上楼，我咪买咯！（如果你帮忙搬上楼，我不就买咯！）

3) 到时再睇下……啦！（到时候再看看……吧！）

课文例句：到时再睇下个伤口恢复成点啦！（到时再看一下伤口恢复得怎么样吧！）

4. 用于询问状态及需求

1) 你平时……开……啊？（你平常习惯……啊？）

课文例句：你平时买开边只啊？（你平时习惯买哪一种啊？）

2) ……有冇得……啊？（……可以……吗？）

课文例句：我哋买两件有冇得平啲啊？（我们买两件可以便宜一点吗？）
呢度系专卖店，冇得讲价嘎！（这里是专卖店，不可以讲价的！）

3) 从……到……，你有冇……啊？（从……到……，你有没有……啊？）

课文例句：从下昼到宜家你有冇食啲咩啊？（从下午到现在你有吃些什么东西吗？）

09 学校

本课将主要介绍与学校以及考试相关的日常用语。在粤语方言里面，有不少涉及能力水平的东西和形容词，一旦掌握，运用起来将使日常语言变得非常有趣、生动和地道。例如，"这次考砸了！"我们可以这样用粤语表达，"今次衰咗！""今次惨啦！""今次死得啦！""今次大镬啦！"请大家结合词库中的第三部分——课程与文具进行学习。

 本课的学习目标是：

1. 能准确描述专业课程；
2. 利用粤语对考试、能力水平等进行评价。

 常用短句

01 gem¹ qi³ séi² deg¹ la³ ngo⁵
今次死得啦我！（这次我死定了！）

02 bed¹ guo³ ming⁴ zei² zeo⁶ cam² leg³
不过明仔就惨嘞！（不过小明就惨了！）

03 kêu⁵ di¹ yü⁵ men⁴ zung⁶ ca¹ guo³ ngo⁵
佢啲语文仲差过我！（他的语文比我的还差！）

04 néi⁵ déi⁶ néi¹ dou³ m⁴ ji¹ dou³ yeo⁵ mou⁵ lé¹
你哋呢度唔知道有冇咧？（你们这里不知道有没有呢？）

05 m⁴ sei² géng¹, go³ go³ dou¹ hei⁶ gem² ga³ la¹
唔使惊，个个都系咁嘎啦！（不用怕，个个都是这样的啦！）

06 hou² coi² kêu⁵ m⁴ hei⁶ gao³ ngo⁵ déi⁶ ban¹ yü⁵ men⁴ zé¹
好彩佢唔系教我哋班语文啫！（幸好她不是教我们班语文的！）

PART 2 日常口语

07 néi⁵ ji¹ m⁴ ji¹ ngo⁵ déi⁶ ban¹ gem¹ yed⁶ géi² cam² a³
你知唔知我哋班今日几惨啊?（你知不知道我们班今天多惨啊？）

08 go³ go³ dou¹ hei⁶ ngam¹ ngam¹ hou² zou⁶ yün⁴ zeo⁶ seo¹ gün¹ lag³
个个都系啱啱好做完就收卷嘞。（个个都是刚刚好做完就收卷了。）

09 hei⁶ mei⁶ hing¹ dei⁶ a³? gong² mai⁴ sai³ di¹ gem² gé³ yé⁵
系咪兄弟啊？讲埋晒啲咁嘅嘢！（是不是兄弟啊？说些这样的话！）

10 yed¹ m⁴ hêi⁶ néi⁵ hêu³ men⁶ ha⁵ néi⁵ a³ ma¹ lo¹
一唔系你去问吓你阿妈咯！（要不然你去问问你妈吧！）

实用对话

上午语文课上，杨美珊跟大家安排下节课的内容　　Ａ 场景

go³ wei² tung⁴ hog⁶, yi⁴ ga¹ wa⁶ béi² néi⁵ déi⁶ ji¹ yed¹ go³ bed¹ heng⁶ gé³ xiu¹ xig¹, gem¹ tong⁴ fo³ yiu³ deg⁶ gig¹ cag¹ yim⁶

杨美珊： 各位同学，宜家话俾你哋知一个不幸嘅消息，今堂课要突击测验！
各位同学，现在要告诉你们一个不幸的消息，这节课要突击测验！

ha²? m⁴ hei⁶ gua³? yêng⁴ lou⁵ xi¹ dim² gai² néi⁵ m⁴ zou² di¹ gong² a³

同学： 吓？唔系啩？杨老师点解你唔早啲讲啊？
啊？不是吧？杨老师怎么你不早点说啊？

zou² di¹ gong² béi² néi⁵ déi⁶ ji¹, zeo⁶ m⁴ giu³ zou⁶ deg⁶ gig¹ cag¹ yim⁶ la¹

杨美珊： 早啲讲俾你哋知，就唔叫做突击测验啦！
要是早点告诉你们的话，就不叫突击测验了！

lou⁵ xi¹ néi⁵ zen¹ hei⁶ hou² gan¹ a³! hei⁶ mei⁶ cag¹ dei⁶ sam¹ dan¹ yün⁴ gé³ noi⁶ yung⁴ a³? qün¹ bou⁶ a⁴

同学： 老师你真系好奸啊！系咪测第三单元嘅内容啊？全部啊？
老师你真的很奸诈啊！是不是测第三单元的内容呀？全部吗？

m⁴ hei⁶ jing⁶ hei⁶ deg² dei⁶ sam³ dan¹ yün⁴ a³, hei⁶ dei⁶ yed¹ dou³ dei⁶ sam¹ dan¹ yün⁴

杨美珊： 唔系净系得第三单元啊，系第一到第三单元。

不只是第三单元，是第一到第三单元。

下午操场上，林伟豪向钟铭全讲述测验的过程

B 场景

gou¹ lou² qün⁴, néi⁵ ji¹ m⁴ ji¹ ngo⁵ déi⁶ ban¹ gem¹ yed⁶ géi² cam² a³? ging² yin⁴ deg⁶ gig¹ cag¹ yü⁵ men⁴ a³

林伟豪： 高佬全，你知唔知我哋班今日几惨啊？竟然突然测语文啊！

高个儿全，你知不知道我们班今天多惨啊？竟然突然测语文啊！

m⁴ hei⁶ gua³? hou² coi¹ néi⁵ déi⁶ go² go³ yêng⁴ lou⁵ xi¹ m⁴ hei⁶ gao³ ngo⁵ déi⁶ ban¹ yü⁵ men⁴ zé¹

钟铭全： 唔系啩？好彩你哋嗰个杨老师唔系教我哋班语文啫！

不是吧？幸好你们那个杨老师不是教我们班语文的！

gem¹ qi³ séi² deg¹ la¹ ngo⁵, yed¹ lou⁶ dou¹ mou⁵ wen¹ guo³ xü¹

林伟豪： 今次死得啦我，一路都冇温过书。

这次我死定了，一直都没有复习过。

m⁴ sei² géng¹, ngo⁵ gu² go³ go³ dou¹ hei⁶ gem² ge³ la¹

钟铭全： 唔使惊，我估个个都系咁嘅啦！

不用怕，我猜个个都是这样的啦！

néi⁵ gog³ deg¹ di¹ tei⁴ nan⁴ m⁴ nan⁴ zou³ a³? zou⁶ yïn⁴ méi⁵ a³

你觉得啲题难唔难做啊？做完未吖？

你觉得那些题难吗？做完没有呢？

xi⁴ gan¹ hou² gen², ngo⁵ déi⁶ go³ go³ dou¹ hei⁶ ngam¹ ngam¹ hou² zou⁶ yün⁴ zeo⁶ seo¹ gün¹ lag³

林伟豪： 时间好紧，我哋个个都系啱啱好做完就收卷嘞。

时间很紧，我们个个都是刚做完就收卷了。

bed¹ guo³ ming⁴ zei² zeo⁶ cam² lag³, kêu⁵ hou² qi⁵ zung⁶ méi⁶ zou⁶ sai³

不过明仔就惨嘞，佢好似仲未做晒。

不过小明就惨了，他好像还没做完。

kêu⁵ qi³ qi³ dou¹ hei⁶ gem² ga³ la¹! kêu⁵ di¹ yü⁵ men⁴ zung⁶ ca¹ guo³ ngo⁵

钟铭全： 佢次次都系咁嘎啦！佢啲语文仲差过我！

他每次都是这样的啦！他的语文比我的还差！

PART 2 日常口语

期末考试后,大家商量着暑假的安排

C 场景

徐家明: wei³, hou⁴ zei², néi⁵ xü² ga³ yeo⁵ mé¹ ngon¹ pai⁴ a³
喂,豪仔,你暑假有咩安排啊?
喂,小豪,你暑假有什么安排呀?

林伟豪: fan¹ hêng¹ gong³ lo¹! ngo⁵ go³ go³ ga³ kéi⁴ dou¹ fan¹ hêng¹ gong²
翻香港咯!我个个假期都翻香港,
回香港吧!我每个假期都回香港,
yü⁴ guo² m⁴ hei⁶ a³ ba⁴ a³ ma¹ heng² ding⁶ yiu³ ngo⁵ hêu² can¹ téng¹ bong¹ seo²
如果唔系阿爸阿妈肯定要我去餐厅帮手。
不然的话爸爸妈妈肯定要我去餐厅帮忙的。

徐家明: gem² a⁴, zung⁶ nem² jü³ giu³ néi⁵ yed¹ cei⁴ hêu³ lün⁴ ha⁴ yi⁴ tim¹
咁啊,仲惗住叫你一齐去联吓谊添!
这样啊,还想着叫你一起去联谊呢!
gag³ léi⁴ ban¹ go² ban¹ nêu⁵ zei² zou² jig¹ hêu³ pun⁴ lung⁴ hab⁶ piu¹ leo⁴ a³
隔离班嗰班女仔组织去盘龙峡漂流啊!
隔壁班那帮女生组织去盘龙峡漂流呢!

林伟豪: wa³, gem² zéng³? géi² xi⁴ a³? ngo⁵ dou¹ xi⁴ mei⁶ fan¹ guong² zeo¹ lo³
哇,咁正?几时啊?我到时咪翻广州咯。
哇,那么好?什么时候啊?我到时候就回广州。

徐家明: deg¹ a³, ngo⁵ tung⁴ gou¹ lou² qün⁴ dou¹ hêu³, dou³ xi⁴ ding⁶ zo² wui⁶ heb⁶ xi⁴
gan¹ tung⁴ déi⁶ dim² ngo⁵ méi⁵ sên³ néi⁵ a¹
得啊,我同高佬全都去,到时定咗会合时间同地点
我微信你吖!
行啊,我跟高个儿全都去,到时定了会合的时间跟地点我发微信给
你吧!

林伟豪: wa⁶ xi⁴ wa⁶ a¹, néi⁵ hou² qi⁵ hou² xiu² ho² yeo⁵ gem³ sên² gé³ yé⁵ yig¹ ngo⁵
wo³! yeo⁵ mé¹ yem¹ meo⁴ a³
话时话吖,你好似好少河有咁笋嘅嘢益我喎!有咩
阴谋啊?
说起来,你好像很少有这么好的东西介绍给我的哦!有什么阴谋呀?

徐家明: hei⁶ mei⁶ hing¹ dei⁶ a³? gong² mai⁴ sai³ di¹ gem² gé³ yé⁵
系咪兄弟啊?讲埋晒啲咁嘅嘢!
是不是兄弟啊?说些这样的话!

111

学校

09 粤语就这么简单

晚上在家,徐家明向父亲咨询兴趣小组的选择

D 场景

徐家明： lou⁵ deo⁶, néi⁵ wa⁶ ngo⁵ gem¹ go³ hog⁶ kéi⁴ gei³ zug⁶ cam¹ ga¹ tei² yug⁶ bou⁶ go³ di¹ hing³ cêu⁴ xiu² zou² a¹, ding⁶ hei⁶ jün³ seng¹ med⁶ sed⁶ yim⁶ xiu² zou² a³

老豆，你话我今个学期继续参加体育部嗰啲兴趣小组吖，定系转生物实验小组啊？

爸爸，你说我这个学期继续参加体育部那些兴趣小组，还是转到生物实验小组呢？

徐彪： néi⁵ sêng⁶ go³ hog⁶ kéi⁴ bou³ zo² mé¹ hing³ cêu⁴ xiu² zou² a³? gem¹ qi³ gan² fan¹ go³ m⁴ tung⁴ gé³ lo¹

你上个学期报咗咩兴趣小组啊？今次拣翻个唔同嘅咯！

你上个学期报了什么兴趣小组呀？这次选不同的嘛！

徐家明： ngo⁵ sêng⁶ go³ hog⁶ kéi⁴ gan² bing¹ beng¹ keo⁴ gé³! geo⁶ nin² lêng⁵ go³ hog⁶ kéi⁴ zeo⁶ hei⁶ zug¹ keo⁴ tung⁴ lam⁴ keo⁴

我上个学期拣乒乓球嘅！旧年两个学期就系足球同篮球。

我上个学期是选乒乓球的，去年两个学期就是足球跟篮球。

so² yi³ gem¹ qi³ ngo⁴ sêng¹ bou³ di¹ sed¹ noi⁵ gé³ xiu² zou², tei² ha⁵ yeo⁵ mé¹ hou² wan²

所以今次我想报啲室内嘅小组，睇吓有咩好玩。

所以这一次我想报那些室内的小组，看看有什么好玩。

徐彪： xing⁴ yed⁶ gu³ jü⁶ wan²! wen² géi¹ wui⁶ hog⁶ do¹ yé⁵ a¹ ma³! néi⁵ déi⁶ géi¹ xi⁴ yeo⁵ seng¹ med⁶ fo³ a³

成日顾住玩！揾机会学多啲嘢吖嘛！你哋几时有生物课啊？

整天顾着玩！找机会多学点东西嘛！你们什么时候有生物课呀？

徐家明： ngo⁵ déi⁶ sêng⁶ go³ hog⁶ kéi⁴ yi⁵ ging¹ hoi¹ zo² seng¹ med⁶ fo³ la³, dan⁶ héi⁶ ngo⁵ di¹ sed⁶ yim⁶ m⁴ hei⁶ géi² hou²

我哋上个学期已经开咗生物课啦，但系我啲实验唔系几好。

我们上个学期就已经开生物课了，但是我的实验不是很好。

徐彪： gem² zeo⁶ yed¹ yü¹ bou³ seng¹ med⁶ sed⁶ yim⁶ xiu² zou² la¹

咁就一于报生物实验小组啦！

那就干脆报生物实验小组吧！

gem² gé³ wa², néi⁵ ping⁴ xi⁴ sêng⁵ fo³ yeo⁵ men⁶ tei⁴ dou¹ ho² yi³ cen³ géi¹ men⁶ ha⁵ lou⁵ xi¹ a¹ ma³

咁嘅话，你平时上课有问题都可以趁机问老师吖嘛！

这样的话，你平时上课有问题也可以趁机问老师的嘛！

PART 2 日常口语

hei⁶ lo¹。dan⁶ ngo⁵ téng¹ gong² néi¹ go³ hing³ cêu² xiu² zou⁶ hou² kua¹ zêng¹ ga³，ping⁴ xi⁴ yiu¹ gao¹ zog³ yib⁶ ga³

徐家明： 系咯。但我听讲呢个兴趣小组好夸张嘎，平时要交作业嘎！

对啊。但是我听说这个兴趣小组很夸张的，平时要交作业的！

gem² néi⁶ ji⁶ géi² nem² la³，yed¹ m⁴ hêi⁶ néi⁵ hêu² men⁶ ha⁵ néi⁵ a³ ma¹ lo¹

徐彪： 咁你自己谂喇！一唔系你去问吓你阿妈咯！

那你自己考虑了！要不你去问问你妈吧！

晚上图书馆内，林伟豪在借书   E 场景

m⁴ goi¹，ngo⁵ sêng² men⁶ ha⁵ med⁶ léi⁵ lêu⁶ gé³ xü¹ bai² hei² bin¹ dou⁶ a³

林伟豪： 唔该，我想问吓物理类嘅书摆喺边度啊？

麻烦，我想问一下物理类的书放在哪里呢？

ngo⁵ ho² yi³ yung⁶ héi⁶ tung² bong¹ néi⁵ ca⁴ ha⁵ ga³！néi⁵ gong² go³ xü¹ méng² béi² ngo⁵ ji¹ a¹

管理员： 我可以用系统帮你查吓嘎！你讲个书名俾我知吖！

我可以用系统帮你查一下的！你把书名告诉我吧！

giu³ pou² tung¹ med⁶ léi⁵ hog⁶，hei⁶ di¹ dai⁶ hog⁶ gé³ fo³ qing⁴ léi¹ gé³！néi⁵ déi⁶ néi¹ dou³ m⁴ ji¹ dou³ yeo⁵ mou⁵ lé¹

林伟豪： 叫普通物理学，系啲大学嘅课程嚟嘅！你哋呢度唔知道有冇咧？

叫普通物理学，是那些大学的课程来的！不知道你们这里有没有呢？

deng² ngo⁵ ca⁴ ha⁵ xin¹，néi⁵ deng² zen⁶！o⁶，néi¹ tou³ xü¹ yeo⁵ sêng⁶ zung¹ ha⁶ sam¹ cag³ wo³，néi⁵ yiu³ bin¹ bun²

管理员： 等我查吓先，你等阵！哦，呢套书有上中下三册嘅喎，你要边本？

等我先查一下，你等会儿！哦，这套书有上中下三册的哦，你要哪本？

gem² yeo⁵ zeo⁶ zêu³ hou² la³！bed¹ yü⁴ néi⁵ wa⁶ béi² ngo⁵ ji¹ bad² hei² bin¹ dou⁶，ngo⁵ ji⁶ géi² hêu³ tei² ha⁵ la¹

林伟豪： 咁有就最好喇！不如你话俾我知摆系边度，我自己去睇吓啦！

那有就最好了！不如你告诉我放在哪里吧，我自己去看一下借哪一册吧！

113

学校

09 粤语就这么简单

管理员： hei⁵ B5 hou⁶ xü¹ ga², néi⁵ yün⁴ jü⁶ néi¹ tiu⁴ lou⁵ yed¹ lou⁶ hang⁴ yeb⁶ hêu³ zeo⁶ wen² dou² B5 hou⁶ xü¹ ga² ga³ leg³
喺B5号书架，你沿住呢度一路行入去就揾到B5号书架嘎嘞！
在B5号书架，你沿着这里一直往里面走就找到B5号书架了！

林伟豪： hou², sam¹ bun² xü¹ dou¹ zung⁶ méi⁶ béi² yen¹ zé³ zeo², hei⁶ mei⁶ a³
好，三本书都仲未俾人借走，系咪啊？
好，是不是三本书都还没有给人借走呀？

管理员： hei⁶, zam⁶ xi⁴ méi⁶ zé³ cêd¹. dan³ hei⁶ néi⁵ déi⁶ go³ zé³ xü¹ jing³ yed¹ qi³ zêu³ do¹ ji² ho² yi³ zé³ lêng⁵ bun² xü¹ wo³, néi⁵ tei² yün⁴ zoi³ fan¹ léi⁴ zé³ la¹
系，暂时未借出。但系你哋个借书证一次最多只可以借两本书喎，你睇完再翻嚟借啦！
是的，暂时没有借出。但是你们的借书证一次最多只可以借两本书，你看完再回来借吧。

词汇及语法

1. 基本词汇：

生词	拼音	类比及联想词汇
不幸	hed¹ heng⁶	幸运hcng⁶ wen⁶、侥幸hiu¹ heng⁶、悲惨béi¹ cam²
消息	xiu¹ xig¹	信息sên³ xig¹、资讯ji¹ sên³、音信yem¹ sên³
突击测验	deg⁶ gig¹ cag¹ yim⁶	考试hao² xi⁵、期中考kéi⁴ zung¹ hao²、期末考kéi⁴ mud⁶ hao²、模拟考mou⁴ yi⁵ hao²
全部	qün⁴ bou⁶	大部分dai⁶ bou⁶ fen⁶、小部分xiu² bou⁶ fen⁶
暑假	xü² ga³	假期ga³ kéi⁴、寒假hon⁴ ga³、长假cêng⁴ ga³、黄金周wong⁴ gem¹ zeo¹
联谊	lün⁴ yi⁴	交流会gao¹ leo⁴ wui²、迎新晚会ying⁴ sen¹ man⁵ wui²、见面会gin³ min⁶ wui²、座谈会zo⁶ tam⁴ wui²
盘龙峡	pun⁴ lung⁴ hab⁶	怀集wai⁴ zab⁶、阳朔yêng¹ sog³、区庄ngeo¹ zong¹
体育部	tei² yug⁶ bou⁶	外联部ngoi⁶ lün⁴ bou⁶、文娱部men⁴ yü⁴ bou⁶、秘书处béi³ xü¹ qü³、项目部hong⁶ mug⁶ bou⁶
阴谋	yem¹ meo⁴	居心gêu¹ sem¹、打算da² xün³、计划gei³ wag⁶

PART 2 日常口语

生词	拼音	类比及联想词汇
兴趣	hing³ cêu³	热情yid⁶ qing⁴、兴致hing³ ji³、三分钟热度sam¹ fen¹ zung¹ yid⁶ dou⁶
生物	seng¹ med⁶	物理med⁶ léi⁵、实验sed⁶ yim⁶、课程fo³ qing⁴
室内	sed¹ noi⁶	室外sed¹ ngoi⁶、露天lou⁶ tin¹
图书馆	tou⁴ xü¹ gün²	教学楼gao³ hog⁶ leo⁴、宿舍sug¹ sé⁵、体育馆tei² yug⁶ gun²、博物馆bog³ med⁶ gun²

2. 方言词汇：

生词	普通话释义	例句（翻译）
gan¹ za³ 奸诈	奸诈	乜你笑得咁奸嘅？ （怎么你笑得那么奸诈的啊？）
jing⁶ hei⁶ 净系	只是、只有	今个星期我净系得听晚得闲咋！ （这个星期我只有明天晚上有空！）
hou² coi² 好彩	幸好、运气好	我真系好好彩！ （我的运气真的很好哦！）
wen¹ xü¹ 温书	复习	平时顾住玩，临考试先嚟温书。 （平时只顾着玩，考试前才来看书。）
sên² yé⁵ 笋嘢	超值的东西	呢只股票系笋嘢嚟嘎！ （这个股票超值的啊！）

语法解析

基本句型

▶ (1)……，就唔……啦！（如果……的话，就不是……啦！）

> **句型解析**：完整句子/短句，"就唔叫"+完整句子/短句的主语+语气词，表条件。
> **课文例句**：早啲讲俾你哋知，就唔叫做突击测验啦！（要是早点告诉你们的话，就不叫突击测验了！）
> **延伸例句**：大傻有咁醒目嘅话，就唔叫做大傻啦！（傻瓜要是有这么醒目的话，就不叫做傻瓜啦！）

(2)唔系净系……，系……！（不只是……，是……！）

句型解析："唔系净系"+完整句子/短句，"系"+……，用于否定前者、强调后者。

课文例句：唔系净系得第三单元啊，系第一到第三单元。（不只是第三单元啊，是第一到第三单元。）

延伸例句：唔系净系你咁谂，人人都系咁谂！（不是只有你这样想，人人都是这样想的！）

唔系净系得阿明知道，系全世界都知道！（不是只有阿明知道，是全世界都知道了！）

(3)好彩……啫！（幸好……啊！）

句型解析："好彩"+完整句子+语气词，用于表示侥幸心情。

课文例句：好彩你哋嗰个杨老师唔系教我哋班语文啫！（幸好你们那个杨老师不是教我们班语文的！）

延伸例句：好彩我阿妈唔知我今次考试唔及格啫！（幸好我妈不知道我这次考试不及格！）

好彩头先冇行黄埔大道啫！好塞车！（幸好刚才没走黄埔大道！很堵车啊！）

(4)……仲……过……（……比……还……）

句型解析：完整句子/短语+"仲"+形容词+"过"+完整句子/短语，用于表示比较。

课文例句：佢哋语文仲差过我！（他的语文比我的还差！）

延伸例句：今日仲热过琴日啊！（今天比昨天还热啊！）

佢整羊腩煲整得仲好食过佢阿妈整嘅！（她做的羊腩煲比她妈妈做的还好吃！）

我哋今晚去睇电影仲好过去打桌球啦！（我们今天去看电影比去打桌球还好啦！）

(5)仲谂住……添！（还打算……呢！）

句型解析："仲谂住"+完整句子+语气词，用于表达原来的计划。

课文例句：仲谂住叫你一起去联谊添！（还打算叫你一起去联谊呢！）

延伸例句：我仲谂住帮你打个电话俾佢添！（我还打算帮你给他打个电话呢！）

明仔仲谂住今日唔翻屋企训添！（小明还想着今天不回家睡觉呢！）

PART 2 日常口语

- (6)……好少河……喎！（……很少……哦！）
  - **句型解析**：主语+"好少河"+含动词短语+语气词，用于某事很少机会或者很小可能性会发生。
  - **课文例句**：你好似好少河有咁笋嘅嘢益我喎！（你好像很少有这么好的东西介绍给我的哦！）
  - **延伸例句**：佢好少河咁早翻！（他很少这么早回来！）
    一般毕业生好少河有几个offer喺手可以慢慢拣！（一般毕业生很少能有几个录用通知书在手上能慢慢选！）

- (7)（咁就）一于……啦！（……那就干脆……吧！）
  - **句型解析**："（咁就）一于"+完整句子/短语+语气词，用于表示决定做某事。
  - **课文例句**：咁就一于报生物实验小组啦！（那就干脆报生物实验小组吧！）
  - **延伸例句**：我一于食完呢餐再减肥啦！（我干脆吃完这顿再减肥吧！）
    听到呢个消息，佢一于唔理！（听到这个消息，他干脆不理会。）

- (8)一唔系……咯！（要不……吧！）
  - **句型解析**："一唔系"+完整句子/短语+语气词，用于表示建议。
  - **课文例句**：一唔系你去问吓你阿妈咯！（要不你去问问你妈吧！）
  - **延伸例句**：你一唔系揾你领导倾倾啦！（你要不找你领导谈谈吧！）
    暑假一唔系去你阿爷度，一唔系报补习班，你自己拣！（暑假要不就去你爷爷那里，要不就报补习班，你自己选！）

10 餐厅

广东人被誉具有将上至飞禽下至走兽都烹调成佳肴的能力，而广州作为美食之都，更汇集了全国乃至世界各种美食。本课将学习餐厅用语，包括点餐、下单、催菜以及餐桌上的谦让等用词用句。大家在学习的过程中不妨结合词库的第四部分——食物，进行学习。

 本课的学习目标是：

1. 掌握关于粤语点菜及下单的常用语；
2. 了解食物的粤语名称。

 实用对话

01 yeo⁵ mou⁵ wei² a³
有冇位啊？（有位置吗？）

02 qing² men⁶ gei² do¹ wei² lé¹
请问几多位咧？（请问多少位呢？）

03 hag³ mé¹ héi³ a¹
客咩气吖！（客气什么呢！）

04 néi⁵ déi⁶ tei² ha⁵ sêng² xig⁶ mé¹
你哋睇吓想食咩？（你们看一下想吃什么？）

05 yeo⁵ mou⁵ mé¹ têu¹ jin³ a³
有冇咩推荐啊？（有什么推荐吗？）

06 a³ sou² xig⁶ m⁴ xig⁶ yü² ga³
阿嫂食唔食鱼嘎？（嫂子吃鱼吗？）

PART 2 日常口语

07 m⁴ goi¹ log⁶ dan¹ a¹, fai³ di¹ sêng⁵ wo³
唔该落单吖,快啲上喎!（麻烦下单吧,快点上哦!）

08 med¹ mou⁵ xi⁶ zeo⁶ m⁴ ho² yi³ qéng² néi⁵ xig⁶ fan⁶ ga³ mé¹
乜冇事就唔可以请你食饭嘎咩?（难道没事情就不可以请你吃饭吗?）

09 yem² mé¹ ga³? tid³ gun¹ yem¹ ding⁶ hei⁶ pou² léi² gem² a³
饮咩啊?铁观音定系普洱咁啊?（喝什么呢?铁观音还是普洱?）

10 yiu³ m⁴ yiu³ xi³ ha⁵ ngo⁵ déi⁶ néi¹ dou⁶ gé³ qing⁴ lêu⁵ long⁶ man⁶ tou³ can¹ a³
要唔要试吓我哋嘅情侣浪漫套餐啊?（要试一下我们的情侣浪漫套餐吗?）

实用对话

中午湘菜馆内,王新杰和徐彪夫妇一起吃饭 A 场景

侍应： qing² men⁶ gei² do¹ wei² lé¹
请问几多位咧?
请问多少位呢?

王新杰： sam¹ go³ yen⁴, yeo⁵ mou⁵ wei² a³
三个人,有冇位啊?
三个人,有位置吗?

侍应： yeo⁵ gé², néi¹ bin¹ a¹! qing² men⁶ yem² mé¹ ca⁴ lé¹
有嘅,呢边吖!请问饮咩茶咧?
有的,这边吧!请问喝什么茶呢?

王新杰： a³ sou² yem² mé¹ ga³? tid³ gun¹ yem¹ ding⁶ hei⁶ pou² léi² gem² a³
阿嫂饮咩嘎?铁观音定系普洱咁啊?
嫂子喝什么呀?铁观音还是普洱?

高敏： a³ gid³ néi⁵ hag³ mé¹ héi³ a¹, dou¹ gem³ sug⁶ leg³。ngo⁵ mou⁵ mé¹ so² wei⁶ ga³
阿杰你客咩气吖,都咁熟嘞。我冇咩所谓嘎。
阿杰你客气什么呢,都这么熟了。我没所谓的。

119

餐厅

10 粤语就这么简单

王新杰： gem² zeo⁶ yed¹ wu⁴ pou² léi¹ la¹! yêng⁵ wei⁶ a³! lou⁵ cêu⁴, na⁴, néi⁵ déi⁶ tei² ha⁵ sêng² xig⁶ mé¹, cêu⁴ pin² dim² a¹
咁就一壶普洱啦！养胃啊！老徐，呐，你哋睇吓想食咩，随便点吖！
那就一壶普洱吧！养胃呀！老徐，喏，你们看一下想吃什么，随便点！

高敏： néi⁵ géi⁶ lêng² go³ dou¹ xig⁶ yin¹, m⁴ hou² xig⁶ di¹ gem³ lad⁶ gé³ yé⁵ a³, yen¹ jü⁶ yid⁶ héi³
你哋两个都食烟，唔好食啲咁辣嘅嘢啊，因住热气。
你们两个都抽烟，不要吃那么辣的东西嘛，小心上火！

徐彪： hou² la¹。gem² zeo⁶ yiu³ yed¹ go³ sêu² jü² ngeo⁴ yug⁶, yed¹ go³ yeo¹ yün² hêng¹ gon¹
好啦。咁就要一个水煮牛肉，一个攸县香干。
好吧。那就要一个水煮牛肉，一个攸县香干。

lou⁵ wong⁴ néi⁵ tei² ha⁵ néi⁵ sêng² xig⁶ di¹ mé¹
老王你睇吓你想食啲咩？
老王你看一下想吃些什么？

王新杰： ngo⁵ mé¹ dou¹ ngam¹ ga³! m⁴ ngam¹ zoi³ léi¹ do¹ fen⁶ dêg³ jiu¹ yü² teo⁴ a¹? a³ sou² xig⁶ m⁴ xig⁶ yü² ga³
我咩都啱嘎！唔啱再嚟多份剁椒鱼头吖？阿嫂食唔食鱼嘎？
我什么都行的！要不再多来份剁椒鱼头吧？嫂子吃鱼吗？

高敏： néi⁵ déi⁶ dim² mé¹ ngo⁵ xig⁶ mé¹, dim² fan¹ go³ qéng¹ coi³ la¹ bed¹ yü⁴
你哋点咩我食咩。点翻个青菜啦不如？
你们点什么我吃什么。不如点一个青菜吧？

王新杰： hou²! gem² zeo⁶ néi¹ géi² go³ coi³, ga¹ do¹ bun³ zég³ zêng¹ ca⁴ ngab³, zoi³ léi⁴ do¹ go³ seo² xi¹ bao¹ coi³ la¹? m⁴ goi¹ log⁶ dan¹ a¹, fai³ di¹ sêng⁵ wo³
好！咁就呢几个菜，加多半只樟茶鸭，再嚟多个手撕包菜啦？唔该落单吖，快啲上喝！
好！那就这几个菜，多加半只樟茶鸭，再多来一个手撕包菜吧？麻烦下单吧，快点上哦！

晚上西餐厅内，邱俊约杨美珊吃饭

B 场景

杨美珊： mé¹ xi⁶ a³ yeo¹ lou⁵ xi¹? céng² ngo⁵ léi⁴ di¹ gem³ gou¹ keb¹ gé³ can¹ téng¹ xig⁶ fan⁶ gé³
咩事啊邱老师？请我嚟啲咁高级嘅餐厅食饭嘅？
邱老师有什么事情吗？请我来这么高级的餐厅吃饭？

PART 2 日常口语

邱俊： med¹ mou⁵ xi² zeo⁶ m⁴ ho² yi³ qéng² néi⁵ xig⁶ fan⁶ ge³ mé¹
冇有事就唔可以请你食饭噶咩？
难道没有事情就不可以请你吃饭吗？

杨美珊： mou⁵ wa⁶ m⁴ deg¹ a³！do¹ do¹ yig¹ xin⁶ tim¹！néi⁵ déi⁶ néi¹ dou³ yeo⁵ mé¹ jiu¹ pai⁴ a³
冇话唔得啊！多多益善添！你哋呢度有咩招牌啊？
也没有说不可以啊！还多多益善呢！你们这里有什么招牌菜啊？

侍应： ngo⁵ déi⁶ néi¹ dou⁶ gé³ hoi¹ xin¹ tong¹ tung⁴ sei¹ lang¹ ngeo⁵ pa² dou¹ hou² m⁴ co³ ga³，zung⁶ yeo⁵ Pizza tung⁴ hag¹ gam³ lam² sa¹ lêd² tim¹
我哋呢度嘅海鲜汤同西冷牛扒都好唔错嘎，仲有Pizza同黑橄榄沙律添！
我们这里的海鲜汤跟西冷牛排都很不错的，还有披萨和黑橄榄沙拉呢！

杨美珊： ngo⁵ dou¹ m⁴ zung¹ yi³ xig⁶ ngeo⁴ pa² gé²。Pizza ngam¹ ngo⁵ di¹！yeo⁵ mou⁵ mé¹ yi³ fen² têu¹ jin³ a³
我都唔中意食牛扒嘅。Pizza啱我啲！有冇咩意粉推荐啊？
我都不喜欢吃牛排的。披萨比较合适我！有什么意粉推荐吗？

侍应： ngo⁵ déi⁶ yeo⁵ yug⁶ zêng³ yi³ fen²、ji¹ xi² yug⁶ zêng³ yi³ fen²、hoi¹ xin¹ yug⁶ zêng³ yi³ fen²
我哋有肉酱意粉、芝士肉酱意粉、海鲜肉酱意粉，
我们有肉酱意粉、芝士肉酱意粉、海鲜肉酱意粉，
zung⁶ yeo⁵ hou² do¹ pa² lêu⁴ ho² yi³ pui³ yi³ fen² zou⁶ jü² xig⁶
仲有好多扒类可以配意粉做主食。
还有很多扒类可以搭配意粉当主食。

杨美珊： téng¹ log⁶ dou¹ géi² hou² gem² wo³！gan² ji¹ xi² yug⁶ zêng³ ding⁶ hei⁶ hoi¹ xin¹ yug⁶ zêng³ yi³ fen² hou² lé¹
听落都几好咁喎！拣芝士肉酱定系海鲜肉酱意粉好咧？
听起来挺不错哦！选芝士肉酱还是海鲜肉酱意粉好呢？

邱俊： zung¹ yi³ mei⁶ lêng⁵ fen⁶ dou¹ dim² lo¹，néi⁵ ho² yi³ dim² lêng⁵ fen⁶ yed¹ yêng⁶ xi³ di¹ gem² ma³
中意咪两份都点咯，你可以点两份一样试啲咁嘛！
喜欢就两份都点嘛，你可以点两份一种尝一点的嘛！

杨美珊： wa⁶，yed¹ fen⁶ yi³ fen² ging¹ yin⁴ yiu⁶ geo² seb⁶ bad³ men¹，med¹ gem³ guei³ ga³
哇，一份意粉竟然要98蚊，乜咁贵嘎？
哇，一份意粉竟然要98块钱，怎么这么贵呀？

121

餐厅

10 粤语就这么简单

侍应：
ngo⁵ déi¹ léi¹ dou⁶ gé³ yi³ fen² yeo⁵ fud¹ min⁶ tung⁴ yeo³ min⁶ lêng⁵ zung² xün² zag⁶

我哋呢度嘅意粉有阔面同幼面两种选择，
我们这里的意粉有宽面条和细面条两种选择，

qün⁴ bou⁶ dou¹ hei⁶ seo² gung¹ zei³ zo³ ga³，tung⁴ géi¹ héi³ ngad³ gé³ mou⁵ deg¹ béi²

全部都系手工制作嘅，同机器压嘅冇得比。
全部都是手工制作的，跟机器压制的不能比。

邱俊：
geo² seb⁶ bad³ men¹ za¹ ma³，yed¹ fen⁶ seo² gung¹ yi³ fen² dou¹ géi³ dei² a³！xi³ ha⁵ la¹ bed¹ yü⁴

98蚊咋嘛，一份手工意粉都几抵啊！试吓啦不如？
98块钱而已嘛，一份手工意粉也挺值的！不如试一下吧？

杨美珊：
hou² la¹ gem²，zeo⁶ yed¹ fen⁶ ji¹ xi² yug⁶ zêng³ fud³ min⁶，yed¹ fen⁶ hoi² xin¹ yug⁶ zêng³ yeo³ min⁶。néi⁵ sêng² m⁴ sêng² yiu⁶ fen³ sa¹ lêu² a³

好啦咁，就一份芝士肉酱阔面，一份海鲜肉酱幼面。你想唔想要份沙律啊？
好吧那就，就一份芝士肉酱宽面条，一份海鲜肉酱细面条，你想要来份沙拉吗？

邱俊：
dou¹ hou² a³。yü⁴ guo² néi⁵ zung¹ yi³ zung⁶ ho² yi³ dim² go³ dai⁶ Pizza ga³，ngo⁵ hou² xig⁶ deg¹ ga³

都好啊。如果你中意仲可以点个大Pizza嘅，我好食得嘎！
也好。如果你喜欢还可以点一个大披萨的，我很能吃的！

杨美珊：
hou² a³，gem² ngo⁵ déi⁶ yiu³ go³ pui⁴ gen¹ déi⁶ zung¹ hoi² Pizza，lêng⁵ go³ yi³ fen²

好啊，咁我哋要个培根地中海Pizza，两个意粉，
好吧，那我们要一个培根地中海披萨，两个意粉，

yed¹ go³ hoi² sad³ sa¹ lêd²，zoi⁶ léi¹ do¹ lêng⁵ go³ hoi² xin¹ tong¹ tim¹

一个凯撒沙律，再嚟多两个海鲜汤添！
一个凯撒沙拉，再多来两个海鲜汤！

侍应：
lêng⁵ wei² yiu³ m⁴ yiu³ xi³ ha⁵ ngo⁵ déi⁶ néi¹ dou⁶ gé³ qing⁴ lêu⁵ long⁶ man⁶ tou³ can¹ a³

两位要唔要试吓我哋呢度嘅情侣浪漫套餐啊？
两位要试一下我们这里的情侣浪漫套餐吗？

yeo⁵ néi⁵ déi⁶ teo⁴ xin¹ dim² gé³，zung⁶ yeo⁵ qin⁴ coi³ tung⁴ tim⁴ ben² tim¹

有你哋头先点嘅，仲有前菜同甜品添！
有你们刚才点的，还有前菜跟甜品呢！

PART 2 日常口语

1. 基本词汇：

生词	拼音	类比及联想词汇
铁观音	tid³ gun¹ yem¹	普洱pou² léi²、单丛dan¹ cung⁴、大红袍dai⁶ hung⁴ pou⁴、绿茶lug⁶ ca⁴、茉莉mud⁶ léi²
水煮牛肉	sêu² jü² ngeo⁴ yug⁶	攸县香干yeo¹ yün² hêng¹ gon¹、剁椒鱼头dêg³ jiu¹ yü⁴ teo⁴
手撕包菜	seo² xi¹ bao¹ coi³	樟茶鸭zêng¹ ca⁴ ngab³
青菜	céng¹ coi³	肉菜yug⁶ coi³、主食jü² xig⁶、凉菜lêng⁴ coi³
餐厅	can¹ téng¹	饭馆fan⁶ gun²、面馆min⁶ gun²、快餐店fai³ can¹ dim³、西餐厅sei¹ can¹ téng¹、套餐tou³ can¹
招牌	jiu¹ pai⁴	例牌lei⁶ pai²、一人份量yed¹ yen⁴ fen⁶ lêng⁶
海鲜	hoi² xin¹	牛扒ngeo⁵ pa²、橄榄gam³ lam²、沙律sa¹ lêd²、意粉yi³ fen²、培根pui⁴ gen¹
地中海	déi⁶ zung¹ hoi²	西班牙sei¹ ban¹ nga⁴、意大利yi³ dai⁶ léi⁶、希腊héi¹ lab⁶
竟然	ging² yin⁴	居然gêu⁴ yin⁴、仍然ying⁴ yin⁴、依然yi¹ yin⁴
甜品	tim⁴ ben²	前菜qin⁴ coi³、主菜jü² coi³、汤tong¹
浪漫	long⁶ man⁶	甜蜜tim⁴ med⁶、温馨wen¹ hing¹、和谐wo⁴ hai⁴、喜悦héi² yüd⁶
情侣	qing⁴ lêu⁵	家庭ga¹ ting⁴、伴侣bun⁶ lêu⁵

2. 方言词汇：

生词	普通话释义	例句（翻译）
yem² ca⁴ 饮茶	喝早茶	快啲训啦，听朝一早起身去饮茶！ （快点睡吧，明天大清早起来去喝早茶！）
hag³ héi³ 客气	客气、见外	夹餸啦唔使客气嘎！ （夹菜吧不要见外啊！）
yid⁶ héi³ 热气	上火	荔枝好热气嘎，唔好食咁多啊！ （荔枝很上火的，不要吃这么多呀！）
xig⁶ yin¹ 食烟	抽烟	女仔食烟似咩样吖？ （女孩子抽烟成何体统呀？）

餐厅

粤语就这么简单

生词	普通话释义	例句（翻译）
log³ dan¹ 落单	下单（注意跟普通话的"落单"意思完全不同）	落单先啦！ （先下单吧！）
yeo³ 幼	细、纤细	哇，个女明星只手臂好幼啊！ （哇，那个女明星的手臂很细啊！）

1 基本句型

▶ (1) 唔啱再……吖！（要不再……吧！）

> **句型解析：** "唔啱再"+完整句子/短句+语气词，表建议。
> **课文例句：** 唔啱再嚟多份剁椒鱼头吖？（要不再多来份剁椒鱼头吧？）
> **延伸例句：** 唔啱再拣多对鞋添啦，满500减100嘎！（要不再多选一双鞋吧，满500减100的！）
> 唔啱等我翻来再慢慢倾啦！（要不等我回来再慢慢聊吧！）

▶ (2) ……同……冇得比！（……跟……不能比。）

> **句型解析：** 完整句子/短语+"同"+短语+"冇得比"+语气词，表比较，两方差距甚大。注意这个句型不限制是前者比后者好，还是后者比前者好，只表示差距很大，没有可比性。
> **课文例句：** 我哋呢度嘅全手工意粉，同机器压嘅冇得比。（我们这里的全手工意粉，跟机器压制的不能比。）
> **延伸例句：** 你个新女朋友同之前嗰个根本冇得比！（你的新女友跟之前那个根本没法比！）
> 论发展前景，呢间公司同嗰间冇得比！（论发展前景，这间公司跟那间没得比！）

2 专题解释：餐厅里面就餐常用的句型

▶ (1) 咨客/服务员

句型1：先生几位？（先生，请问几位？）
xin¹ sang¹ géi² wei²

PART 2 日常口语

句型2：唔该有位未咧？（请问有预定位置吗？）
m⁴ goi¹ yeo⁵ wei² méi⁶ lé¹

句型3：唔该想坐卡位定系中间咧？（请问想坐卡位还是中间呢？）
m⁴ goi¹ sêng² co⁵ ka¹ wei² ding⁶ hei⁶ zung¹ gan¹ lé¹

句型4：唔该几位食唔食烟咧？（请问几位吸不吸烟呢？）
m⁴ goi¹ géi² wei² xig⁶ m⁴ xig⁶ yin¹ lé¹

句型5：唔该系咪宜家点菜咧？（请问是不是现在点菜呢？）
m⁴ goi¹ hei⁶ mei⁶ yi⁴ ga¹ dim² coi³ lé¹

句型6：通菜系椒丝炒，定系乳腐炒，定系蒜蓉炒咧？（通心菜是用椒丝炒，还是腐乳炒，还是蒜蓉炒呢？）
tung¹ coi³ hei⁶ jiu¹ xi¹ cao², ding⁶ hei⁶ fu⁶ yü⁵ cao², ding⁶ hei⁶ xün³ yung⁴ cao² lé¹

句型7：唔该需要啲咩咧？（请问需要些什么呢？）
m⁴ goi¹ sêu¹ yiu³ di¹ mé¹ lé¹

句型8：已经催紧厨房嘎喇，好快就上！（已经在催厨房了，很快就上菜！）
yi⁵ ging¹ cêu¹ gen¹ qü⁴ fong² ga¹ la³, hou² fai³ zeo⁶ sêng⁵

句型9：唔该碌卡定俾现金咧？（请问刷卡还是付现金呢？）
m⁴ goi¹ lug¹ ka¹ ding⁶ béi² yin⁶ gem¹ lé¹

句型10：唔该写低发票抬头吖！（麻烦请写一下发票抬头吧！）
m⁴ goi¹ sé² dei¹ fad³ piu² toi⁴ teo⁴ a¹

(2)顾客

句型1：唔该攞个菜牌嚟吖！（麻烦拿菜单过来吧！）
m⁴ goi¹ lo² go³ coi³ pai² léi⁴ a¹

句型2：你哋呢度有咩招牌菜啊？（你们这里有什么招牌菜吗？）
néi⁵ déi⁶ néi¹ dou⁶ yeo⁵ mé¹ jiu¹ pai² coi³ a³

句型3：宜家青菜有边几种啊？（现在有哪几种青菜呢？）
yi⁴ ga¹ céng¹ coi³ yeo⁵ bin¹ géi² zung³ a³

句型4：宜家点咗几个餸啦？（现在点了多少个菜了？）
yi⁴ ga¹ dim² zo² géi²· go³ sung³ la³

句型5：唔该我哋啲餸快啲上吖！（麻烦我们的菜快点上吧！）
m⁴ goi¹ ngo⁵ déi⁶ di¹ sung³ fai³ di¹ sêng⁵ a¹

句型6：唔该加水吖！（麻烦加水！）
m⁴ goi¹ ga¹ sêu² a¹

句型7：唔该攞两支啤酒吖！（麻烦拿两瓶啤酒吧！）
m⁴ goi¹ lo² lêng⁵ ji¹ bé¹ zeo² a¹

句型8：唔该埋单吖！（麻烦结账吧！）
m⁴ goi¹ mai⁴ dan¹ a¹

句型9：唔该开发票吖！（麻烦开发票吧！）
m⁴ goi¹ hoi¹ fad³ piu³ a¹

银行

在学习学校和餐厅用语以后，我们接下来进入商务用语的学习。粤语商务用语很多，涉及的商务场地包括邮局、银行、酒店、飞机场、车站等。由于本书篇幅所限，无法一一提及。本单元的最后两课将着重为大家介绍银行和酒店用语，其余商务用语请大家在学习中逐步举一反三。

  本课的学习目标是：

1. 掌握用粤语到银行办理业务；
2. 尝试利用粤语向他人介绍办理业务的整个流程。

01
néi⁵ ban⁶ mé¹ yib⁶ mou⁶ a³
你办咩业务啊？（您办理什么业务呢？）

02
m⁴ goi¹ sen¹ fen² jing³ tung⁴ qün⁴ jib³ a¹
唔该身份证同存折吖！（麻烦身份证和存折。）

03
m⁴ goi¹ néi⁵ xü¹ ha⁵ med⁶ ma⁵ a¹
唔该你输吓密码吖！（请您输一下密码。）

04
m⁴ goi¹ néi⁵ tin⁴ néi¹ fen⁶ biu² xin¹
唔该你填呢份表先吖！（麻烦您先填张表吧！）

05
ma⁴ fan⁴ néi⁵ hei² dou⁶ qim¹ go³ méng² a¹
麻烦你喺呢度签个名吖！（麻烦您在这里签个名字。）

06
m⁴ goi¹ néi⁵ guo³ léi⁴ guei³ ben¹ sed¹ néi¹ bin⁶ a¹
唔该你过嚟贵宾室呢边吖！（请到贵宾室这边吧！）

PART 2 日常口语

07 go² zêng¹ ka¹ ngag² dou⁶ deg¹ lêng⁵ qin¹ men¹
嗰张卡额度得2000蚊。（那张卡额度只有2000元。）

08 ngo⁵ hou² qi⁵ m⁴ géi³ deg¹ zo² go³ med⁶ ma² tim¹
我好似唔记得咗个密码添！（我好像不记得那个密码了！）

09 néi¹ teo⁴ lug² yün⁴ ka¹, go² teo⁴ zeo⁶ yiu³ wan⁴ qin²
呢头碌完卡，嗰头就要还钱。（这边刷完卡，那边就要还钱。）

10 ngo⁵ kem⁴ yed⁶ yü⁶ yêg³ zo² gem¹ yed⁶ guo³ léi⁴ wun⁶ yed⁶ yün⁴ ga³
我琴日预约咗今日过嚟兑换日元嘎！（我昨天预约了今天过来兑换日元的！）

实用对话

上午银行内，张桂芬排队取钱 A 场景

柜员： a³ yi¹ néi⁵ hou², qéng² men⁶ néi⁵ ban⁶ mé¹ yib⁶ mou⁶ lé¹
阿姨你好，请问你办咩业务咧？
阿姨您好，请问您办理什么业务呢？

张桂芬： m⁴ goi¹ ngo⁵ sêng¹ lo² gem¹ go³ yüd⁶ gé³ têu³ yeo¹ gem¹ a¹
唔该我想攞今个月嘅退休金吖！
麻烦我要取这个月的退休金。

柜员： a³ yi¹, m⁴ goi¹ sen¹ fen² jing³ tung⁴ qün⁴ jib³ a¹
阿姨，唔该身份证同存折吖！
阿姨，麻烦身份证和存折。

张桂芬： na⁴. m⁴ goi¹ zéng¹ di¹ qin² lo² cêd¹ léi⁴ ji¹ heo⁶, bong¹ ngo⁵ da² yeb⁶ néi¹ zêng¹ ka¹ a¹
呐。唔该将啲钱攞出来之后，帮我打入呢张卡吖！
喏。麻烦将那些钱拿出来之后，帮我打进这张卡里面吧！

柜员： hou², gem² m⁴ goi¹ néi⁵ xü¹ ha⁵ med⁶ ma⁵ a¹
好，咁唔该你输吓密码吖！
好，那请您输一下密码。

银行

11 粤语就这么简单

张桂芬： bei⁶ lag³, ngo⁵ hou² qi⁵ m⁴ géi³ deg¹ zo² go³ med⁶ ma² tim¹
弊嘞，我好似唔记得咗个密码添！
糟糕了，我好像不记得那个密码了！

柜员： m⁴ gen² yiu³, a³ yi¹ néi⁵ man⁵ man² nem², ho² yi³ xü¹ sam¹ qi³ ga³
唔紧要，阿姨你慢慢谂，可以输三次嘎。
不要紧，阿姨您慢慢想，可以输入三次的。
néi⁵ xi³ ha⁵ néi⁵ di¹ sang¹ yed⁶ a³, din³ wa² hou⁶ ma⁵ a³ ji¹ lêu⁶ a¹
你试吓你啲生日啊、电话号码啊之类啦。
您试一下您的生日、电话号码之类的吧。

中午，刘薇打电话给陈国栋，提醒陈国栋给她的信用卡还款   B 场景

刘薇： wei², lou⁵ gung¹, néi⁵ yed¹ zen⁶ gan¹ cêd¹ hêu³ xig⁶ fan⁶ ho² m⁴ ho² yi³ bong¹ ngo⁵ wan⁴ mai⁴ di¹ kad¹ sou³ a³
喂，老公，你一阵间出去食饭可唔可以帮我还埋啲咭数啊？
喂，老公，你等会儿出去吃饭可以帮我还信用卡吗？

陈国栋： sêng⁶ go² xing¹ kéi⁴ mei⁶ bong¹ néi⁵ wan⁴ zo² lo¹, gem³ fai³ yeo⁶ lug¹ bao² la³
上个星期咪帮你还咗咯，咁快又碌爆喇？
上个星期不是帮你还了么，这么快又刷爆了啊？

刘薇： hei⁶ a³ lou⁵ gung¹, ngo⁵ qin⁴ lêng⁵ yed⁶ mei⁵ hêu³ mai⁵ zo² dêu³ hai⁴ tung⁴ gin⁶ sam¹ gé². néi⁵ fai³ di¹ bong¹ ngo⁵ wan⁴ la¹
系啊老公，我前两日咪去头咗对鞋同件衫嘅。你快啲帮我还啦。
是啊老公，我前两天不是去买了双鞋跟一件衣服的嘛。你快点帮我还吧。

陈国栋： ngo⁵ gem¹ yed⁶ ho² neng¹ m⁴ guo³ hêu³ ngen⁴ hong⁴ go² bin⁶ a³
我今日可能唔过去银行嗰边啊，
我今天可能不过去银行那边啊，
yed¹ m⁴ hei⁶ néi⁵ lo² jü⁶ ngo⁵ guei⁶ tung² zêng¹ ka¹ léi⁴ yung⁶ jü⁶ xin¹ la¹
一唔系你攞住我柜筒张卡嚟用住先啦！
要不然你先拿着我抽屉里的那张卡来用吧！

刘薇： néi⁵ go² zêng¹ ka¹ ngag¹ dou⁶ deg¹ lêng⁴ qin¹ men¹, ngo⁵ ting¹ yed⁶ mai⁵ seo² doi² a³, gen¹ bun² zeo⁶ m⁴ geo³
你嗰张卡额度得2000蚊，我听日买手袋啊，根本就唔够。
你那张卡额度只有2000元，我明天想去买个包啊，根本就不够。

128

PART 2 日常口语

陈国栋：
hou² la¹ hou² la¹, gem² ngo⁵ seo¹ gung¹ za¹ cé¹ deo¹ guo³ hêu¹ bong¹ néi⁵ wan⁴ qin² la¹, néi⁵ zen¹ hei⁶ ma⁴ fan⁴
好啦好啦，咁我收工揸车兜过去帮你还钱啦，你真系麻烦。
好吧。那我下班开车绕过去帮你还钱吧，你真是麻烦。

刘薇：
ngo⁵ yi⁵ ging¹ sen¹ qing² zo² xing¹ ngag² dou⁶, fei³ xi⁶ séng⁴ yed⁶ néi¹ teo⁴ lug¹ yün⁴ ka¹, go² teo⁴ zeo⁶ yiu³ wan⁴ qin²
我已经申请咗升额度，费事成日呢头碌完卡，嗰头就要还钱。
我已经申请升额度了，省得整天这边刷完卡，那边就要还钱。

下午银行内，邱俊去兑换日元

C 场景

邱俊：
m⁴ goi¹, ngo⁵ kem⁴ yed⁶ yü² yêg³ zo² gem¹ yed⁶ guo³ léi⁴ wun⁶ yed⁶ yün⁴ ga³
唔该，我琴日预约咗今日过嚟兑换日元嘎！
麻烦了，我昨天预约了今天过来兑换日元的！

柜员：
hou², m⁴ goi¹ néi⁵ tin⁴ néi¹ fen⁶ biu² xin¹ a¹, ging¹ léi⁵, néi¹ wei² xin¹ sang¹ héi⁶ léi⁴ dêu³ wun⁶ yed⁶ yün⁴ ga³
好，唔该你填呢份表先吖！（向着柜台里面）经理，呢位先生系嚟兑换日元嘎！
好，麻烦您先填张表吧！经理，这位先生是来兑换日元的！

经理：
m⁴ goi¹ néi⁵ guo³ léi⁴ guei³ ben¹ sed¹ néi¹ bin⁶ a¹
唔该你过嚟贵宾室呢边吖！
麻烦您过来贵宾室这边吧！

邱俊：
hou². na⁴, néi¹ go³ héi⁶ go² fen⁶ biu², néi¹ go³ hei⁶ ngo⁵ gé³ sen¹ fen² jing³
好。呐，呢个系嗰份表，呢个系我嘅身份证！
好的。喏，这是那份表，这是我的身份证。

经理：
xin¹ sang¹ néi⁵ gem¹ qi³ hei⁶ bun² nin⁴ noi⁶ zêu³ heo⁶ yed¹ qi³ ngag² dou⁶ noi⁶ wun⁶ wui⁶ lag³, wun⁶ ced¹ seb⁶ man⁶ yed⁶ yün⁴ hei³ mei³
先生你今次系本年内最后一次额度内换汇嘞，换70万日元系咪？
先生您这次是本年内最后一次额度内换汇了，换70万日元是吗？

邱俊：
hei³, nin⁴ co¹ yi⁵ ging¹ wun⁶ guo³ yed¹ qi³, go³ yen⁴ ngag² dou⁶ yi⁵ ging¹ yung⁶ sai³
系，年初已经换过一次，个人额度已经用晒。
是的，年初已经换过一次，个人额度已经用完了。

129

银行

11 粤语就这么简单

经理：
xin¹ sang¹, fen⁶ biu² sêng⁶ min⁶ wun⁶ wui⁶ mug⁶ dig¹ go² lan⁴ tin⁴ zo² kéi¹ ta¹, qing² men⁶ hei⁶ mé¹ yün⁴ yen¹ lé¹

先生，份表上面"换汇目的"嘅栏填咗"其他"，请问系咩原因呢？

先生，表格上面"换汇目的"那栏填了"其他"，请问是什么原因呢？

邱俊：
hei⁶ gem² gé², ngo⁵ nin⁴ co¹ hêu³ yed⁶ bun² wan², dai³ gé³ yed⁶ yün⁴ m⁴ geo³

系咁嘅，我年初去日本玩，带嘅日元唔够，

是这样的，我年初去日本玩，带的日元不够，

yed¹ go³ yed⁶ bun² peng¹ yeo⁵ bong¹ ngo⁵ béi² zo² ced¹ seb⁶ man⁶, kêu⁵ guo³ lêng⁵ yed⁶ léi⁴ guong² zeo¹

一个日本朋友帮我俾咗70万。佢过两日嚟广州，

一个日本朋友帮我给了70万。他过两天来广州，

ngo⁵ nem² jü⁶ wun⁶ fan¹ di¹ yed⁶ yün⁴ wan⁴ fan¹ béi² kêu⁵。ngo⁵ m⁴ ji¹ néi¹ go³ sug⁶ yü¹ med¹ yé⁵ yün⁴ yen¹

我谂住换翻啲日元还翻俾佢。我唔知呢个属于乜嘢原因。

我想着换回些日元还他。我不知道这个属于什么原因。

经理：
xin² sang¹, néi⁵ néi¹ zung² qing⁴ fong³ hei⁶ sug⁶ yü¹ yen¹ xi¹ lêu⁵ yeo⁴

先生，你呢种情况系属于"因私旅游"。

先生，您这种情况是属于"因私旅游"。

ngo⁵ bong¹ néi⁵ cung⁴ sen¹ tig¹ zo², ma⁴ fan⁴ néi⁵ hei² dou⁶ qim¹ go³ méng² a¹

我帮你重新剔咗，麻烦你喺呢度签个名吖！

我帮您重新勾了，麻烦您在这里签个名字吧！

邱俊：
hou², m⁴ goi¹

好，唔该。

好的，谢谢。

晚上杨美珊和刘薇一起逛街，路过信用卡办理点

D 场景

营业员：
lêng⁵ wei² xiu² zé² yeo⁵ mou⁵ hing³ cêu³ ban⁶ zêng¹ guong² fad³ sên³ yung⁶ ka¹ lé¹? hei² hou² do¹ sêng¹ wu⁶ xiu¹ fei³ dou¹ ho² yi³ da¹ jid³ ga³

两位小姐有冇兴趣办张广发信用卡咧？喺好多商户消费都可以打折嘎。

两位小姐有没有兴趣办一张广发信用卡啊？在很多商户消费都可以打折的。

杨美珊：
méi⁴ zé¹, néi⁵ yi⁴ ga¹ yung⁵ gen² mé¹ sên³ yung⁶ ka¹ a³

薇姐，你宜家用紧咩信用卡啊？

薇姐，你现在用什么信用卡呀？

130

PART 2 日常口语

刘薇：

ngo⁵ yung⁶ gen² jiu¹ hong⁴ sên³ yung⁶ ka¹, gog³ deg¹ fug⁶ mou⁶ dou¹ m⁴ co³

我用紧招行信用卡，觉得服务都唔错。

我在用招行信用卡，觉得服务还算不错。

néi⁵ yeo⁵ mou⁵ sên³ yung⁶ ka¹ a³? mou⁵ zeo⁶ ban⁶ fan¹ zêng¹ la¹? fong¹ bin⁶ hou² do¹

你有冇信用卡啊？冇就办翻张啦！方便好多。

你有信用卡吗？没有就办一张吧！方便很多的。

杨美珊：

ngo⁵ yed¹ jig⁶ dou¹ sêng² ban⁶ dan⁶ hei⁶ dou¹ méi⁶ yeo⁵ géi¹ wui⁶

我一直都想办但系都未有机会。

我一直都想办但是都没有机会。

ngo⁵ sêng² ban⁶ fan¹ zêng¹ guong² fad³ nam⁴ hong⁴ lün⁴ méng² ka¹, gem² xiu¹ fei³ dou¹ ho² yi³ lêu⁶ jig¹ léi⁵ qing⁴ a¹ ma³

我想办一张广发南航联名卡，咁消费都可以累积里程吖嘛！

我想办一张广发南航联名卡，这样消费都可以累计里程的！

营业员：

hei⁶ a³, lêu⁶ jig¹ léi⁵ qing⁴ ho² yi³ wun⁶ géi¹ piu³ ga³

系啊，累积里程可以换机票嘎！

是啊，积累里程可以换机票哦！

yi⁴ cé² xing¹ kéi⁴ m⁵ xiu¹ fei³ zung⁶ ho² yi³ hêng² seo⁶ bun³ ga³ yeo¹ wei⁶, ping⁴ xi⁴ dou¹ yeo⁵ geo² jid³ ga³

而且星期五消费仲可以享受半价优惠，平时都有9折嘎！

而且周五消费还可以享受半价优惠，平时也有9折的！

刘薇：

hei⁶ mei⁶ gem² hou² a³? yeo⁵ géi¹ do¹ sêng¹ wu⁶ ho² yi³ da² jid³ xin¹

系咪咁好啊？有几多商户可以打折先？

有这么好吗？有多少商户可以打折啊？

营业员：

hei² ngo⁵ déi⁶ néi¹ fen⁶ xün¹ qün⁴ dan¹ sêng⁶ min⁶ gé³ dou¹ yeo⁵ ga³

喺我哋呢份宣传单上面嘅都有嘎。

在我们这份宣传单上面的都有。

yi⁴ cé² yi⁴ ga¹ ban³ ka¹ zung⁶ ho² yi³ sung³ yed¹ tou³ bou² wen¹ bui¹ tim¹, ga³ jig⁶ yi⁶ bag³ bad³ seb⁶ men¹ ga³

而且宜家办卡仲可以送一套保温杯，价值280蚊嘎！

而且现在办卡还可以送一套保温杯，价值280元的！

杨美珊：

gem² ngo⁵ ban⁶ fan¹ zêng¹ xin¹. hei⁶ mei⁶ hei² dou⁶ tin⁴ zêng¹ biu² zeo⁶ deg¹ ga³ la³

咁我办翻张先。系咪喺度填张表就得嘎啦？

那我办一张吧。是不是在这里填张表就可以啦？

营业员：

hei⁶, dou³ xi⁴ ngo⁵ déi⁶ wui⁵ yeo⁵ jün¹ yen⁴ tung¹ ji¹ néi⁵ gé³ la³

系，到时我哋会有专人通知你嘅啦。

对，到时候我们会有专人通知您的。

银行

粤 语 就 这 么 简 单

词汇及语法

1. 基本词汇：

生词	拼音	类比及联想词汇
业务	yib⁶ mou⁶	储蓄qü² cug¹、兑换dêu³ wun⁶、换汇wun⁶ wui⁶、申请sen¹ qing²、开通hoi¹ tung¹
退休金	têu³ yeo¹ gem¹	公积金gung¹ jig¹ gem¹、社保sé⁵ bou²、劳务费lou⁴ mou⁶ fei³
身份证	sen¹ fen² jing³	驾驶执照ga³ sei² zeb¹ jiu³、户口簿wu⁶ heo² bou²、居住证gêu¹ jü⁶ jing³、护照wu⁶ jiu³
存折	qün⁴ jib³	信用卡sên³ yung⁶ ka¹、信用咭sên³ yung⁶ kad¹、借记卡yé³ géi³ ka¹、储蓄卡qü² cug¹ ka¹
联名卡	lün⁴ méng² ka¹	车主卡cé¹ jü² ka¹、粉丝卡fen² xi¹ ka¹、主卡jü² ka¹、附属卡fu⁶ sug⁶ ka¹
密码	med⁶ ma²	账号zêng³ hou⁶、验证码yim⁶ jing³ ma⁵
额度	ngag² dou⁶	限度han⁶ dou⁶、上限sêng⁶ han⁶、最低消费zêu³ dei³ xiu¹ fei¹
贵宾室	guei³ ben¹ sed¹	大堂dai⁶ tong²、休息室yeo¹ xig¹ sed¹
签名	qim¹ méng²	画押wag⁶ ngad³、打指模da² ji² mou⁴、盖章koi³ zêng¹
广发	guong² fad³	工行gung¹ hong²、中行zung¹ hong²、建行gin² hong²、招行jiu¹ hong²
累积	lêu⁶ jig¹	累计lêu⁶ gêi³、积分jig¹ fen¹、里程léi⁵ qing⁴
机票	géi¹ piu³	火车票fo² cé¹ piu³、船票xün⁴ piu³、入场券yeb⁶ cêng⁴ gün³、门票mun⁴ piu³
宣传单	xün¹ qün⁴ dan¹	海报hoi² bou³、广告guong² gou³、说明书xüd³ ming⁴ xü¹
传真	qün⁴ zen¹	电话号码din⁶ wa² hou⁶ ma⁵

2. 方言词汇：

生词	普通话释义	例句（翻译）
bei⁶ 弊	糟糕	今次真系弊嘞，唔记得今日要翻学添！（这一次真的惨了，忘记今天要上学了。）

PART 2 日常口语

生词	普通话释义	例句（翻译）
wan⁴ kad¹ sou³ 还咭数	还账	一出粮就要还咭数嘞。 （一发工资就要还信用卡账单了。）
guei⁶ tung² 柜筒	抽屉	我将本书摆翻喺你柜筒啦！ （我把那本书放回到你的抽屉了！）
seo² doi² 手袋	包包	你记住拎翻你个手袋啊！ （你记得拿回你的包包啊！）
deo¹ 兜	绕	你唔使兜咁大个圈吖！ （你用不着绕这么远的！）
tig¹ 剔	勾选	系你要嘅服务后面打个剔就得嘅啦！ （在你需要的服务后面打个勾就行了！）

语法解析

1 基本句型

▶ (1)……之后，帮我……吖！（……以后，就帮我……吧！）

句型解析：完整句子/短句+"之后"，"帮我"……+语气词，是有时间限制的祈使句。
课文例句：唔该将啲钱攞出来之后，帮我打入呢张卡吖！（麻烦把那些钱拿出来之后，帮我打进这张卡里面吧！）
延伸例句：你食完饭之后，帮我执好啲碗啊！（你吃完饭以后，帮我收拾好那些碗吧！）

▶ (2)……得……！（……得……！）

句型解析：完整句子/短语+"得"+完整句子/短语，用于说明仅有的情况。
课文例句：你嗰张卡额度得2000蚊。（你那张卡额度只有2000元。）
延伸例句：我一个月零用钱得两百蚊咋！（我一个月零花钱只有两百块而已！）
你以为得你一个唔开心啊？（你以为只有你一个不开心吗？）

▶ (3)你有冇……啊？冇就……啦！（你有……吗？没有就……吧！）

句型解析："你有冇"+短语+语气词？"冇就"+短语+语气词，用于询问情况及提出建议。

银行

11 粤语就这么简单

课文例句：你有冇信用卡啊？冇就办翻张啦！（你有信用卡吗？没有就办一张吧！）

延伸例句：你今晚有冇约人啊？冇就一齐嚟啦！（你今晚有约人吗？没有就一起来吧！）

你哋公司有冇帮你哋接收档案啊？冇就保管喺学校先啦！（你们公司有帮你们接收档案吗？没有的话就先保管在学校吧！）

2 专题解释：办理银行业务常用语句

▶ (1)银行柜员

句型1：唔该，办咩业务咧？（请问办什么业务呢？）
$m^4\ goi^1,\ néi^5\ ban^6\ mé^1\ yib^6\ mou^6\ lé^1$

句型2：唔该填份表先吖！（麻烦先填张表吧！）
$m^4\ goi^1\ tin^4\ néi^1\ fen^6\ biu^2\ xin^1\ a^1$

句型3：唔该身份证同存折吖！（麻烦身份证和存折！）
$m^4\ goi^1\ sen^1\ fen^2\ jing^3\ tung^4\ qün^2\ jib^3\ a^1$

句型4：唔该输密码吖！（请输一下密码吧！）
$m^4\ goi^1\ xü^1\ med^6\ ma^5\ a^1$

句型5：唔好意思，密码唔啱啵！（不好意思，密码不对哦！）
$m^4\ hou^2\ yi^3\ xi^1,\ med^6\ ma^5\ m^4\ ngam^1 bo^3$

句型6：麻烦签个名吖！（麻烦签个字吧！）
$ma^4\ fan^4\ qim^1\ go^3\ méng^2\ a^1$

句型7：呢个系回执，请收好！（这是回执，请收好！）
$néi^1\ go^3\ hei^6\ wui^4\ zeb^1,\ qing^2\ seo^1\ hou^2$

▶ (2)办理业务

句型1：唔该我想开户！（麻烦我想开户！）
$m^4\ goi^1\ ngo^5\ sêng^2\ hoi^1\ wu^6$

句型2：唔该我张卡俾个柜员机锁住咗！（不好意思，我的卡被一台柜员机锁住了！）
$m^4\ goi^1\ ngo^5\ zêng^1\ ka^2\ béi^2\ go^3\ guen^6\ yün^4\ géi^1\ so^2\ jü^6\ zo^2$

句型3：唔该我要攞啲现金！（不好意思，我要取些现金！）
$m^4\ goi^1\ ngo^5\ yiu^3\ lo^2\ di^1\ yin^6\ gem^1$

句型4：唔该排队吖！（请排队！）
$m^4\ goi^1\ pai^4\ dêu^2\ a^1$

句型5：唔该快手啲吖！赶时间！（麻烦请你快点！我赶时间！）
$m^4\ goi^1\ fai^3\ seo^2\ di^1\ a^1!\ gon^2\ xi^4\ gan^3$

PART 2 日常口语

12 酒店

酒店用语部分，将为大家介绍房间预订、入住办理、退房办理、房间服务以及房间投诉等基本用语，是大家到广东各地旅游必不可少的日常用语。词库的第五部分为大家补充了零食及饮料的名称，请酌情记忆。

 本课的学习目标是：
1. 掌握利用粤语进行房间预订、办理入住及退房；
2. 结合饮料及零食的名称，尝试利用酒店房间服务订餐。

01 m⁴ goi¹ ngo⁵ sêng² men⁶ ha⁵ zung⁶ yeo⁵ mou⁵ fong² a³
唔该我想问吓仲有冇房啊？（我想问一下还有房间吗？）

02 yi⁴ ga¹ jig¹ hag¹ bong¹ néi⁵ cêu² xiu¹
宜家即刻帮你取消。（现在马上帮您取消。）

03 gem² ngo⁵ dou¹ hei⁶ zoi³ hao² lêu⁶ ha⁵ xin¹
咁我都系再考虑吓先！（那我还是再考虑一下吧！）

04 m⁴ goi¹ wen² go³ yen⁴ guo³ léi⁴ tei² ha⁵
唔该搵个人过嚟睇吓。（麻烦找个人过来看一下！）

05 qing² géi² wei² hei² dou⁶ co⁵ zen⁶ deng² ha⁵ xin¹
请几位喺度坐阵等吓先！（请几位先在这里坐会儿等一下吧。）

06 m⁴ goi¹ wen² yen⁴ bong¹ ngo⁵ lo² di¹ heng⁴ léi⁵ sêng⁵ hêu³ a¹
唔该搵人帮我攞啲行李上去吖！（麻烦找人帮我拿行李上去吧！）

07 peng⁴ fong⁴ ka¹ xiu¹ fei³ ho² yi³ hêng² seo⁶ bad³ jid³ yeo¹ wei⁶
凭房卡消费可以享受8折优惠！（凭房卡消费可以享受8折优惠！）

08
néi¹ di¹ dou¹ hei⁶ gung¹ xi¹ kuei¹ gêu²
呢啲都系公司规矩。（这些都是公司规矩。）

09
ngo⁵ déi⁶ jig¹ hag¹ ngon¹ pai¹ jig⁶ ban¹ ging¹ léi⁵ guo³ léi⁴ qü⁵ léi⁵
我哋即刻安排值班经理过嚟处理！（我们马上安排值班经理过来处理！）

10
hem⁴ lêng⁵ go³ ji⁶ zo⁶ zou² can¹ tung⁴ sêu⁶ qin⁴ ngeo⁴ nai⁵
含两个自助早餐同睡前牛奶。（含两个自助早餐和睡前牛奶。）

星期二早上，杨美珊打电话订房

A 场景

néi⁵ hou², lei⁶ jing¹ dai⁶ ben¹ gun² yü⁶ déng⁶ yid⁶ xin³
接线员： 你好，丽晶大宾馆预订热线。
您好，丽晶大宾馆预订热线。

wei²? m⁴ goi¹ ngo⁵ sêng² men⁶ ha⁵ gem¹ go³ xing¹ kéi¹ m⁵ xing¹ kéi¹ lug⁶ lêng⁵ man⁵ zung⁶ yeo¹ mou¹ fong² a²
杨美珊： 喂？唔该我想问吓今个星期五、星期六两晚仲有冇房啊？
喂？麻烦我想问一下这个星期五星期六两晚还有房间吗？

yi⁴ ga¹ fong⁴ gan¹ béi² gao³ gen² zêng¹, ngo⁵ bong¹ néi¹ ca¹ ha⁵. qing² men⁶ xiu² zé¹ néi¹ sêu¹ yiu³ dim² yêng² gé³ fong²
接线员： 宜家房间比较紧张，我帮你查吓。请问小姐你需要点样嘅房？
现在房间比较紧张，我帮您查一下。请问小姐需要怎么样的房间呢？

ngo⁵ sêng² yiu³ lêng⁵ gan¹ yed¹ bun¹ gé³ sêng¹ yen⁴ fong²
杨美珊： 我想要两间一般嘅双人房。
我想要两间一般的双人房。

PART 2 日常口语

m⁴ hou² yi³ xi¹ xiu² zé², pou² tung¹ fong² yi⁵ ging¹ yü⁶ déng⁶ mun⁵ lag³, jing⁶ fan¹ hou⁴ wa⁴ sêng¹ yen⁴ fong²

接线员： 唔好意思小姐，普通房已经预订满嘞，净翻豪华双人房。

不好意思啊小姐，普通房已经预订满了，只剩下豪华双人房。

pou² tung¹ sêng¹ yen⁴ fong² hei⁶ mei⁶ sam¹ bag³ sam¹ seb⁶ men¹? hou⁴ wa⁴ sêng¹ yen⁴ fong² guei³ géi¹ do¹

杨美珊： 普通双人房系咪330蚊？豪华双人房贵几多？

普通双人房是330元吗？豪华双人房价格贵多少？

yi¹ ga¹ hei⁶ wong⁶ guei³, pou² tung¹ sêng¹ yen⁴ fong² dou¹ m⁴ da² jid³ gé³, yün⁴ ga³ hei⁶ sei³ bag³ yed¹ seb⁶ men¹

接线员： 宜家系旺季，普通双人房都唔打折嘅，原价系410蚊。

现在是旺季，我们这里的普通双人房都不打折的，原价是410块。

hou⁴ wa⁴ sêng¹ yen⁴ fong² m⁴ da² jid³ hei⁶ lug⁶ bag³ men¹, hem⁴ lêng⁵ go³ ji¹ zo⁶ zou² can¹ tung⁴ sêu⁶ qin⁴ ngeo⁴ nai⁵

豪华双人房唔打折系600蚊，含两个自助早餐同睡前牛奶。

豪华双人房不打折是600块，含两个自助早餐和睡前牛奶。

guei³ gem³ do¹? gem³ ngo⁵ dou¹ hei⁶ zoi³ hao² lêu⁶ ha⁵ xin¹

杨美珊： 贵咁多啊？咁我都系再考虑吓先！

贵那么多啊？那我还是再考虑一下吧！

星期五晚上，杨美珊、王新宇等入住丽晶大宾馆 B 场景

néi⁵ hou², m⁴ goi¹ ngo⁵ déi⁶ yü⁶ déng⁶ zo² lêng⁵ gan¹ sêng¹ yen⁴ fong² ga³

杨美珊： 你好，唔该我哋预订咗两间双人房嘎！

你好，麻烦我们预订了两间双人房的！

hou² gé³, m⁴ goi¹ cêd¹ xi⁶ ha⁵ yeb⁶ jü⁶ yen⁴ gé³ yeo⁵ hao⁶ sen¹ fen² jing³ gin² a¹

前台： 好嘅，唔该出示吓入住人嘅有效身份证件吖！

好的，麻烦出示一下入住人的有效身份证件吧！

na⁴, sen¹ yü⁵, néi⁵ tung⁴ kêu⁵ jü⁶ yed¹ gan¹ fong², ngo⁵ zeo⁶ tung⁴ kêu⁵ jü⁶ ling⁶ yed¹ gan¹ fong²

杨美珊： 呐。新宇，你同佢住一间房，我就同佢住另一间房。

喏，新宇，你跟他住一间房，我跟她住另一间房。

seo¹ dou² sei³ wei² gé³ sen¹ fen² jing³, bong¹ gen² néi⁵ déi⁶ ban⁶ yeb⁶ jü⁶, ma⁴ fan⁴ sao² deng² ha⁵

前台： 收到四位嘅身份证，帮紧你哋办入住，麻烦稍等吓。

收到四位的身份证，正在帮你们办理入住，请稍等。

酒店

王新宇：
m⁴ goi¹ wen² yen⁴ bong¹ ngo⁵ déi⁶ lo² di¹ heng⁴ léi¹ sêng⁵ hêu³ a¹
唔该揾人帮我哋攞啲行李上去吖！
麻烦找人帮我们拿行李上去吧！

ngo⁵ déi⁶ ting¹ jiu¹ hei⁶ xin¹ hêu² ced¹ xing¹ ngam⁴ ding⁶ hei⁶ ding² wu⁴ san¹ a³
我哋听朝系先去七星岩定系鼎湖山啊？
我们明天早上是先去七星岩还是鼎湖山呀？

杨美珊：
geng² hei⁶ hêu³ pa⁴ ding² wu¹ san¹ xin¹ la¹, yü¹ guo² m⁴ hei⁶ dou³ zo² zung¹ m⁵ zeo⁶ wui⁵ hou² yid⁶ ga³ la³
梗系去爬鼎湖山先啦，如果唔系到咗中午就会好热嘅啦！
当然是先去爬鼎湖山啦，不然到了中午就会很热的啦！

王新宇：
dou¹ hou², deng² ngo⁵ gem¹ man¹ hêng² seo⁶ ha⁵ néi¹ gan¹ zeo² dim³ gé³ heng⁴ wen¹ wing⁶ qi⁴ xin¹
都好，等我今晚享受吓呢间酒店嘅恒温泳池先。
也好，等我今晚享受一下这间酒店的恒温泳池。

前台：
gem³ do¹ wei², néi⁵ déi⁶ gé³ fong² ka¹! peng⁴ fong⁴ ka¹ hei⁶ ngo⁵ déi⁶ zeo² dim³ yeb⁶ min⁶ xiu¹ fei³
咁多位，你哋嘅房卡！凭房卡喺我哋酒店入面消费，
几位，你们的房卡！凭房卡在我们酒店里面消费，

ho² yi³ hêng² seo⁶ so² yeo⁵ hong⁶ mug⁶ bad³ jid³ héi² yeo¹ wei⁶ ga⁶
可以享受所有项目8折起优惠嘎！
可以享受所有项目8折起优惠哦！

入住后，杨美珊打服务台电话向宾馆投诉

场景 C

杨美珊：
wei²? hei⁶ mei⁶ fug⁶ mou⁶ toi⁴ a³? ngo⁵ néi¹ dou⁶ hei⁶ bad³ ling⁴ lug⁶ fong²
喂，系咪服务台啊？我呢度系806房。
喂？是服务台吗？我这里是806房。

ngo⁵ gan¹ fong² hou² cou⁴, m⁴ goi¹ wen² go³ yen⁴ guo³ léi⁴ tei² ha⁵
我间房好嘈，唔该揾个人过嚟睇吓！
我的房间很吵啊，麻烦找人过来看一下！

接线员：
hou² gé³, ngo⁵ déi⁶ jig¹ hag¹ ngon¹ pai⁴ jig⁶ ban¹ ging¹ léi⁵ guo³ léi⁴ qü⁵ léi⁵
好嘅，我哋即刻安排值班经理过嚟处理！
好的，我们马上安排值班经理过来处理！

杨美珊：
m⁴ goi¹ néi⁵ yeb⁶ léi¹ téng¹ ha⁵ néi¹ gan¹ fong² yeo⁵ géi² cou⁴? néi⁵ wa⁶ ngo⁵ déi⁶ dim² fen³
唔该你入嚟听吓呢间房有几嘈？你话我哋点训？
拜托你进来听一下这间房有多吵？你说我们怎么睡觉？

PART 2 日常口语

经理：
o⁶, m⁵ hou² yi¹ xi¹ a³ xiu² zé², néi¹ dou⁶ gé³ zed¹ leo² hei⁶ yé⁶ zung² wui², heng² ding⁶ wui⁵ yeo⁵ xiu² xiu² cou⁴ ga³ la³
哦，唔好意思啊小姐，呢度嘅7楼系夜总会，肯定会有小小嘈嘎喇！
哦，不好意思啊小姐，这里的7楼是夜总会，肯定会有一点点吵的了！

杨美珊：
néi⁵ déi⁶ yeo⁵ mou⁵ gao² co³? gem² yêng² giu³ zou⁶ yeo⁵ xiu² xiu² cou⁴? ngo⁵ yiu³ wun⁶ fong²
你哋有冇搞错？咁样叫做有小小嘈？我要换房！
你们有没有搞错？这样叫有一点点吵？我要换房！

经理：
m⁴ hou² yi¹ xi¹, gem¹ man¹ gé³ fong² yi⁵ ging¹ qün⁴ bou⁶ mun⁵ sai³ lag³! ngon¹ pai⁴ m⁴ dou² bong¹ néi⁵ wun⁶ fong² lag³
唔好意思，今晚嘅房已经全部满晒喇！安排唔到帮你换房喇！
不好意思，今晚的房已经全部满了！安排不了帮您换房了！

杨美珊：
ngo⁵ déi⁶ hei⁶ hou⁴ wa⁴ sêng¹ yen⁴ fong² léi⁴ ga³! dim² gai² wui⁵ héi⁶ gem³ ca¹ gé³ fong²
我哋系豪华双人房嚟嘎！点解会系咁差嘅房？
我们（的房间）是豪华双人房来的！怎么会是这么差的房？
m⁴ deg¹, néi⁵ yiu³ bong¹ ngo⁵ déi⁶ wun⁶
唔得，你要帮我哋换！
不行，你要帮我们换！

经理：
xiu² zé², ngo⁵ déi⁶ yi⁴ ga¹ zung⁶ yeo⁵ lêng⁵ gan¹ tou³ fong², néi⁵ déi⁶ ho² yi⁵ ban⁶ léi⁵ fong⁴ gan¹ xing¹ keb¹, mui⁵ gan¹ sêu¹ yiu³ ga¹ seo¹ lêng⁵ bag³ men¹
小姐，我哋宜家仲有两间套房，你哋可以办理房间升级，每间需要加收200蚊。
小姐，我们现在还有两间套房，你们可以办理房间升级，每间需要加收200元。

杨美珊：
gem² dou¹ yiu³ ga¹ qin², néi¹ di¹ hei⁶ néi⁵ déi⁶ gé³ zag³ yem⁶, m⁴ hei⁶ ngo⁵ gé³ zag³ yem⁶ wo³
咁都要加钱？呢啲系你哋嘅责任，唔系我嘅责任喎！
这样都要加钱？这些都是你们的责任，不是我的责任！
yü⁴ guo² néi⁵ déi⁶ m⁴ min⁵ fei³ bong¹ ngo⁵ gao² dim⁶ kêu⁵, ngo⁵ zeo⁶ teo⁴ sou³
如果你哋唔免费帮我搞掂佢，我就投诉！
如果你们不免费帮我处理好，我就投诉！

经理：
xiu² zé², zen¹ hei⁶ m⁴ hou² yi³ xi¹ a³, néi¹ di¹ dou¹ hei⁶ ngo⁵ déi⁶ zeo² dim³ gé³ kuei¹ gêu²
小姐，真系唔好意思啊，呢啲都系我哋酒店嘅规矩。
小姐，真的不好意思，这些都是我们酒店的规矩。

139

酒店 12

周日早上，王新宇与杨美珊等准备退房

D 场景

王新宇： m⁴ goi¹ têu³ fong² a¹
唔该退房吖！
麻烦退房！

前台： hou⁵ gé³, ngo⁵ ngon¹ pai⁴ yen⁴ sêng⁵ hêu³ gim² ca⁴ ha⁵ fong⁴ gan¹, ma⁴ fan⁴ géi² wei² hei² dou⁶ co⁵ zen⁶ deng² ha⁵ xin¹
好嘅，我安排人上去检查吓房间，麻烦几位喺度坐阵等吓先！
好的，我安排人上去检查一下房间，请几位先在这里坐会儿等一下吧。

杨美珊： néi⁵ ji¹ m⁴ ji¹ néi¹ gan¹ zeo² dim³ géi² guo³ fen⁶ a³, dei⁶ yed¹ man⁵ ging² yin⁴ jing² gan¹ pou² tung¹ sêng¹ yen⁴ fong² guo³ ngo⁵
你知唔知呢间酒店几过分啊，第一晚竟然整间普通双人房过我！
你知道这间酒店有多过分吗，第一晚竟然给我安排了一间普通双人房！

王新宇： hei⁶ mé¹, guai³ m⁴ ji¹ deg¹ ngo⁵ déi⁶ m⁴ hei² yed¹ ceng⁴ leo² la¹
系咩？怪唔知得我哋唔喺一层楼啦！
是吗？难怪我们不在同一层楼！

杨美珊： go¹ zen⁶ xi¹ ngo⁵ zeo⁶ gog³ deng¹ kéi⁴ guai³ la³。heo⁶ méi¹ go³ jig⁶ ban¹ ging¹ léi⁵ guo³ léi⁴, zung⁶ tung¹ ngo⁵ cou⁴
嗰阵时我就觉得奇怪嘅喇。后尾个值班经理过嚟，仲同我嘈。
那时我就觉得奇怪了。后来有个值班经理过来，还跟我吵架。

zêu³ heo⁶ kêu⁴ déi⁶ ji⁶ géi² fad³ yin⁶ ban⁶ yeb⁶ jü⁶ go² zen⁶ xi¹ cêd¹ zo² co³, dei⁶ yi⁶ yed¹ zeo² jig¹ hag¹ bong¹ ngo⁵ déi⁶ min⁵ fei¹ xing¹ keb¹ tou³ fong², zung⁶ sung³ zo² go³ guo² pun² tim¹
最后佢哋自己发现办入住嗰阵时出咗错，第二日就即刻帮我哋免费升级套房，仲送咗个果盘添！
最后他们自己发现办入住的时候出了错，第二天就马上帮我们免费升级套房，还送了个果盘！

王新宇： gem² mei⁶ géi² hou² lo¹！gem² néi⁵ yi¹ ga¹ zung⁶ gug¹ m⁴ gug¹ héi³ a³
咁咪几好咯！咁你宜家仲谷唔谷气啊？
这样不就挺好！那你现在还憋气吗？

杨美珊： tiu⁴ héi³ sao² wei⁴ sên⁶ zo² xiu¹ xiu² gem² la¹
条气稍为顺咗小小咁啦！
微顺了一点吧！

PART 2 日常口语

sei³ wei², néi⁵ déi⁶ gé³ fong⁴ gan¹ xiu¹ fei² héi⁶ yed¹ bag³ lug⁶ seb⁶ men¹, m⁴ goi¹ qim¹ méng³ kog³ ying⁶ a¹

前台： 四位，你哋嘅房间消费系160蚊，唔该签名确认吖！

不好意思啊几位，你们的房间消费是160元，麻烦签名确认吧！

ngo⁵ déi⁶ mou⁵ fong⁴ gan¹ xiu¹ fei² bo³! guo² pun²? néi⁵ déi⁶ go³ guo² pun² m⁴ hei⁶ sung³ gé³ mé¹

杨美珊： 我哋冇房间消费啵！果盘？你哋个果盘唔系送嘅咩？

我们没有房间消费哦！果盘？你们的果盘不是送的吗？

ngo⁵ tung⁴ ging¹ léi⁵ kog³ ying⁶ ha⁵。zen¹ hei⁶ m⁴ hou² yi¹ xi¹ lag³, hei⁶ ca⁴ fong² gé³ tung⁴ xi⁶ gao² co³ zo²。yi⁴ ga¹ jig¹ hag¹ bong¹ néi³ cêu² xıu¹

前台： 我同经理确认吓。真系唔好意思嘞，系查房嘅同事搞错咗。宜家即刻帮你取消。

我跟经理确认一下。真是不好意思，是查房的同事弄错了。现在马上帮您取消。

1. 基本词汇：

生词	拼音	类比及联想词汇
宾馆	ben¹ gun²	酒店zeo² dim³、旅馆lêu⁵ gun²、招待所jiu¹ doi⁶ so²、青年旅社qing¹ nin⁴ lêu⁵ sé⁵
紧张	gen² zêng¹	淡季dam⁶ guei³、旺季wong⁶ guei³、广交会期间 guong² gao¹ wui² kéi⁴ gan³
双人房	sêng¹ yen⁴ fong²	单人房dan¹ yen⁴ fong²、套房tou³ fong²、套间tou³ gan¹、钟点房zung¹ dim² fong²
豪华	hou⁴ wa⁴	普通pou² tung¹、商务sêng¹ mou⁶、行政heng⁴ jing³
预订	yü⁶ déng⁶	押金ngad³ gem¹、订金déng⁶ gem¹
原价	yün⁴ ga³	现价yin⁶ ga³、最低价zêu³ dei¹ ga³、折后价jid³ heo⁶ ga³、优惠价yeo¹ wei⁶ ga³
自助早餐	ji⁶ zo⁶ zou² can¹	果盘guo² pun²、睡前牛奶sêu⁶ qin⁴ ngeo⁴ nai⁵
考虑	hao² lêu⁶	对比dêu³ béi²、思考xi¹ hao²、衡量heng⁴ lêng⁴、斟酌zem¹ zêg³
行李	heng⁴ léi⁵	包裹bao¹ guo²、拖箱to¹ sêng¹

酒店 **12** 粤语就这么简单

生词	拼音	类比及联想词汇
七星岩	ced¹ xing¹ ngam⁴	鼎湖山 ding² wu⁴ san¹
恒温泳池	heng¹ wen¹ wing⁶ qi⁴	桑拿 song¹ na⁴、水疗 sêu² liu⁴、酒吧 zeo² ba¹、夜总会 yé⁶ zung² wui²
享受	hêng¹ seo⁴	放松 fong⁵ sung³、舒缓 xü⁵ wun³
服务台	fug⁶ mou⁶ toi⁴	前台 qin⁴ toi⁴、服务中心 fug⁶ mou⁶ zung¹ sem¹、值班经理 jig⁶ ban¹ ging¹ léi⁵
入住	yeb⁶ jü⁶	换房 wun⁶ fong²、升级 xing¹ keb¹、加收 ga¹ seo¹、退房 têu³ fong²、查房 ca⁴ fong²
出错	cêd¹ co³	投诉 teo⁴ sou³、责任 zag³ yem⁶
规矩	kuei¹ gêu²	制度 zei³ dou⁶、要求 yiu¹ keo⁴、标准 biu¹ zên²、条例 tiu⁴ lei⁶

2. 方言词汇：

生词	普通话释义	例句（翻译）
cou⁴ 嘈	声音吵杂、吵架	呢度好嘈，不如我哋换个地方！ （这里很吵，不如我们换一个地方吧！）
fen³ 瞓	睡觉	你做咩咁夜都唔瞓啊？ （你怎么这么晚都不睡觉啊？）
sên⁶ héi³ 顺气	服气、舒坦	我好唔顺气啊！ （我心里面很不舒服！）
gug¹ héi³ 谷气	憋气、生闷气	唔使为呢啲人谷气嘅！ （不用为这种人而生闷气！）
cêng³ sêu¹ 唱衰	诋毁、说坏话	你知唔知道公司有人喺背后唱衰你？ （你知道公司有人背地里说你坏话吗？）

语法解析

1 基本句型

(1) 呢啲系……，唔系……嘅！（这些是……，不是……啊！）

> **句型解析：**"呢啲系"+短句，"唔系"+短句的谓语+语气词，用于否定第二种情况，强调第一种情况。

PART 2 日常口语

- **课文例句**：呢啲系你哋嘅责任，唔系我嘅责任嘅！（这些都是你们的责任，不是我的责任！）
- **延伸例句**：呢啲都系大家嘅功劳，唔系我一个人嘅！（这些都是大家的功劳，不是我一个人的！）

  你知唔知，呢啲全部都系你自己造成嘅，根本唔关其他人事！（你知不知道，这些全部都是你自己造成的，和其他人根本没有关系！）

▶ (2)怪唔知得……啦！（难怪……啦！）

- **句型解析**："怪唔知得"+完整句子+语气词，用于说明情况，表达恍然大悟的情绪。注意"怪唔知得"也可以写作"怪唔得"或者"怪唔知"。
- **课文例句**：怪唔知得我哋唔喺同一层楼啦！（难怪我们不在同一层楼啦！）
- **延伸例句**：原来系咁，怪唔知佢唔话俾我知啦！（原来这样，难怪他不告诉我啦！）

  哦，怪唔知得啦！（哦，难怪！）

2 专题解释：酒店订房及前台常用语

▶ (1)订房

m⁴ goi¹, gem¹ man¹ yeo⁵ mou⁵ fong² a³
- **句型1**：唔该，今晚有冇房啊？（请问，今晚还有房间吗？）

m⁴ hou² yi³ xi¹ mou⁵ sai³ fong² leg³ wo³
- **句型2**：唔好意思冇晒房嘞啊！（不好意思没有房间了哦！）

qün⁴ bou⁶ dou¹ yeo⁵, qing² men⁶ néi⁵ yiu³ mé¹ fong²
- **句型3**：全部都有，请问你要咩房？（全部都有，请问您要什么房？）

m⁴ goi¹, néi⁵ fad³ fen⁶ qün¹ zen¹ guo³ léi¹ déng⁶ fong² a¹
- **句型4**：唔该你发份传真过嚟订房吖！（麻烦您发一份传真过来订房吧！）

dia⁶ koi³ géi² dim² yeb⁶ jü⁶ lé¹
- **句型5**：大概几点入住咧？（大概几点入住呢？）

fong² gan¹ wei⁶ néi⁵ bou² leo⁴ dou³ seb⁶ yi⁶ dim²
- **句型6**：房间为你保留到12点。（房间为您保留到12点。）

m⁴ goi¹, ngo⁵ sêng² yiu³ ho² yi³ xing⁶ yin¹ gé³ fong⁴ gan¹
- **句型7**：唔该，我想要可以食烟嘅房间。（不好意思，我想要可以吸烟的房间。）

ngo⁵ sêng² wen⁶ ha⁵, guei³ zung⁶ heng⁴ léi⁵ ho² m⁴ ho² yi³ géi³ fong³ hei² qin¹ toi⁴
- **句型8**：我想问吓，贵重行李可唔可以寄放喺前台？（我想问一下，贵重行李能寄放在前台吗？）

143

酒店 12

(2)退房

句型1：唔该，我哋退房！（麻烦我们退房！）
m⁴ goi¹, ngo⁵ déi⁶ têu³ fong²

句型2：房间干洗服务一共系130蚊！（房间干洗服务一共是130元！）
fong⁴ gan¹ gon¹ sei² fug⁶ mou⁶ yed¹ gung⁶ hei⁶ yed¹ bag³ sam¹ seb⁶ men¹

句型3：请出示房卡同押金单！（请出示房卡跟押金单！）
qing² cêd¹ xi⁶ fong⁴ ka¹ tung⁴ ngad³ gem¹ dan¹

PART 2 日常口语

番外篇 3　小结

第9课到第12课的主要学习内容为学校、餐厅、银行以及酒店。我们通过本部分的总结,首先向大家介绍粤语虚词的最后一部分,也是最难掌握的一部分——语气词,并根据所学的语气词进行简单的练习。另外,我们将陪伴大家回顾本单元的重点句型和语法点。

一、重点虚词一览：语气词

本单元将重点介绍粤语虚词中的语气词。以下为本教材第一单元及第二单元出现的重要语气词,已基本涵盖粤语方言中的常用语气词,请大家在日常会话中注意活学活用。

1. 粤语常用语气词

序号	生词	普通话释义	用法说明	例句
常用于句首的语气词				
1	yi^2 咦	咦	用于句首,表惊奇语气。	咦?点解你喺度嘅?（咦?为什么你在这里的?）
2	$éi^2$ 哎	哎	用于句首,用于打招呼,或提起语气。	哎,你仲记唔记得我啊?（哎,你还记得我吗?）
3	ai^3 唉	唉	用于句首,表失望语气,或者叹气。	唉,又系咁喇!（唉,又是这样了!）
4	na^4 呐	喏	用于句首,表提示。	呐,呢度系一百蚊。（喏,这里是一百块钱!）
5	ha^2 吓	啊	用于句首,表惊奇语气。	吓?你讲咩话?（啊?你说什么?）
常用于疑问句的语气词				
6	$mé^1$ 咩	吗	用于疑问句句尾,表达疑问。	我唔系还翻晒俾你嘞咩?（我不是全部还给你了吗?）
7	$lé^1$ 咧	呢	用于疑问句句尾,无特殊语气。	你中唔中意呢只色咧?（你喜不喜欢这种颜色呢?）
8	$zé^1$ 啫	吗	用于疑问句句尾,常含有不屑的语气。	你使乜担心啫?（你用得着担心吗?）

序号	生词	普通话释义	用法说明	例句
常用于陈述句的语气词				
9	leg³/lag³ 嘞	了	1. 一般用于陈述句句尾，韵母发ag音时语气较重，发eg音时语气较轻； 2. 与"~喎""嘎~"连用，加强语气；	我7点钟就翻到屋企嘞。 （我七点钟就回到家了。）
10	la³ 喇	啦	用于陈述句句尾，表达遗憾、失望、赞美等语气。	你真系好人喇。 （你人真好啦。）
11	lo¹ 咯	啰	用于陈述句句尾，加重语气。	我咪就系朱老师咯！ （我不就是朱老师啰！）
12	gag³ 嘅	的	用于陈述句句尾，加重语气。	我明明摆咗喺度嘅！ （我明明放在这里的！）
13	za³ 咋	才	用于陈述句句尾，常含有抱怨的语气。	我一个月得三千蚊咋！ （我一个月只有三千块而已！）
多种句子通用的语气词				
14	a¹ 吖	啊	1. 用于祈使句句尾，表要求、建议； 2. 与"~嘛"连用，加强语气	唔该帮我攞落嚟吖！ （麻烦帮我拿下来吧！）
15	a³ 啊	啊	一般用于疑问句或者陈述句句尾，调节语气。根据实际运用可变音为a⁴。	你今晚过唔过嚟啊？ （你今晚过来吗？）
16	la¹ 啦	啦	1. 用于陈述句句尾，表请求。 2. 用于祈使句句尾，表达赞美、抱怨。	[祈使]唔该你帮帮手啦！ （麻烦你帮帮忙啦！） [陈述]早知系咁啦！ （早知道是这样啦！）
17	ga³ 嘎	的	可写成"噶""咖"或者"架"，用于陈述句或疑问句句尾，拉长句子，加重语气。	呢本书唔系我嘎！ （这本书不是我的！）
18	wo³ 喎	哦	用于陈述句或祈使句句尾，加重语气。	你记住通知佢喎！ （你记得要通知他哦！）

PART 2 日常口语

序号	生词	普通话释义	用法说明	例句
19	bo³ 啵	哦	用于陈述句或祈使句句尾,加重语气。	你唔好唔记得啵! (你不要不记得哦!)
20	gé³/gé² 嘅	的	用于陈述句句尾,无明显语气。	我屋企系清远嘅! (我的家是清远的!)
			偏正短语中的"的",表示从属关系。	佢嘅父母都系工程师。 (他的父母都是工程师。)
		啊	用于疑问句句尾,表达疑问。	点解你唔复我电话嘅? (为什么你不回我电话啊?)
组合语气词				
21	a¹ ma³ 吖嘛	的嘛	1. 一般用于陈述句句尾,加重语气。 2. 相互间的区别不大,按照实际的语气需要进行选用。 3. 一般可以用组合语气词的时候,也可以用普通的单字语气词代替。	我以为你知道吖嘛! (我以为你知道的嘛!)
22	gem² ma³ 咁嘛	的嘛		咁我已经同你讲咗咁嘛! (那我已经跟你说过的嘛!)
23	za³ ma³ / za¹ ma³ 咋嘛	而已		我问你借三旧水咋嘛! (我问你借三百块而已嘛!)
24	lag¹ ma³ /lag³ ma³ 嘞嘛	了嘛		咁我已经同你讲咗嘞嘛! (那我已经跟你说过了嘛!)
25	ga³ wo³ 嘎喎	的哦		我明明同你讲咗嘎喎! (我明明跟你讲了的哦!)
26	leg³ wo³ 嘞喎	了哦		我已经做完交咗嘞喎! (我已经做完提交了哦!)
27	za³ wo³ 咋喎	而已哦		我净系买咗三盒咋喎! (我只是买了三盒而已哦!)
28	ga³ bo³ 嘎啵	的哦		我明明同你讲咗嘎啵! (我明明跟你讲了的哦!)
29	ga³ lag³ 嘎嘞	的了		我知嘎嘞! (我知道的了!)
30	ga³ la³ 嘎喇	的啦		咁我就开始做嘎喇! (那我就开始做的啦!)
31	ga³ la¹ 嘎啦	的啦		我一早话咗嘎啦! (我早就说了的啦!)

二、常用句型总结

1. **用于描述观察到的、或者事物本身的状况**

   1) 睇落……咁喎。（看上去好像……哦。）

      课文例句：睇落有心事咁喎。（看上去你好像有心事哦。）

   2) 点知……！（谁知道/怎么知道……！）

      课文例句：点知等咗成半个钟都冇车！（谁知道等了几乎半个小时都没有车！）

   3) 怕咩啫？……咁嘛！（怕什么呢？……的嘛！）

      课文例句：怕咩啫？我哋有抓车嚟咁嘛！（怕什么呢？我们有开车过来的嘛！）

   4) 咁……啊嘛！（那/这样的话，……嘛！）

      课文例句：咁我落堂嗰阵时肚饿啊嘛！（那我下课的时候肚子饿嘛！）
      咁宜家伤口开始埋口啊嘛！（那现在伤口开始愈合了嘛！）

   5) ……真系（好）……啊！（……真的（很）……啊!/……真是（很）……啊！）

      课文例句：老婆真系细心喇！（老婆真的很细心啊！）

   6) 跟住……跟住……（接着……接着……）

      课文例句：跟住打波嗰阵饮咗支可乐，跟住就翻屋企了。（然后打球的时候喝了一瓶可乐，接着就回家了。）

2. **用于表达惊奇、不屑、希望、建议等不同语气**

   1) ……仲……啊？（……还是……吗？）

      课文例句：仲差两本啊？（还差两本吗？）

   2) ……咋嘛，又唔系……（只是……而已，又不是……）

      课文例句：5旧水咋嘛，又唔系5皮。（只是五百块钱而已，又不是五万。）

PART 2 日常口语

3) 望就望……啦！（希望（可以/能）……吧！）

> 课文例句：望就望佢今晚落完，听日出太阳啦！（希望今晚下完雨，明天出太阳吧！）

4) 不如……啊？（不如……吧？）

> 课文例句：不如今晚六点半啊？（不如今晚六点半吧？）

3. 表条件

1) 等……先！（先让……吧！）

> 课文例句：等我计吓先。（先让我算一下吧！）

2) 你……，我咪……咯！（如果你……，我不就……咯！）

> 课文例句：你帮手搬上楼，我咪买咯！（你帮忙搬上楼，我不就买咯！）

3) 到时再睇下……啦！（到时候再看看……吧！）

> 课文例句：到时再睇下个伤口恢复成点啦！（到时再看一下伤口恢复得怎么样吧。）

4. 用于询问状态及需求

1) 你平时……开……啊？（你平常习惯……啊？）

> 课文例句：你平时买开边只啊？（你平时习惯买哪一种啊？）

2) ……有冇得……啊？（……可以……吗？）

> 课文例句：我哋买两件有冇得平啲啊？（我们买两件可以便宜一点吗？）
> 呢度系专卖店，冇得讲价嘎！（这里是专卖店，不可以讲价的！）

3) 从……到……，你有冇……啊？（从……到……，你有……吗？）

> 课文例句：从下昼到宜家你有冇食啲咩？（从下午到现在你有吃些什么东西吗？）

三、语气词通用练习

在朗读的过程中要注意语气的变化
背景：刘薇向丈夫陈国栋抱怨在公司发生的事情

刘薇：
lou⁵ gung¹, néi⁵ ji¹ m⁵ ji¹ a³? ngo⁵ gem¹ yed⁶ hou² cam² a³
老公，你知唔知啊？我今日好惨啊！
老公，你知道吗？我今天很惨啊！
（解析：此时第一个"啊"是表询问，第二个"啊"表感叹）

陈国栋：
mé¹ xi⁶ a³? bed¹ yü⁴ gong² léi⁴ téng¹ ha⁵ a¹
咩事啊？不如讲嚟听吓吖！
什么事情呢？不如你说给我听一下吧！
（解析："啊"与"吖"的区别除了在语调上，"吖"通常维持的时间比较短，轻轻送出去。）

刘薇：
gem¹ yed⁶ ngo⁵ lo² fen⁶ men⁴ gin² béi² dung² xi⁶ zêng² gé³ béi³ xü¹, bun² léi⁴ ngo⁵ béi² kêu⁵ go² zen⁶ xi⁴ hou² hou² déi² yed¹ fen⁶ men⁴ gin² gem² ma³
今日我攞份文件俾董事长嘅秘书，本嚟我俾佢嗰阵系好地地一份文件咁嘛。
今天我拿一份文件给董事长的秘书，本来我给她的时候是好好的一份文件的嘛。

dim² ji¹ dou³ kêu² lo² béi² ling⁵ dou⁶ go² zen⁶ xi⁴ lé¹, zeo⁶ bin³ zo² yed¹ dai¹ dêu¹ lün⁶ ced¹ bad³ zou¹ gé³ men⁴ gin² gab⁶ mai⁴ yed¹ cei⁴ wo³
点知到佢攞俾领导嗰阵时咧，就变咗一大堆乱七八糟嘅文件夹埋一齐喎！
谁知道到她拿给领导的时候呢，就变成一大堆乱七八糟的文件夹在一起了！

gem² ling⁵ dou⁶ heng² ding⁶ hou² neo¹ la¹, men⁶ hei⁶ bin¹ go³ zou⁶ gé³, kêu⁵ zeo⁶ jig¹ hag¹ wa⁶ hei⁶ ngo⁵ leg³
咁领导肯定好嬲啦，问系边个做嘅，佢嘅秘书就即刻话系我嘞。
那领导肯定很生气啦，问是谁做的，他的秘书就马上说是我了。

néi⁵ wa⁶ ngo⁵ cam² m⁴ cam² a¹? xig⁶ zo² gem³ dai⁶ zég³ séi² mao¹
你话我惨唔惨吖？食咗咁大只死猫！
你说我惨不惨啊？吃了这么大的哑巴亏！

陈国栋：
wa³, yeo⁶ zen¹ hei⁶ wo³
哇，又真系喎！
哇，也真是哦！

PART 2 日常口语

刘薇：
geng² hei⁶ la¹! lou⁵ gung¹ néi⁵ ji¹ ngo⁵ sed⁶ m⁴ fug⁶ héi³ gag³
梗系啦！老公你知我实唔服气嘅！
当然啦！老公你知道我一定不服气的嘛！

seo¹ gung¹ ngo⁵ hêu² men⁶ kêu¹ dim² gai² wed¹ ngo⁵, néi⁵ gu² kêu¹ dim² gong² a³
收工我去问佢点解屈我，你估佢点讲啊?
下班我去问她为什么冤枉我，你猜她怎么说啊?

kêu¹ ging² yin¹ wa⁶, néi⁵ ji⁶ géi² zou⁶ yé⁵ geng² hei⁶ néi⁵ ji⁶ géi² fu⁶ zag³ ga³ bo³, mou⁵ yen⁴ bong¹ dou² néi⁵ gé³
佢竟然话，你自己做嘅嘢梗系你自己负责嘎啵，冇人帮到你嘅！
她竟然说，你自己做的事情当然是你自己负责的了，没有人帮你的！

陈国栋：
xün³ ba² la¹, gan¹ gan¹ gung¹ xi¹ dou¹ yeo⁵ di¹ gem² gé³ yen⁴ gé³
算罢啦，间间公司都有啲咁嘅人嘅！
算了吧，每间公司都有些这样的人的！

刘薇：
gem² ming⁴ ming⁴ hei⁶ kêu¹ ji⁶ géi² zou⁶ co³ yé⁵ a¹ ma³! dim² gai² yiu¹ ngo⁵ bong¹ kêu¹ mai⁴ dan¹ wo³
咁明明系佢自己做错嘢吖嘛！点解要我帮佢埋单喎?
那明明是她自己做错事情的嘛！为什么要我帮她承担哦?

bin¹ yeo⁵ di¹ gem² m⁴ gung¹ ping⁴ gé³ xi⁶ ga³? lou⁵ gung¹ néi⁵ nem² ha⁵ a¹
边有啲咁唔公平嘅事嘎? 老公你谂吓吖，
哪里有这么不公平的事情啊？老公你想一下吧，

yü⁴ guo² ling⁵ dou⁶ guai³ zag³ log⁶ léi⁴, gem² bin¹ go³ pui⁴ sêng⁴ ngo⁵ gé³ xün² sed¹ a³? ngo⁵ mei⁵ mui⁵ mou⁵ zo⁵ fen⁶ gung¹ lo¹
如果领导怪责落嚟，咁边个赔偿我嘅损失啊？我咪会冇咗份工咯！
如果有什么事，那谁来赔偿我的损失啊? 她不就不用负责任咯！

陈国栋：
lou⁵ po⁴ néi⁵ m⁴ sei² géng¹ ga³? mou⁵ yé⁵ zou⁶ ngo⁵ sed⁶ yêng⁵ néi⁵ ga³
老婆唔使惊嘎！冇嘢做我实养你嘎！
老婆不用怕的，没有工作做我就养你！

151

粤 语 就 这 么 简 单

13 运动与比赛

运动与比赛用语中，我们将主要从观看比赛者和运动参与者的两个不同角度为大家介绍相关的常用语，比如描述心情的，描述运动员状态的，描述运动后的疲惫等用语，大家将接触到"溦""肉紧""劲"等非常具有方言特色的用语。请大家结合词库第六部分——运动项目，进行练习。

本课的学习目标是：

1. 能用粤语描述心情。
2. 尝试听懂粤语体育新闻中对比赛过程和赛果的描述。

常用短句

01 néi⁵ m⁴ hou² gem³ yug⁶ gen² la¹
你唔好咁肉紧啦！（你不要这么紧张啦！）

02 zen¹ hei⁶ hou² meng²
真系好溦！（真的很憋气啊！）

03 kêu⁵ zong⁶ tai³ yed¹ xi² xi⁴ gé²
佢状态一时时嘅！（他的状态一时一样的！）

04 gem¹ gai³ ngeo¹ gun³ tei⁵ léi⁴ yeo⁶ dung³ guo³ sêu² lag³
今届欧冠睇嚟又冻过水嘞！（这一届欧冠看来又没戏了！）

05 yeo⁶ xi³ yeo⁴ sêu² a⁴? yeo⁵ mou⁵ dei⁶ di¹ a³
又肆游水啊？有冇第啲啊？（又游泳啊？有没有其他啊？）

06 gem² ngo⁵ ngai³ mai⁴ ngo⁵ déi⁶ ban¹ go² géi² go³ leg³ wo³
咁我嗌埋我哋班嗰几个嘞喎！（那我叫上我们班那几个了哦！）

PART 2 日常口语

07 éng⁴ ya⁶ géi² ma⁵ héi² gêg³? néi⁵ gu² kêu⁵ hei⁶ big¹ ham⁴ mé¹
成廿几码起脚？你估佢系碧咸咩！（几乎二十几码起脚啊？你以为他是贝克汉姆啊！）

08 bai² ming⁴ cab³ sêu² la¹, béi² pai² go² go³ dou¹ so⁴ gé³
摆明插水啦，俾牌嗰个都傻嘅！（明摆着假摔啦，给黄牌那个都是傻瓜！）

09 bin¹ go³ wa⁶ m⁴ gui⁶ ga³? néi⁵ ji⁶ géi² hêu³ xi³ ha⁵ zeo⁶ ji¹
边个话唔劲嘎？你自己去试下就知！（谁说不累的啊？你自己去试一下就知道！）

10 fung¹ sêu² lün⁴ leo⁴ jün³ a¹ ma³! yi⁵ qin⁴ ngo⁵ déi⁶ pai⁴ keo⁴ hou² ging⁶ ga³, yi⁴ ga¹ yeo⁶ mei⁶ m⁴ geo³ yen⁴ déi⁶ da²
风水轮流转吖嘛！以前我哋排球好劲嘎，宜家又咪唔够人哋打！（风水轮流转嘛！以前我们排球很厉害的，现在不也是打不过人家！）

周五晚上，钟铭全约徐家明一起去打球

A 场景

钟铭全： wei²? ming⁴ zei² néi⁵ ting¹ yed⁶ deg¹ m⁴ deg¹ han⁴ a³? yed¹ cei⁴ da² bo¹ a¹
喂？明仔你听日得唔得闲啊？一齐打波吖？
（喂？小明你明天有空吗？一起打球吧？）

徐家明： ha²? néi⁵ m⁴ zou² di¹ gong²? ngo⁵ yêg³ zo² xiu² hog⁶ tung⁴ hog⁶ ceo¹ géi¹ a³
吓？你唔早啲讲？我约咗小学同学抽机啊！
（啊？你不早点说？我约了小学同学打游戏机啊！）

钟铭全： yeo⁶ ceo¹ géi¹? hei² néi⁵ ngug¹ kéi² a⁴? sêng⁶ qi3 go² fun² yeo⁴ héi³
又抽机？喺你屋企啊？上次嗰款游戏？
（又打游戏机啊？在你家吗？上次那款游戏吗？）

徐家明： m⁴ hei⁶ a³! hêu³ mong⁵ ba¹ za¹ ma³
唔系啊！去网吧咋嘛！
（不是啊！去网吧而已！）

153

13 运动与比赛

粤语就这么简单

hêu³ da² bo¹ xün³ la¹, xing¹ géi⁴ lug⁶ mong⁵ ba¹ gem³ do¹ yen⁴, di¹ yen⁴ yeo⁵ cou⁴ dou³ séi², yeo⁵ xig⁶ yin¹

钟铭全： 去打波算啦，星期六网吧咁多人，啲人又嘈到死，又食烟。

去打球算了，星期六网吧那么多人，那些人又吵得要死，又抽烟。

gem² a⁴? bed¹ yü¹ ngo⁵ dai³ mai⁴ ngo⁵ xiu² hog⁶ tung⁴ hog⁶ yed¹ cei⁴ da² bo¹ la¹, kêu⁵ dou¹ géi² jing⁶ ga³

徐家明： 咁啊？不如我带埋我小学同学过嚟一齐打波啦，佢都几劲嘎。

这样啊？不如我带上我的小学同学一起打球吧，他也挺厉害的！

geng² deg¹ la¹, gem² ngo³ ngai³ mai⁴ ngo⁵ déi⁶ ban¹ go² géi² go¹ leg³ wo³! néi⁵ dou⁶ yeo⁵ mou⁵ bo¹

钟铭全： 梗得啦，咁我嗌埋我哋班嗰几个嘞喝！你度有冇波？

当然可以啦，那我叫上我们班那几个了！你那里有没有球？

deg¹ la¹, ngo³ dai³ ngo⁵ zég³ lei¹ péi⁴ bo¹ hêu³

徐家明： 得啦，我带我只甩皮波去！

行，我带我的掉皮的球去吧！

周日凌晨，王新杰王新宇两兄弟看足球 B 场景

wa³! yeo⁵ mou⁵ gao² co³ a³? mou⁵ xig⁶ fan⁶ a⁴? pao² m⁴ yug¹ gé²

王新杰： 哇！有冇搞错啊？冇食饭啊？跑唔郁嘅？

哇！有没有搞错啊？没有吃饭吗？跑不动的？

dai⁶ lou², néi⁵ m⁴ hou² gem³ yug⁶ gen² la¹

王新宇： 大佬，你唔好咁肉紧啦！

大哥，你不要这么紧张啦！

C lo⁴ zeo⁶ hei⁶ gem² ge³ la¹ néi⁵ yeo⁶ m⁴ hei⁶ m⁴ ji¹! kêu⁵ zong⁶ tai³ yed¹ xi² xi⁴ gé³

C罗就系咁噶啦你又唔系唔知！佢状态一时时嘅！

C罗就是这样的啦你又不是不知道！他的状态时好时坏的！

zen¹ hei⁶ hou² meng²! na⁴, néi⁵ tei² ha⁵ kêu¹ la¹, gem² dou¹ qün⁴? féi¹ sen¹ ceo¹ sé⁴ la¹

王新杰： 真系好懵！呐，你睇吓佢啦，咁都传？飞身抽射啦！

真的很懵气啊！喏，你看一下他，这样都传出去？跳起来抽射吧！

PART 2 日常口语

王新宇: séng⁴ ya⁶ géi³ ma⁵ héi² gêg³? néi⁵ gu² kêu¹ hei⁶ big¹ ham⁴ mé¹
成廿几码起脚？你估佢系碧咸咩！
几乎二十几码起脚啊？你以为他是贝克汉姆啊！

王新杰: wa³! lin⁴ guo³ lêng⁵ go³ yen⁴ wo³, gem¹ qi³ mou⁵ séi² lag³! ai¹ ya¹! yeo⁵ mou⁵ gao² co³? gem² dou¹ m⁴ béi² pai²
哇！连过两个人喎，今次冇死嘞！哎呀！有冇搞错？咁都唔俾牌？
哇，连续过两个人哦，这次没错了！哎呀！有没有搞错？这样都不给黄牌？

王新宇: bai² ming⁴ cab⁵ sêu² la¹, béi² pai² go² go³ dou¹ so⁴ gé³! zêu³ do¹ béi² fan¹ go³ gog³ keo⁴ dong¹ cêd¹ cêng⁴ fei³ la¹
摆明插水啦，俾牌嗰个都傻嘅！最多俾翻个角球当出场费啦！
明摆着假摔啦，给黄牌那个都是傻瓜！最多给一个角球当出场费啦！

王新杰: wong⁴ ma⁵ gem² gé³ yêng², heng⁶ ding⁶ cang³ m⁴ dou¹ yeb⁶ séi³ kêng⁴ la¹
皇马咁嘅样，肯定撑唔到入四强啦！
皇马这个样子，肯定熬不进四强了！
gem¹ gai³ ngeo¹ gun³ tei⁵ léi⁴ yeo⁶ dung³ guo³ sêu² leg³
今届欧冠睇嚟又冻过水嘞！
这一届欧冠看来又没戏了！

王新宇: zeo⁶ xün³ béi² kêu⁵ yeb⁶ dou² séi³ kêng⁴ yeo⁶ dim² a¹
就算俾佢入到四强又点吖？
就算让它进四强又怎么样？
lün⁴ coi³ gem³ do¹ cêng⁴, wong⁴ ma⁵ cung⁴ léi⁴ dou¹ mou⁵ yéng⁴ guo³ ba¹ coi³, néi⁵ ji⁶ géi¹ wa⁶ hei⁶ m⁴ hei⁶ a¹
联赛咁多场，皇马从嚟都冇赢过巴塞，你自己话系唔系吖？
联赛那么多场，皇马从来都没有战胜过巴萨，你自己说是不是？

王新杰: cé²! néi⁵ hei⁶ ba¹ coi³ Fans, néi⁵ heng² ding⁶ ji¹ qi² ba¹ coi³ gag³
扯！你系巴塞fans，你肯定支持巴塞嘅！
去！你是巴萨的粉丝，你肯定支持巴萨的！

王新宇: sei² med¹ gong²
使乜讲！
用得着说么！

运动与比赛

粤语就这么简单

周天早上，邱俊准备出门

C 场景

邱俊：
wa³! m⁴ hei⁶ gua³! da² bo¹ xin¹ léi¹ log⁶ yü⁵! m⁴ tung¹ lin⁴ go³ tin¹ dou¹ m⁴ zung¹ yi³ ngo⁵?
哇！唔系啩！打波先嚟落雨！唔通连个天都唔中意我？
哇，不是吧！打球才来下雨，难道连上天都不喜欢我？

杨美珊：
néi¹ gêu³ guong² gou³ dêu³ bag⁶ hou² ging¹ din² wo³! log⁶ yü⁵ m⁴ gen¹ yiu³ la¹, ngo⁵ déi⁶ hêu³ yeo⁴ sêu² yed¹ yêng⁶ zé¹
呢句广告对白好经典喎！落雨唔紧要啦，我哋去游水一样啫！
这句广告对白很经典的哦！下雨不要紧吧，我们去游泳一样的！

邱俊：
yeo⁶ xi³ yeo⁴ sêu² a⁴? yeo⁵ mou⁵ dei⁶ di¹ a³? bed¹ yü⁴ ngo⁵ déi⁶ hêu³ da² cêg⁴ keo⁴ la¹
又肆游水啊？有冇第啲啊？不如我哋去打桌球啦！
又游泳啊？有没有其他啊？不如我们去打桌球吧！

杨美珊：
ngo⁵ dou¹ m⁴ xig¹ da²! yi¹ cé² cêg⁴ keo⁴ wen⁶ dung⁶ lêng⁴ gem³ sei³, néi⁵ go³ tou⁵ lam⁵ dim² kao³ kêu⁵ gam² féi⁴ a³
我都唔识打！而且桌球运动量咁细，你个肚腩点靠佢减肥啊？
我也不会打！而且桌球运动量那么小，你的肚腩怎么靠它减啊？

邱俊：
med¹ néi⁵ gog³ deg¹ ngo⁵ féi⁴ mé¹? gem² bed¹ yü⁴ ngo⁵ déi⁶ hêu³ zou⁶ "Gym" la¹
乜你觉得我肥咩？咁不如我哋去做Gym啦！
你觉得我胖吗？那不如我们去做器械健身吧！
wui⁶ so² cêu⁴ zo² yeo⁴ sêu² tung⁴ cêg⁴ keo⁴, dou¹ mou⁵ kéi⁴ ta¹ yé⁵ leg³
会所除咗游水同桌球，都冇其他嘢嘞！
会所除了游泳跟桌球，都没有其他东西了！

杨美珊：
dou¹ hou² a¹! ngo⁵ sên⁶ bin² hêu³ tiu³ ha⁵ gin⁶ sen¹ cou¹
都好吖！我顺便去跳吓健身操！
也好吧！我顺便去跳一下健身操！

邱俊：
gin⁶ sen¹ cou² zêu³ ngam¹ néi⁵ la¹! yeo⁶ cêd¹ deg¹ do¹ hon⁶ yeo⁶ m⁴ gui⁶
健身操最啱你啦！又出得多汗又唔劫！
健身操最适合你了！又能多出汗又不累！

杨美珊：
bin¹ go³ wa⁶ m⁴ gui⁶ ga³? néi⁵ ji⁶ géi² hêu³ xi³ ha⁵ zeo⁶ ji¹
边个话唔劫嘎？你自己去试吓就知！
谁说不累的啊？你自己去试一下就知道！

PART 2 日常口语

邱俊： deg¹ la¹! deg¹ la¹! tei⁵ léi⁴ ngo⁵ déi⁶ yiu³ do¹ di¹ léi⁴ lag³, zêng¹ wui² yün⁴ ka¹ zeo⁶ fai³ guo³ kéi⁴ leg³
得啦！得啦！睇嚟我哋要多啲嚟嘞，张会员卡就快过期嘞！
行吧！行吧！看来我们要多点来啦，会员卡快要过期了！

周一上午，徐家明跟徐彪一起听体育新闻

D 场景

徐家明： lou⁵ deo⁶, kêu⁵ teo⁴ xin¹ wa⁶ mé¹ wa²
老豆，佢头先话咩话？
老爸，他刚刚说什么啊？

徐彪： kêu⁵ wa⁶ gem¹ qi³ kêd³ coi³ yeo⁶ hei⁶ zung¹ guog³ dêu² ji⁶ géi² yen⁴ da² ji⁶ géi² yen⁴ a⁴
佢话今次决赛又系中国队自己人打自己人啊！
他说这一次决赛又是中国队自己人打自己人啊！

徐家明： hou² qi⁵ nin⁴ nin⁴ dou¹ hei⁶ gem²
好似年年都系咁！
好像年年都是这样！

徐彪： ngo⁵ yi⁵ wei⁴ ngo⁵ déi⁶ hei⁶ bing¹ beng¹ keo⁴ jing⁶ di¹, yün⁴ léi⁴ yü⁵ mou⁴ keo⁴ dou¹ gem³ ging⁶
我以为我哋系乒乓球劲啲，原嚟羽毛球都咁劲！
我以为我们是乒乓球厉害，原来羽毛球都这么厉害！

徐彪： dou¹ m⁴ hei⁶ xi⁴ xi⁴ dou¹ gem³ ging⁶ ga³! sêng¹ qi³ go² go³ m⁴ ji¹ mé¹ bui¹, zêu³ méi¹ mei⁶ zung¹ guog³ dêu² yen³ dou⁶ lo¹
都唔系时时都咁劲嘎！上次嗰个唔知咩杯，最尾咪中国对印度咯！
也不是一直都这么厉害的！上一次那个不知道什么杯，最后不就是中国对印度咯！

徐家明： hou² qi⁵ hei⁶ wo³, heo⁶ méi¹ zung⁶ xü¹ mai⁴! deg¹ go³ nga³ guen¹
好似系喎，后尾仲输埋！得个亚军！
好像是哦，后来还输了！只拿了个亚军！

徐彪： fung¹ sêu² lün⁴ leo⁴ jün³ a¹ ma³! yi⁵ qin⁴ ngo⁵ déi⁶ pai⁴ keo⁴ hou² ging⁶ ga³, yi⁴ ga¹ yeo⁶ mei⁶ m⁴ geo³ yen⁴ déi⁶ da²
风水轮流转吖嘛！以前我哋排球好劲嘎，宜家又咪唔够人哋打！
风水轮流转的嘛！以前我们排球很厉害的，现在不也是打不过人家！

bed¹ guo³ ngo⁵ déi⁶ mong⁵ keo⁴ hou² qi³ yüd⁶ léi⁴ yüd⁶ sei¹ léi³！ dan³ hei² zug¹ keo⁴ zeo⁶ yed¹ lou⁶ dou¹ hei⁶ gem³ sêg³

徐家明： 不过我哋网球好似越嚟越犀利！但系足球就一路都系咁削！

不过我们的网球好像越来越厉害！但是足球就一直都是这么菜！

sêu¹ zei² a¹、gem² wa⁶ yen⁴ déi⁶ sêg³？néi⁵ ji⁶ géi² yed¹ bag³ mei¹ pao² géi² miu⁵ a³

徐彪： 衰仔吖，敢话人哋削？你自己100米跑几秒啊？

臭小子，敢说别人菜？你自己100米跑几秒啊？

seb⁶ gei² miu² lo¹！néi⁵ yi⁵ wei⁴ ngo⁵ hei⁶ leo⁴ cêng⁴ mé¹？sêu¹ yin⁴ ngo⁵ dou¹ zung¹ yi³ yem² ngeo⁴ nai⁵

徐家明： 十几秒咯！你以为我系刘翔咩？虽然我都中意饮牛奶！

十几秒咯！你以为我是刘翔吗？虽然我也喜欢喝牛奶！

yen⁴ déi⁶ yed¹ yed⁶ yem² ngeo⁴ nai⁵，yeo⁵ yen⁴ doi² qin² log⁶ kêu⁵ doi² ga³！néi⁵ yem² zung² yiu³ sei² qin² mai⁵

徐彪： 人哋日日饮牛奶，有人袋钱落佢袋嘎！你饮仲要使钱买！

人家天天喝牛奶，有人塞钱进他口袋的！你喝还要花钱买！

词汇及语法

1. 基本词汇：

生词	拼音	类比及联想词汇
网吧	mong⁵ ba¹	酒吧zeo² ba¹、球吧keo⁴ ba¹、桌游馆cêg³ yeo⁴ gun²
抽射	ceo¹ sé⁶	远射yün⁵ sé⁶、倒挂dou³ gua³、铲球can² keo⁵
出场费	cêd¹ cêng⁴ fei³	片酬pin² ceo⁴、辛苦费sen¹ fu² fei³、补贴bou² tib³
欧冠	ngeo¹ gun³	联赛lün⁴ coi³、三甲sam¹ gab³、四强séi³ kêng⁴、前十qin⁴ seb⁶
皇马	wong⁴ ma⁵	巴塞ba¹ coi³、拜仁bai³ yen⁴、曼联man⁶ lün⁴、车路士（切尔西）cé¹ lou⁶ xi⁶
广告	guong² gou³	平面ping⁴ min²、宣传片xün¹ qün⁴ pin²、对白dêu⁴ bag⁶、配乐pui³ ngog⁶、情节qing⁴ jid³

PART 2 日常口语

生词	拼音	类比及联想词汇
运动量	wen⁶ dung⁶ lêng⁶	消耗xiu¹ hou³、摄入量xib³ yeb⁶ lêng⁶
肚腩	tou⁵ lam⁵	赘肉zêu⁶ yug⁶、双下巴sêng¹ ha⁶ pa⁴、减肥gam² féi⁴、减磅（减重）gam² bong⁶
顺便	sên⁴ bin²	顺手sên⁶ seo²、方便fong¹ bin⁶
健身操	gin⁶ sen¹ cou¹	瑜伽yü⁴ ga¹、国标舞guog³ biu¹ mou⁵、民族舞men⁴ zug⁶ mou⁵、拉丁舞lai¹ ding¹ mou⁵
会员卡	wui² yün⁴ ka¹	会籍wui² jig⁶、优惠卡yeo¹ wei⁶ ka¹、贵宾卡guei³ ben¹ ka¹、白金卡bag⁶ gem¹ ka¹
决赛	küd³ coi³	半决赛bun³ küd³ coi³、淘汰赛tou⁴ tai³ coi³、小组赛xiu² zou² coi³
亚军	nga³ guen¹	冠军gun³ guen¹、季军guei³ guen¹
风水	fung¹ sêu²	轮流lên⁴ leo⁴、交替gao¹ tei³、循环cên⁴ wan⁴
排球	pai⁴ keo⁴	板球ban² keo⁴、手球seo² keo⁴、水球sêu² keo⁴、棒球pang⁵ keo⁴、曲棍球kug¹ guen³ keo⁴
刘翔	leo⁴ cêng⁴	姚明yiu⁴ ming⁴、丁俊晖ding¹ zên³ fei¹、李娜léi⁵ na⁴、林丹lem⁴ dan¹

2. 方言词汇：

生词	普通话释义	例句（翻译）
led¹ 甩	掉	呢只料甩色嘅！ （这种料子掉色的！）
yug⁶ gen² 肉紧	紧张	攞你少少嘢啫，唔使咁肉紧嘅！ （拿你一点点东西而已，用不着这么紧张！）
meng² 懵	生气	饮啖茶先啦，唔好懵啦！ （先喝口茶吧，不要生气了！）
yed¹ xi² xi⁴ 一时时	时好时坏	我成绩唔稳定，一时时嘅。 （我成绩不是很稳定，时好时坏的。）
béi² pai² 俾牌	出黄牌或者红牌	个裁判成场波俾咗十次牌。 （那个裁判整场球出了十次牌。）
cab³ sêu² 插水	假摔	C罗真系吖，插水都逼真啲啦！ （C罗也真是的，假摔也摔得逼真一点吧。）
dung³ guo³ sêu² 冻过水	没希望了	今个月奖金又肆冻过水嘞！ （这个月的奖金又没有希望了！）

运动与比赛 13

粤语就这么简单

生词	普通话释义	例句（翻译）
log⁶ yü⁵ 落雨	下雨	天气预报话听日落雨啊！ （天气预报说明天下雨啊！）
yeo⁴ sêu² 游水	游泳	每年暑假我都去游水嘅。 （每年暑假我都去游泳的。）
zou⁶ Gym 做Gym	器械健身	得闲做Gym可以令体型好啲。 （有时间去做器械健身可以改善体型。）
gui⁶ 劫	累	你究竟知唔知我已经好劫喇？ （你究竟知不知道我已经很累了！）
sei¹ léi⁶ 犀利	厉害	哇，你好犀利啊！ （哇，你很厉害哦！）
sêg³ 削	差劲	仲话系冠军，原来咁削嘅！ （还说是冠军，原来这么差的！）

语法解析

▋ 基本句型

▶ (1)（点解）你唔……？（为什么你不……！）

> 句型解析：（点解）+主语+"唔"+短句+语气词，用于表示反问或者质问。
> 课文例句：你唔早啲讲？（为什么你不早点说啊？）
> 延伸例句：原来你都过嚟，你唔早啲话俾佢知？（原来你也过来，为什么你不早点跟他说？）

▶ (2)你估……系……咩！（你以为……是啊？）

> 句型解析："你估"+短句+"系"+短句+语气词，用于表达对人或者事物期望过高。
> 课文例句：你估佢系碧咸咩！（你以为他是贝克汉姆啊？）
> 延伸例句：咩都俾晒我做，你估我系超人咩？（什么都给我做，你以为我是超人吗？）

PART 2 日常口语

▶ **(3) 就算……又点吖?** （就算……又能怎么样?）

> **句型解析：**"就算"+短句+"又点吖"，用于表达某种改变没有意义。
> **课文例句：**就算俾佢入到四强又点吖?（就算让它进了四强又有什么用?）
> **延伸例句：**就算俾你提前知道又点吖? 你又咪咩都做唔倒!（就算让你提前知道又怎么样? 你还不是什么都做不到!）

▶ **(4) 唔通……?** （难道……?）

> **句型解析：**"唔通"+完整句子，表猜测。
> **课文例句：**唔通连个天都唔中意我?（难道连老天爷都不喜欢我?）
> **延伸例句：**唔通你未听讲过佢呢个人?（难道你没有听说过他这个人?）

14 书本与报纸

描述生活习惯以及爱好时，我们常用到的书本、报刊、音乐、电影等相关用语，将在接下来的两课中进行介绍。在本书的前面部分曾提到，粤语有书面语和口语之分，书面语是适用于文字表达的用语，诵读是根据其书面表达的文字进行直接朗读。书面语中的口语用词会通过书面用词进行表达，例如"睇"的书面语为"看"，"嘅"的书面语为"的"，书面语与普通话基本一致。因此在粤语书面语中基本不会出现"嘅""啲""睇"之类的口语用字，请大家注意。

另外，请大家结合词库中的第七部分——家居用品及日用品进行学习和记忆。

 本课的学习目标是：
1. 利用粤语描述对书本和报刊的阅读习惯和偏好；
2. 初步掌握粤语书面语的诵读方法，能将报刊上面的书面语文字准确读出。

常用短句

01　cêng³ xiu¹ xü¹ séng⁴ yed⁶ dou¹ mou⁵ fo³
畅销书成日都冇货！（畅销书经常都没有货！）

02　néi¹ bun² xü¹ séng⁴ yed⁶ mai⁶ tün⁵ xi⁵ ga³
呢本书成日卖断市嘎！（这本书经常卖断货的！）

03　néi⁵ téng¹ ngo⁵ gong² mai⁴ xin¹ la¹
你听我讲埋先啦！（你先听我说完吧！）

04　dou¹ hei⁶ jid³ zo² fen¹ gé³ nêu⁵ yen² ji¹ han¹ xig¹ gim⁶
都系结咗婚嘅女人知悭识俭！（还是结了婚的女人知道勤俭节约！）

PART 2 日常口语

05
hêng¹ gong² yü⁴ log⁶ hün¹ bed¹ neo¹ dou¹ hei⁶ gem² gé³ la¹
香港娱乐圈毕翢都系咁嘅啦！（香港娱乐圈一向都是这样的！）

06
néi⁵ yeo⁵ mou⁵ tei² guo³ coi³ hong¹ wing⁵ gé³ xüd³ wa⁶ ji¹ dou⁶ a³
你有冇睇过《蔡康永嘅说话之道》啊？（你有看过《蔡康永的说话之道》吗？）

07
néi⁵ yeo⁶ dim² ji¹ kêu⁵ m⁴ wui⁵ zé³ ngan⁵ hoi¹ zé³ ngan⁵ bei³ lé¹
你又点知佢唔会只眼开只眼闭咧？（你又怎么知道她不会睁一只眼闭一只眼呢？）

08
yi⁴ ga¹ di¹ yen⁴ zen¹ hei⁶ géi² mou⁵ gung¹ deg¹ sem¹ lo¹
宜家啲人真系几冇公德心咯！（现在的人真的挺没有公德心的！）

09
guei² m⁴ mong⁶ kêu⁵ déi³ giu⁶ fan¹ ban¹ gêu¹ men⁴ ji⁶ géi² log⁶ hêu⁴ qing¹!
鬼唔望佢哋叫翻班居民自己落去清！（真希望他们叫那帮居民自己下去清理！）

10
néi¹ dou³ yeo⁵ pin¹ yé⁵ hou² gao² xiu³, sei² m⁴ sei² ngo⁵ dug⁶ béi² néi⁵ téng¹
呢度有篇嘢好搞笑，使唔使我读俾你听？（这里有一篇东西很好笑，要不要我念给你听？）

实用对话

周日上午，刘薇与杨美珊逛街路过三联书店　　　　　A 场景

杨美珊： méi⁴ zé¹, néi⁵ yeo⁵ mou⁵ tei² guo³ coi³ hong¹ wing⁵ gé³ xüd³ wa⁶ ji¹ dou⁶ a³
薇姐，你有冇睇过《蔡康永嘅说话之道》啊？
薇姐，你有没有看过《蔡康永的说话之道》啊？

刘薇： ngo⁵ ji¹ dou³ néi¹ bun² xü¹ hou² cêd¹ méng², séng⁴ yed⁶ mai⁶ tün⁵ xi⁵ ga³! dan⁶ hei⁶ yed¹ jig⁶ mou⁵ xi⁴ gan³ tei² lo¹
我知道呢本书好出名，成日卖断市嘎！但系一直冇时间睇咯！
我知道这本书很出名，经常卖断货的！但是一直没有时间看哦！

163

书本与报纸 14
粤语就这么简单

ngo⁵ dou¹ hei⁶ téng¹ yen⁴ gong² gog³ deg¹ hou², wa⁶ coi³ hong¹ wing⁵ gong² zo² hou² do¹ ping⁴ xi⁴ dai⁶ ga¹ dou¹ wui⁵ yü dou³ dan⁶ héi⁶ m⁴ jü¹ yi⁶ gé³ qing⁴ fong³.

杨美珊： 我都系听人讲觉得好，话蔡康永讲咗好多平时大家都会遇到但系唔注意嘅情况。

我也是听人说觉得好，说蔡康永讲了很多平时大家都会遇到但是不注意的情况。

hei⁶ mé¹? gem² ho² neng⁴ dêu⁶ goi² xin⁶ yen⁴ zei³ guan¹ hei⁶ wui⁵ hou² yeo⁵ yung⁶ wo³.

刘薇： 系咩？咁可能对改善人际关系会好有用喎！

是吗？这样可能对改善人际关系会很有用的哦！

ngo⁵ dou¹ nem² jü¹ mai⁵ fan¹ bun² ga³, dan⁶ hei⁶ yen¹ wei⁶ hei⁶ cêng³ xiu¹ xü¹, séng¹ yed⁶ dou¹ mou⁵ fo³.

杨美珊： 我都惗住买翻本嘎，但系因为系畅销书，成日都冇货。

我也打算买一本的，但是因为是畅销书，经常都没有货！

gem² bed¹ yü⁴ sêng⁵ mong⁵ mai⁵ la¹, heng⁵ ding⁶ yeo⁵ fo³, zung⁶ ho² neng⁴ yeo⁵ deg¹ da² jid³ tim¹.

刘薇： 咁不如上网买啦，肯定有货，仲可能有得打折添！

那不如上网买吧，肯定有货，还可能会打折呢！

gem² yeo⁶ hei⁶ wo³, dou¹ hei⁶ jid³ zo² fen¹ gé³ nêu⁵ yen² ji¹ han¹ xig¹ gim⁶.

杨美珊： 咁又系喎，都系结咗婚嘅女人知悭识俭！

那也是哦，还是结了婚的女人知道勤俭节约！

周一晚上，徐彪加班回来，高敏正在看杂志　　B 场景

wa³, lou² gung¹ néi⁵ tei² ha⁵, yün⁴ léi⁴ yi¹ ga¹ yü² log⁶ hün¹ zen¹ hei⁶ hou² lün⁶ ga³.

高敏： 哇，老公你睇吓，原嚟宜家娱乐圈真系好乱嘎！

哇，老公你看一下，原来现在娱乐圈真的很乱的！

deng² zen⁶ xin¹ ha²! ngo⁵ hêu³ cung¹ go³ lêng⁴ xin¹.

徐彪： 等阵先吓！我去冲个凉先！

先等会儿吧！我先去洗个澡！

m⁴ hou² jü⁶ la¹, néi⁵ téng¹ ngo⁵ gong² mai⁴ xin¹ la¹.

高敏： 唔好住啦，你听我讲埋先啦！

先不要啦，你先听我说完吧！

yeo⁶ mé¹ a³

徐彪： 又咩啊？

又要说什么啊？

PART 2 日常口语

高敏： yün⁴ léi¹ yi⁴ ga¹ pag³ hou² do¹ kég⁶ zab⁶ go² go³ dong¹ hung⁴ fa¹ dan² tung⁴ kêu⁵ déi¹ lou⁵ ban² yeo⁵ lou⁶ ga³
原嚟宜家拍好多剧集嗰个当红花旦同佢哋老板有路嘎！
原来现在拍很多连续剧那个当红女演员跟他们老板有染的！

徐彪： yeo⁵ mé¹ cêd¹ kéi¹ zé¹? hêng¹ gong² yü⁴ log⁶ hün¹ bed¹ neo¹ dou¹ hei⁶ gem² gé³ la¹! dou¹ m⁴ xün³ sen¹ men² la¹
有咩出奇啫？香港娱乐圈毕嘟都系咁嘅啦！都唔算新闻啦！
有什么大惊小怪的！香港娱乐圈一向都是这样的！也不算是新闻了！

高敏： men⁶ tei⁴ hei⁶ kêu¹ déi¹ lou⁵ ban² yeo⁵ lou⁵ po⁴ ga³ wo³! gin⁶ xi⁶ yi⁴ ga¹ gao² dou³ gem³ yêng⁴, ting¹ ga¹ ting⁴ po³ lid³ la¹
问题系佢哋老板有老婆嘎喎！件事宜家搞到咁扬，听家庭破裂啦！
问题在于他们老板有老婆的！这件事情现在搞得沸沸扬扬的，等着家庭破裂吧！

徐彪： cé¹! néi⁵ yeo⁶ dim² ji¹ yen⁴ déi¹ lou⁵ po⁴ m⁴ wui⁵ zé³ ngan⁵ hoi¹ zé³ ngan⁵ bei³ lé¹
切！你又点知人哋老婆唔会只眼开只眼闭咧？
去！你又怎么知道人家老婆不会睁一只眼闭一只眼呢？

语文课上，杨老师向大家解释积累写作素材的途径   **C 场景**

杨美珊： gog³ wei² tung⁴ hog⁶, yiu³ tei⁴ gou¹ zung¹ hao² gé³ zog³ men² sêu² ping⁴
各位同学，要提高中考嘅作文水平，
各位同学，要提高中考的作文水平，
dai⁶ ga¹ sêu¹ yiu³ hei² ping⁴ xi⁴ do¹ di¹ jig¹ lêu⁶ sé² zog³ sou³ coi⁴ a³
大家需要喺平时多啲积累写作素材啊！
大家需要在平时多积累点写作素材啊！

林伟豪： lou⁵ xi¹, ngo⁵ m⁴ hei⁶ hou² qing¹ co², ngo⁵ déi⁶ ping⁴ xi⁴ yeo⁵ mé¹ fong¹ fad³ ho² yi³ jig¹ lêu⁶ lé¹
老师，我唔系好清楚，我哋平时有咩方法可以积累咧？
老师，我不是很清楚，我们平时有什么方法可以积累呢？

杨美珊： kéi⁴ sed⁶ dêu³ néi⁵ déi⁶ zung¹ hog⁶ sang¹ léi⁴ gong², zêu⁶ yeo⁵ yung⁶ yeo⁶ zêu⁶ gan² dan¹ gé³ fong¹ fad³ zeo⁶ hei⁶ tei² men² zag⁶ la¹
其实对你哋中学生嚟讲，最有用又最简单嘅方法就系睇文摘啦！
其实对你们中学生来说，最有用又最简单的方法就是看文摘了！

165

14 粤语就这么简单

林伟豪： o⁶, lei⁶ yü⁴ mé¹ men⁴ zag⁶ gem² lé¹
哦，例如咩文摘咁咧？
哦，例如什么文摘啊？

杨美珊： dug⁶ zé² men⁴ zag⁶ wag⁶ zé² qing¹ nin⁴ men⁴ zag⁶ dou¹ ho² yi³ ga³
《读者文摘》或者《青年文摘》都可以嘎！
《读者文摘》或者《青年文摘》文摘都可以哦！

林伟豪： lou⁵ xi¹, ngo⁵ gan² tei² hon³ ji⁶ sêu² ping⁴ hou² ca¹, yed¹ yêng⁶ ho² yi³ tei²
老师，我简体汉字水平好差，一样可以睇？
老师，我简体汉字水平很差，一样可以看吗？

杨美珊： zeo⁶ hei⁶ yen¹ wei⁶ néi⁵ méi⁶ xig¹ ying³ gan² hon³ ji⁵, so² yi³ geng³ ga¹ sêu¹ yiu³ tei² xü¹ zog³ wei⁴ lin⁶ zab⁶
就系因为你未适应简体汉字，所以更加需要多啲睇书作为练习！
正因为你还没适应简体汉字，所以更加需要多看点书作为练习！

周五晚上，王新宇在看报纸
▼ D 场景

王新杰： sei³ lou², gem¹ yed⁶ yeo⁵ mé¹ sen¹ men² gem² a³
细佬，今日有咩新闻咁啊？
弟弟，今天有什么新闻啊？

王新宇： néi¹ dou³ yeo⁵ pin¹ yé⁵ hou² gao² xiu³, sei² m⁴ sei² ngo⁵ dug⁶ béi² néi⁵ téng¹
呢度有篇嘢好搞笑，使唔使我读俾你听？
这里有一篇东西很好笑，要我读给你听吗？

王新杰： dug⁶ la¹, tei² ha⁵ yeo⁵ mé¹ gem³ cêd¹ kéi⁴
读啦，睇吓有咩咁出奇？
念吧，看一下有什么事情那么离奇的？

王新宇： jing³ fu² biu² xi⁶, zêng¹ tung¹ guo³ goi² zou⁶ ho⁴ cung¹, sed⁶ yin⁶ xing⁴ xi⁵ lug⁶ xig¹ gung¹ qing⁴
政府表示，将通过改造河涌，实现城市绿色工程。
政府表示，将通过改造河涌，实现城市绿色工程。
dan⁶ ho⁴ dou⁶ zeo¹ bin¹ dig¹ gêu¹ men⁴ bed¹ léi⁵ wui⁶ gung¹ qing⁴ gou³ xi⁶
但河道周边的居民不理会工程告示，
但河道周边的居民不理会工程告示，
ying⁴ yin² zoi⁶ xi¹ gung¹ kéi⁴ gan³ hêng³ ho⁴ cung¹ pud³ cêd¹ wu¹ sêu²
仍然在施工期间向河涌泼出污水，
仍然在施工期间向河涌泼出污水，

PART 2 日常口语

dou⁶ ji³ qing¹ yü¹ gung¹ yen⁴ lin⁴ lin⁴ dai⁶ ham³ "zung¹ jiu¹", jig⁶ fu¹ mou⁴ noi⁶

导致清淤工人连连大喊"中招",直呼无奈。

导致清淤工人连连大喊"中招",直呼无奈。

yeo⁵ mé¹ xiu³ dim² a³? ngo⁵ gog³ deg¹ yi⁴ ga¹ di¹ yen⁴ zen¹ hei⁶ géi² mou⁵ gung¹ deg¹ lo¹

王新杰: 有咩笑点啊?我觉得宜家啲人真系几冇公德咯!

有什么笑点啊?我觉得现在的人真的挺没公德的!

ngo⁵ dou¹ gog³! tei² pa³ kêu⁵ déi⁶ dou¹ héi⁶ ping⁴ xi⁴ deg¹ han⁴ mou⁵ xi⁶ zeo⁶ pud³ yé⁵ log⁶ tiu¹ ho⁴ cung¹ la¹

王新宇: 我都觉!睇怕佢哋都系平时得闲冇事就泼嘢落条河涌啦!

我也觉得!看来他们也是平时有事没事就往河涌里倒东西!

mei⁶ hei⁶ lo¹! gen¹ jü⁶ dou³ zo² ha⁶ tin¹, tiu⁴ ho⁴ cung¹ jing¹ di¹ ceo³ héi³ sêng⁵ léi⁴

王新杰: 咪系咯!跟住到咗夏天,条河涌蒸啲臭气上嚟,

不就是嘛!然后到了夏天,河涌蒸发那些臭气上来,

kêu⁵ déi⁶ yeo⁶ hêng³ jing³ fu² teo⁴ sou³ wa⁶ yiu³ jing² ji⁶ ho⁴ cung¹, néi⁵ wa⁶ hei⁶ mei⁶ sai¹ nab⁶ sêu³ yen⁴ di¹ qin² a¹

佢哋又向政府投诉话要整治河涌,你话系咪晒纳税人啲钱吖?

他们又向政府投诉说要整治河涌,你说是不是在浪费纳税人的钱?

gan² jig⁶ zeo⁶ hei⁶ ji⁶ zog³ ji⁶ seo⁶ la¹, mou⁵ xi⁶ wen² xi⁶

王新宇: 简直就系自作自受啦,冇事搵事!

简直就是自作自受嘛,没事找事!

zeo⁶ hei⁶ sen¹ fu² sai³ di¹ qing¹ yü¹ gung¹ yen⁴ zé¹

王新杰: 就系辛苦晒啲清淤工人啫!

就是辛苦了那些清淤工人了!

词汇及语法

1. 基本词汇:

生词	拼音	类比及联想词汇
蔡康永	coi³ hong¹ wing⁵	徐熙媛 cêu⁴ héi¹ yün⁴、徐熙娣 cêu⁴ héi¹ tei⁵、陈建州 cen⁴ gin³ zeo¹、范玮琪 fan⁶ wei⁵ kéi⁴

167

14 书本与报纸

粤语就这么简单

生词	拼音	类比及联想词汇
情况	qing⁴ fong³	环境wan⁴ ging²、改善goi² xin⁶、整治jing² ji³
人际关系	yen⁴ zei³ guan¹ hei⁶	家庭关系ga¹ ting⁴ guan¹ hei³、社交圈子sé⁵ gao¹ hün¹ ji²
畅销书	cêng³ xiu¹ xü¹	文摘men⁴ zag⁶、散文集san² men⁴ zab⁶、小说xiu² xüd³
娱乐圈	yü⁴ log⁶ hün¹	新闻界sen¹ men⁴ gai³、政界jing³ gai³、学术界hog⁶ sêd⁶ gai³、军队guen¹ dêu²
剧集	kég⁶ zab⁶	电视连续剧din⁶ xi⁶ lin⁴ zug⁶ kég⁶、热播大剧yid⁶ bo³ dai⁶ kég⁶、偶像剧ngeo⁵ zêng⁶ kég⁶
当红花旦	dong¹ gung⁴ fa¹ dan²	当家小生dong¹ ga¹ xiu² seng¹、著名影星jü³ ming⁴ ying² xing¹
破碎	po³ sêu³	破裂po³ lid⁶、粉碎fen² sêu³、消失xiu¹ sed¹、毁灭wei² mid⁶
素材	sou³ coi⁴	材料coi⁴ liu²、资源ji¹ yün⁴
推荐	têu¹ jin³	选择xün¹ zag⁶、权衡kün⁴ heng⁴、适应xig¹ ying³、习惯zab⁶ guan³
简体	gan² tei²	繁体fan¹ tei²、汉字hon³ ji⁶
练习	lin⁶ zab⁶	功课gung¹ fo³、锻炼dün⁶ lin⁶、课程fo³ qing⁴
政府	jing³ fu²	居民gêu¹ men⁴、社会团体sé⁵ wui² tün⁴ tei²、企业kéi⁵ yib⁶、单位dan¹ wei²、机构géi¹ keo³
淤泥	yu¹ nei⁴	清埋qing¹ léi¹、河涌ho⁴ cung¹、整治jing² ji⁶
无奈	mou⁴ noi⁶	郁闷wed¹ mun⁶、反感fan² gem²
自作自受	zi⁶ zog³ ji⁶ seo⁶	数一数二sou² yed¹ sou² yi⁶

2. 方言词汇：

生词	普通话释义	例句（翻译）
mai⁶ tün⁵ xi⁵ 卖断市	卖完	呢只洗头水减价，一日就卖断市嘞。 （这种洗发水降价，一天就卖完了。）
mou⁵ fo³ 冇货	没有货	37码冇货啦，要补仓嘞。 （37码没有货了，需要补仓。）
ji¹ han¹ xig¹ gim⁶ 知悭识俭	勤俭节约	要学识知悭识俭，唔好成日大花洒。 （要学会勤俭节约，不要整天大把花钱。）
yeo⁵ lou⁶ 有路	有染、有私情	你以为我同佢有路啊？ （你以为我跟她有私情吗？）

PART 2 日常口语

生词	普通话释义	例句（翻译）
bed¹ neo¹ 毕嘸	一向	我毕嘸都唔食鱼嘎啦！ （我一向都不吃鱼的！）
gao² xiu³ 搞笑	有趣、滑稽	快啲过嚟睇啊，出戏好搞笑。 （快点过来看吧，这部电影很好笑。）
cêd¹ kéi⁴ 出奇	奇怪、大惊小怪	系咁嘅啦，好出奇咩？ （是这样的啦，很奇怪吗？）
tei² pa³ 睇怕	恐怕	睇怕今次都系唔及格嘅啦！ （恐怕这次都是不及格的了！）

 语法解析

基本句型

▶ (1) 我都系听人讲，话……！ （我也是听人说的，说……！）

> **句型解析**："我都系听人讲，话"+完整句子/短句，解释所述情况不是自己的想法。
>
> **课文例句**：我都系听人讲，话蔡康永讲咗好多平时大家都会遇到但系唔注意嘅情况。（我也是听人说蔡康永讲了很多平时大家都会遇到但是不注意的情况。）
>
> **延伸例句**：我都系听人讲，话佢原来系私生子！（我也是听人说的，说他原来是私生子！）
> 唔系我造谣啊，我都系听人讲噶咋！（不是我造谣，我也是听别人说的！）

▶ (2) 都系……！ （还是……！）

> **句型解析**："都系"+完整句子，用于加重语气，表达赞扬或者其他积极评价。
>
> **课文例句**：都系结咗婚嘅女人知悭识俭！（这也是哦，还是结了婚的女人知道勤俭节约！）
>
> **延伸例句**：都系你最知我心！（还是你最了解我啊！）
> 都系阿妈煮嘅可乐鸡翼最好味！（还是妈妈做的可乐鸡翅最好吃！）

▶ **(3)唔好住啦!（等）……埋先啦!**（先不要嘛！先（等）……完啦!）

句型解析： "唔好住啦!"，"（等）"+主谓短语+"埋先啦!"，用于请求等完成某事后再行动。其中"埋"可以翻译"完"，用于动词后表示完成该动作。

课文例句： 唔好住啦，你听我讲埋先啦!（先不要啦，你先听我说完吧!）

延伸例句： 唔好住啦，等佢做埋啲作业先啦!（先不要啦，等他先把作业做完吧!）

都叫你唔好住咯!等我打埋个电话先啦!（都叫了你先不要，等我先把电话打完!）

▶ **(4)有咩出奇啫?……毕嘢都……嘅啦!**（有什么大惊小怪的?……一向都……的啦!）

句型解析： "有咩出奇啫?"+主语+"毕嘢都"+短语+"嘅啦!"用于表示不值得大惊小怪。

课文例句： 有咩出奇啫?香港娱乐圈毕嘢都系咁嘅啦!（有什么大惊小怪的?香港娱乐圈一向都是这样的!）

延伸例句： 有咩出奇啫?佢毕嘢都系咁嘅啦!（有什么奇怪?他一向都是这样的啦!）

有咩出奇㗎?呢啲嘢毕嘢都系要经理级处理!（有什么奇怪的!这些事情一向都是要经理级别来处理的!）

▶ **(5)你又点知……?**（你又怎么知道……?）

句型解析： "你又点知"+完整句子/短语，用于反问可能出现的情况。

课文例句： 你又点知佢唔会只眼开只眼闭咧?（你又怎么知道他不会睁一只眼闭一只眼呢?）

延伸例句： 唔使你教。你又点知我唔识做?（不需要你教。你又怎么知道我不会做?）

未表白过你点知佢会拒绝你啊?（没有表白过你又怎么知道他会拒绝你啊?）

▶ **(6)就系因为……，所以……!**（正因为……，所以……!）

句型解析： "就系因为"+完整句子/短语，"所以"+完整句子/短语，用于强调因果关系。

课文例句： 就系因为你未适应简体汉字，所以更加需要多啲睇书作为练习。（正因为你还没适应简体汉字，所以更加需要多看点书作为练习!）

PART 2 日常口语

延伸例句: 就系因为你唔明,所以我先至要讲多次!(正因为你不明白,所以我才要讲多一次!)
就系因为佢家庭环境唔好,所以更加要踏实!(正因为他家庭环境不好,所以更需要踏实!)

▶ (7)睇怕……嘎啦!(看来……的了!)

句型解析: "睇怕"+完整句子/短语+语气词,用于表示猜测。

课文例句: 睇怕佢哋都系平时得闲无事就泼嘢落条河涌嘎啦!(看来他们也是平时有事没事就往河涌里倒东西!)

延伸例句: 睇怕呢件事都系冇着落嘎啦!(看来这件事还是没有着落的了!)
睇怕佢呢个人都系冇得救嘎啦!(看来这个人还是没得救的了!)

▶ (8)鬼唔望……!(真希望/谁都想看到……!)

句型解析: "鬼唔望"+完整句子/短语+语气词,用于表示强烈地希望。其中,"鬼"的意思指"不是人类","鬼唔望"的字面意思相当于"不是人类就不会希望",就是"每个人都希望"的意思,表达强烈的愿望。

课文例句: 鬼唔望佢哋叫翻班居民自己落去清!(真希望他们叫那帮居民自己下去清理!)

延伸例句: 鬼唔望佢快啲走啊!(真希望他快点走!)
使乜讲?鬼唔咁望啦!(还用得着说吗?谁不希望这样啊?)

171

音乐与电影

粤语就这么简单

15 音乐与电影

现代社会竞争激烈,都市人群生活紧张,听音乐和看电影成为最为便捷、成本最低的休闲方式,也成为广东人最喜欢的休憩方式之一。本课将介绍谈论音乐及电影的常用语,但对于音乐体裁及形式、电影内容等的介绍较少,请大家结合日常生活学习。

 本课的学习目标是:

1. 能清晰完整地描述自己喜欢音乐风格和电影类型;
2. 尝试听广东的传统地方剧——粤剧,并在字幕的辅助下能够基本听懂。

01　néi⁵ ping⁴ xi⁴ seo¹ gung¹ yeo⁵ mé¹ gao² a³
　　你平时收工有咩搞啊?(你平时下班后会做些什么呢?)

02　tei² ha⁵ xü¹, téng¹ ha⁵ go¹ gem² lo¹
　　睇吓书,听吓歌咁咯!(看一下书,听一下歌这样吧!)

03　néi⁵ ping⁴ xi⁴ téng¹ mé¹ do¹ a³
　　你平时听咩多啊?(你平时听什么类型的(音乐)比较多呢?)

04　géi² xi⁴ yed¹ cei⁴ hêu³ tei² biu² yin² a³
　　几时一齐去睇表演吖?(什么时候一起去看表演啊?)

05　néi⁵ déi⁶ yeo⁵ mou⁵ tei⁴ qin⁴ mai⁵ féi¹ a³
　　你哋有冇提前买飞啊?(你们有提前买票吗?)

06　dai³ léi⁴ gé³ xi⁶ gog³ gem² seo⁶ ling⁴ sé³ m⁴ tung⁴
　　带嚟嘅视觉感受零泻唔同!(带来的视觉感受特别不同!)

PART 2 日常口语

07 yi⁴ ga¹ wei⁴ yeo⁵ hei⁶ gem² la¹
宜家唯有系咁啦！（现在也只有这样了！）

08 sam¹ D bun² sen¹ zeo⁶ hei⁶ zêu³ dai⁶ gé³ cêg³ teo³ la¹
3D本身就系最大嘅噱头啦！（3D本身就是最大的噱头了！）

09 néi⁵ cêng³ léi¹ cêng³ hêu³ mei⁶ yeo⁶ hei⁶ go² zég³ go¹
你唱嚟唱去咪又系嗰只歌！（你唱来唱去不也还是那首歌！）

10 ngo⁵ dou¹ hei⁶ yiu³ tei⁴ qin⁴ lêng⁵ yed⁶ xin¹ ji³ mai⁵ dou² féi¹ za³
我都系要提前两日先至买到飞咋。（我也是要提前两天才能买到票。）

实用对话

周五下班，邱俊跟杨美珊一起离开学校   A 场景

邱俊： wei³, yêng⁴ lou⁵ xi¹, néi⁵ ping⁴ xi⁴ seo¹ gung¹ yeo⁵ mé¹ gao² a³
喂，杨老师，你平时收工有咩搞啊？
喂，杨老师，你平时下班后会做些什么呢？

杨美珊： mou⁵ med¹ deg⁶ bid⁶ a³! tei² ha⁵ xü¹, têng¹ ha⁵ go¹ gem² lo¹
冇乜特别啊！睇吓书，听吓歌咁咯！
没什么特别的啊！看一下书，听一下歌这样吧！

邱俊： têng¹ go¹? ngo⁵ dou¹ ngam¹ a³! néi⁵ ping⁴ xi⁴ têng¹ mé¹ do¹ a³
听歌？我都啱啊！你平时听咩多啊？
听歌？我也喜欢呀！你平时听什么类型的（音乐）比较多呢？

杨美珊： mé¹ dou¹ têng¹ ga³! yüd⁶ yü⁵, zung¹ men², ying¹ men² dou¹ têng¹, yeo⁵ xi⁴ zung⁶ têng¹ yed⁶ men² tim¹ ga³
咩都听嘎！粤语、中文、英文都听，有时仲听日文添嘎！
什么都听的！粤语、中文、英文都听，有时还听日文的！

15 粤语就这么简单

音乐与电影

邱俊： wa³! ngo⁵ zêu³ zung¹ yi³ téng¹ yiu⁴ guen² tung⁴ rap lag³, din⁶ yem¹ dou¹ ngam¹ ga³
哇！我就最中意听摇滚同rap嘞，电音都啱嘎！
哇！我就最喜欢听摇滚跟说唱了，电子音乐也可以的！

杨美珊： néi¹ dou¹ hou² qiu⁴ zé¹! guong² zeo¹ dou¹ yeo⁵ di¹ yiu⁴ guen² go¹ seo² gag³! bed¹ go³ hou² xiu² zung³ gem² zé¹
你都好潮啫！广州都有啲摇滚歌手嗝！不过好小众咁啫！
你还挺新潮的！广州也有些摇滚歌手哦！不过挺小众的样子而已！

邱俊： déi⁶ ha⁵ ngog⁶ dêu² a¹ ma³! ngo⁵ dou¹ ji¹ la³! géi² xi⁴ yed¹ cei⁴ hêu² tei² biu² yin² a³
地下乐队吖嘛！我都知啦！几时一齐去睇表演吖？
地下乐队嘛！我也知道啦！什么时候一起去看表演啊？

周六上午，徐家明给林伟豪打电话

B 场景

徐家明： wei²? hou⁴ zei² a⁴? ngo⁵ ha⁶ zeo³ tung⁴ gou¹ lou² qün¹ guo³ hêng¹ gong² a³, léi⁴ wen² néi⁵ a¹
喂？豪仔啊？我下昼同高佬全过香港啊，嚟搵你吖？
喂？小豪吗？我下午跟高个儿全去香港啊，来找你好吗？

林伟豪： néi⁵ m⁴ zou² gong²? ngo⁵ dou¹ hei⁶ kem⁴ yed⁶ xin¹ fan¹ za¹ ma³, zou² ji¹ yed¹ cei⁴ fan¹ a¹ ma³
你唔早讲？我都系琴日先翻咋嘛，早知一齐翻吖嘛！
你不早点说？我也是昨天才回来的，早知道一起回来嘛！

徐家明： gem² néi⁵ ha⁶ zeo³ yed¹ yü¹ m⁴ hou² yêg¹ néi⁵ di¹ friend la³ wo³
咁你下昼一于唔好约你啲friend喇喎！
那你下午一定不要约你的朋友哦！

林伟豪： dan⁶ ngo⁵ ging¹ yi⁵ yêg² zo² ngo⁵ ban¹ friend ha⁶ zeo³ yed¹ cei⁴ tei² IMAX wo³
但我经已约咗我班friend下昼一齐睇IMAX喎！
但是我已经约了我一帮朋友下午一起看IMAX哦！

徐家明： gem² zeo⁶ ngam¹ la¹, ngo⁵ tung⁴ gou¹ lou² qün⁴ guo³ léi⁴ dou¹ hei⁴ sêng² tei² a³ fan⁴ dad⁶ ga³
咁就啱啦，我同高佬全过嚟都系想睇《阿凡达》嘎！
这就对了，我跟高个儿全过来也是想看《阿凡达》的！

林伟豪： hei⁶ mé⁴, bed¹ guo³ néi⁵ déi⁶ yeo⁵ mou⁵ tei⁴ qin⁴ mai⁵ féi¹ a³
系咩？不过你哋有冇提前买飞啊？
是吗？不过你们有没有提前买票啊？

PART 2 日常口语

徐家明： ha²? med¹ m⁴ hei⁶ yin⁶ cêng⁴ jig¹ hag¹ mai⁵ ga³ mé¹
吓？乜唔系现场即买嘎咩？
啊？难道不是现场立即买的吗？

林伟豪： geng² héi⁶ m⁴ hei⁶ la¹! yi⁴ ga¹ tou³ héi³ gem³ hung⁴! ngo⁵ dou¹ hei⁶ yiu³ tei⁴ qin⁴ lêng⁵ yed⁶ xin¹ ji³ mai⁵ dou² féi¹ za¹
梗系唔系啦！宜家套戏咁红！我都系要提前两日先至买到飞咋！
当然不是啦！现在这部电影这么火！我也是要提前两天才能买到票。

徐家明： gem² dim² xün³ a³
咁点算啊？
这怎么办啊？

林伟豪： yed¹ m⁴ hei⁶ ngo⁵ giu³ ngo⁵ friend mai⁵ hou² féi¹ xin¹, néi⁵ déi⁶ ha⁶ go³ xing¹ kéi⁴ zoi³ guo³ léi¹ tei² la¹
一唔系我叫我friend买好飞先，你哋下个星期再过嚟睇啦！
要不我叫我朋友先买好票，你们下个星期再过来看吧！

徐家明： yi⁴ ga¹ wei⁴ yeo⁵ hei⁶ gem² la¹! dou¹ m⁴ ji¹ noi⁶ déi⁶ géi² xi⁴ sêng⁵ wa²
宜家唯有系咁啦！都唔知内地几时上画！
现在也只有这样了！也不知道内地什么时候上映！

看完电影《里约热内卢》，刘薇跟陈国栋交流观后感　　C 场景

刘薇： wa³, lou⁵ gung¹, dim² gai² yi⁴ ga¹ di¹ sam¹D dung⁶ wa² pin³ ho² yi³ pag³ deg¹ gem³ big¹ zen¹ gé²
哇，老公，点解宜家啲3D动画片可以拍得咁逼真嘅？
哇，老公，怎么现在的3D动画片可以拍得这么逼真的？

陈国栋： hei⁶ a³, yü⁴ guo² m⁴ hei⁶ dim² mai⁶ fei¹ a³? sam¹ D bun² sen¹ zeo⁶ hei⁶ zêu³ dai⁶ gé³ cêg³ teo⁴ la¹
系啊，如果唔系点卖飞啊？3D本身就系最大嘅噱头啦！
是啊，不然怎么卖票啊？3D本身就是最大的噱头了！

刘薇： dan⁶ hei⁶ gem² xing⁴ bun² mei⁵ wui⁵ gou¹ hou² do¹ lo¹
但系咁成本咪会高好多咯！
但是这样成本不就会很高咯！

15 粤语就这么简单

音乐与电影

hei⁶ a³, heo⁶ kéi⁴ gé³ qü⁵ léi⁵ dou¹ wui⁵ fug¹ zab⁶ hou² do¹！dan⁶ hei⁶ dai³ léi⁴ gé³ xi⁶ gog³ gem² seo⁶ ling⁴ sé³ m⁴ tung⁴

陈国栋： 系啊，后期嘅处理都会复杂好多！但系带嚟嘅视觉感受零泻唔同！

是啊，后期的处理也会复杂很多！但是带来的视觉感受特别不同！

yi² cé³ ngo⁵ gog³ deg¹, néi¹ bou⁶ héi³ kég⁶ qing⁴ dou¹ hou² hou² a³, dêu³ bag⁶ yeo⁶ seng¹ dung⁶, di¹ pui³ yem¹ yeo⁶ hou²

刘薇： 而且我觉得，呢部戏剧情都好好啊，对白又生动，啲配音又好！

而且我觉得，这部戏剧情也挺好的，对白又生动，那些配音水平也好！

hei⁶ lé⁴！yi⁴ ga¹ hou² do¹ dung⁶ wa² pin² gé³ xing⁴ bun² zung⁶ gou¹ guo³ zen¹ yen⁴ din⁶ ying² a³

陈国栋： 系咧！宜家好多动画片嘅成本仲高过真人电影啊！

是吧！现在很多动画片的成本比真人电影的还高！

lou⁵ gung¹, bed¹ yü⁴ ngo⁵ déi⁶ deng² zen³ hêu⁴ tei² mai⁴ bing¹ ho⁴ sei³ géi³ séi³ lo¹

刘薇： 老公，不如我哋等阵去睇埋《冰河世纪4》咯？

老公，不如我们等会儿去把《冰河世纪4》也看了？

春节联欢晚会上，陈国栋一家在看歌唱类的表演

D 场景

ngo⁵ zêu³ zung¹ yi³ zeo⁶ hei⁶ zêng¹ ya⁵ gé³ la³！cêng³ go¹ sou² yed¹ sou² yi⁶

陈正华： 我最中意就系张也嘅啦！唱歌数一数二！

我最喜欢就是张也的了！唱歌数一数二！

lou⁵ deo⁶ néi⁵ xig¹ di¹ mé¹ a³？néi⁵ cêng³ léi⁴ cêng³ hêu³ mei⁶ yeo⁶ hei⁶ kêu⁵ go² zég³ zeo² zên³ sen¹ xi⁴ doi⁶

陈国栋： 老豆你识啲咩啊？你唱嚟唱去咪又系佢嗰只《走进新时代》！

老爸你知道些什么啊？你唱来唱去不也还是她那首《走进新时代》！

hei⁶ mei⁶ m⁴ deg¹ a³？ngo⁵ nin⁴ géi² dai⁶, m⁴ qi⁵ néi⁵ déi⁶ di¹ heo⁶ sang¹, jib³ seo⁶ neng⁴ lig⁶ gem³ kêng⁴

陈正华： 系咪唔得啊？我年纪大，唔似你哋啲后生，接受能力咁强！

是不是不行啊？我年纪大，不像你们这些年轻的，接受能力这么强！

lou⁵ po⁴, néi⁵ wa⁶ lou⁵ deo⁶ hei⁶ mei⁶ séng⁴ yed⁶ dou¹ m⁴ ying⁶ ji⁶ géi² lou⁵ tou² a¹

陈国栋： 老婆，你话老豆系咪成日都唔认自己老土吖？

老婆，你说老爸是不是整天都不承认自己老土啊？

PART 2 日常口语

刘薇： lou⁵ gung¹ néi⁵ m⁴ hou² gem² wa⁵ lou⁵ yé⁴ la¹！ lou⁵ yé⁴ ngo⁵ cang³ néi⁵，ngo⁵ dou¹ hou² wai² geo⁶ ga³
老公你唔好咁话老爷啦！老爷我撑你，我都好怀旧嘎！
老公你不要这样说公公啦！公公我支持你，我也很怀旧的！

陈正华： hei⁶ mé¹？ dou¹ hei⁶ sem¹ pou⁵ guai¹。 néi⁵ dou¹ zung¹ yi³ bin¹ di¹ lou⁵ ngei⁶ sêd⁶ ga¹ a³
系咩？都系心抱乖。你都中意边啲老艺术家啊？
是吗？还是儿媳妇乖巧。你喜欢哪些老艺术家啊？

刘薇： e⁶，zêng¹ hog⁶ yeo⁵ a³，zêng¹ guog⁴ wing⁴ a³，go² di¹ xün³ m⁴ xün³ a³
呃……张学友啊，张国荣啊，嗰啲算唔算啊？
嗯……张学友啊，张国荣啊，这些算吗？

陈正华： go² di¹ dêu³ néi⁵ léi⁴ gong³ hei⁶ lou⁵ ngei⁶ sêd⁶ ga¹，dan⁶ dêu³ ngo⁵ léi⁴ gong³ dou¹ hei⁶ sug⁶ yü¹ nin⁴ hing¹ yed¹ bui³ lo¹
嗰啲对你嚟讲系老艺术家，但对我嚟讲都系属于年轻一辈咯！
那些对你来说是老艺术家，但对我来说还是属于年轻一代哦！

1. 基本词汇：

生词	拼音	类比及联想词汇
特别	deg⁶ bid⁶	特殊deg⁶ xü⁴、尤其yeo⁴ kéi⁴
粤语	yüd⁶ yü⁵	中文zung¹ men²、英文ying¹ men²、日文yed⁶ men²、法文fad³ men²、德文deg¹ men²
摇滚	yiu⁴ guen²	乡村hêng¹ qün¹、蓝调lam⁴ diu⁶、说唱xüd³ cêng³、通俗tung¹ zug⁶、电音din⁶ yem¹
小众	xiu² zung³	大众化dai⁶ zung³ fa³、小资xiu² ji¹、阳春白雪yêng⁴ cên¹ bag⁶ xüd³、下里巴人ha⁶ léi⁵ ba¹ yen⁴
乐队	ngog⁶ dêu²	舞蹈队mou⁵ dou⁶ dêu²、合唱团heb⁶ cêng³ tün⁴、管乐团gun² ngog⁶ tün⁴
现场	yin⁶ cêng⁴	表演biu² yin²、演出yin² cêd¹、直播jig⁶ bo³、后期heo⁶ kéi⁴
噱头	cêg³ teo⁴	绰头cêg³ teo⁴、亮点lêng⁶ dim²、特色deg⁶ xig¹、策略cag³ lêg⁶

177

15 粤语就这么简单

音乐与电影

生词	拼音	类比及联想词汇
复杂	fug¹ zab⁶	繁琐fan⁵ so²、困难kuen³ nan⁴
视觉	xi⁶ gog³	听觉ting³ gog³、味觉méi⁶ gog³、嗅觉ceo³ gog³、触觉zug¹ gog³、感受gem² seo⁶
剧情	kég⁶ qing⁴	对白dêu⁵ bag³、配音pui³ yem¹、配乐pui³ ngog⁶、情节qing⁴ jid³
接受	jib³ seo⁶	忍受yen² seo⁶、忍耐yen² noi⁶、坚持gin¹ qi⁴、维持wei⁴ qi⁴
年纪	nin⁴ géi²	年龄nin⁴ ling⁴、岁数sêu³ sou³
怀旧	wai⁴ geo⁶	传统qün⁴ tung²、回忆wui⁴ ying¹、追忆zêu¹ ying¹
艺术家	ngei⁶ sêd⁶ ga¹	音乐家yem¹ ngog⁶ ga¹、演说家yin² xüd³ ga¹、演奏家yin² zeo³ ga¹、歌唱家go¹ cêng³ ga¹

2. 方言词汇：

生词		普语释义	例句（翻译）
seo¹ gung¹	收工	下班、完成工作	收工我过嚟揾你吖！ （下班我过来找你吧！）
qiu⁴	潮	新潮	嗰两个人着得好潮喎。 （那两个人穿得很新潮哦。）
mai⁵ féi¹	买飞	买票	我去买飞，你系呢度等我。 （我去买票，你在这里等我吧。）
sêng⁵ wa²	上画	上映	《速度与激情5》要五月份先上画。 （《速度与激情5》要五月份才上映。）
ling⁴ sê³	零泻	特别	呢间铺嘅杨枝甘露零泻好味。 （这间店的杨枝甘露特别好吃。）
lou⁴ tou²	老土	土里土气	乜你今日条裙咁鬼死老土嘅？ （怎么你今天这条裙子这么土气的？）
cang³	撑	支持	都冇人帮你，你一个人可以撑到几时啊？ （都没有人帮你忙，你一个人可以撑到什么时候啊？）

PART 2 日常口语

基本句型

▶ (1)……有咩搞啊?（……做些什么呢?）

> **句型解析:** 短句+"有咩搞啊?",用于询问兴趣爱好或者习惯。
> **课文例句:** 你平时收工有咩搞啊?（你平时下班后会做些什么呢?）
> **延伸例句:** 你知唔知佢成日上后山究竟有咩搞啊?（你知道他整天去后山究竟去做些什么吗?）
> 以前你哋放学都有咩搞嘎?（以前你们放学后会做些什么呀?）

▶ (2)……嚟……去,咪又系……!（……来……去,不也是……!）

> **句型解析:** 短句+动词"嚟"动词"去","咪都系"+短句+语气词,表示做任何努力也改变不了情况。
> **课文例句:** 你唱嚟唱去咪又系佢嗰只《走进新时代》!（你唱来唱去不也还是她那首《走进新时代》!）
> **延伸例句:** 佢就算几努力,做嚟做去咪又仲系个经理仔!（他就算多努力,做来做去不还是个小小的经理!）
> 你减嚟减去,咪又仲系咁肥!（你减来减去,不还是那么胖!）

▶ (3)对你嚟讲……,但对我嚟讲……!（对你来说……,但对我来说……!）

> **句型解析:** "对你嚟讲"+短语,"但对我嚟讲"+短语+语气词,用于表对比。
> **课文例句:** 嗰啲对你嚟讲系老艺术家,但对我嚟讲都系属于年轻一辈咯!（那些对你来说是老艺术家,但对我来说还是属于年轻一代了哦!）
> **延伸例句:** 1000蚊对你嚟讲系小嘢,但对我嚟讲已经系半份人工嘞!（1000块钱对你来说只是小事,但是对我来说已经是半个月工资了!）
> 呢件事可能对你嚟讲好简单,但你知唔知对我嚟讲有几大打击?（这件事可能对你来说很简单,但是你知不知道对我来说有多大打击?）

粤语就这么简单

16 旅游与度假

本课的主题为旅游，请大家在学习前先复习一下前面交通、数量与货币、时间与天气、餐厅以及酒店用语。学习的过程中要注意描述城市或者旅游目的地通常采用的角度和方法。本书词库的第八部分将主要介绍国内地名以及旅游景点，第九部分将介绍国际地名等相关用语，请大家酌情记忆。

 本课的学习目标是：

1. 用粤语完整描述一次出游行程，包括目的地简介、行程简介、时间安排等；
2. 尝试在外出旅游的时候使用粤语。

01 ngo⁵ déi⁶ hei² néi¹ dou⁶ dab³ jig⁶ tung¹ cé¹
我哋喺呢度搭直通车！（我们在这里坐直通车！）

02 ngo³ dou¹ hei⁶ téng⁴ deg¹ ming⁴ xiu² xiu² za³
我都系听得明小小咋！（我也是听明白一点点而已！）

03 m⁴ sei² lêng⁵ go³ zung¹ zeo⁶ dou³ ga³ la³
唔使两个钟就到嘎喇！（不用两个小时就到了！）

04 gem¹ yed⁶ da² xün³ dai³ ngo⁵ hêu³ bin¹ dou⁶ wan² a³
今日打算带我去边度玩啊？（今天打算带我去哪里玩啊？）

05 ngo⁵ déi⁶ yi⁴ ga¹ ho² yi³ zêg³ qim⁴ sêu² yi¹ la³
我哋宜家可以着潜水衣啦！（我们现在可以穿潜水服了！）

06 gem² néi⁵ zou⁶ ngo⁵ dou⁶ yeo⁴ zeo⁶ zen¹ hei⁶ ngam¹ sai³ lag³
咁你做我导游就真系啱晒嘞！（那你当我的导游正合适！）

PART 2 日常口语

07
zen⁶ gan¹ ngo⁵ déi⁶ hêu³ ji¹ sên¹ ha⁵ hou² m⁴ hou² a³
阵间我哋去咨询吓好唔好啊？（等会儿我们去咨询一下好吗？）

08
jing⁶ hei⁶ dêu³ yeo⁵ ji¹ gag³ jing³ gé³ yeo⁴ hag³ hoi¹ fong³ ga³ wo³
净系对有资格证嘅游客开放嘎喎！（只是对有资格证的游客开放的哦！）

09
ging² dim² a³ xig⁶ yé⁵ gé³ déi⁶ fong¹ dou¹ zab⁶ zung¹ hei² xi⁵ kêu¹
景点啊、食嘢嘅地方都集中喺市区！（景点啊、玩的地方都集中在市区！）

10
ging² yin⁴ m⁴ xing² héi² hêu³ ban⁶ qim¹ jing³, zen¹ hei⁶ dai⁶ mung² lag³
竟然唔醒起去办签证，真系大懵嘞！（竟然没想起来去办签证，真是马大哈！）

实用对话

周六上午，杨美珊与王新宇一起坐车去珠海　　　　　A 场景

王新宇： na⁴, ngo⁵ déi⁶ hei² néi¹ dou⁶ dab³ jig⁶ tung¹ cé¹, m⁴ sei² lêng⁵ go³ zung¹ zeo⁶ dou³ jü¹ hoi² ga³ la³
呐，我哋喺呢度搭直通车，唔使两个钟就到珠海嘎喇！
喏，我们在这里坐直通车，不用两个小时就到珠海了！

杨美珊： dim² gai² néi⁵ hou² qi⁵ gem³ sug⁶ gé²
点解你好似咁熟嘅？
为什么你好像这么熟悉的？

王新宇： ngo⁵ ji¹ qin⁴ hei² jü¹ hoi² zou⁶ yé⁵ zou⁶ zo² lêng⁵ nin⁴ géi², geng² hei⁶ sug⁶ la¹
我之前喺珠海做嘢做咗两年几，梗系熟啦！
我之前在珠海工作了两年多，当然熟悉啦！

16 旅游与度假

粤语就这么简单

gem² néi⁵ zou⁶ ngo⁵ dou¹ yeo⁴ zeo⁶ zen¹ hei⁶ ngam¹ sai³ leg³！gem¹ yed⁶ da² xün³ dai³ ngo⁵ hêu¹ bin¹ dou⁶ wan² a³

杨美珊： 咁你做我导游就真系啱晒嘞！今日打算带我去边度玩啊？

那你当我的导游正合适！今天打算带我去哪里玩呀？

jü¹ hoi² néi¹ go³ déi⁶ fong¹ kéi⁴ sed⁵ m⁴ hei⁶ hou² dai⁶,

王新宇： 珠海呢个地方其实唔系好大，

珠海这个地方其实不是很大，

yi⁴ cé² ging² dim² a³、xig⁶ yé⁵ gé³ déi⁶ fong¹ dou¹ zab⁶ zung¹ hei² xi⁵ kêu¹

而且景点啊、食嘢嘅地方都集中喺市区！

而且景点啊、吃的玩的地方都集中在市区！

hei⁶ mé¹？ngo⁵ ji¹ qin⁴ zég³ hei⁶ téng¹ gong² jü¹ hoi² di¹ sang¹ hou⁴ hou² cêd¹ méng² za³

杨美珊： 系咩？我之前只系听讲珠海啲生蚝好出名咋！

是吗？我之前只是听说珠海的牡蛎很出名而已！

jü¹ hoi² déi⁶ léi⁵ wei² ji³ yi¹ san¹ bong⁶ sêu²，seng¹ tai³ ji¹ yün⁴ hou² fung¹ fu³ ga³，so² yi³ néi¹ go³ sêu² wig⁶ di¹ sang¹ hou⁴ deg⁶ bid⁶ féi⁴ méi⁵.

王新宇： 珠海地理位置依山傍水，生态资源好丰富嘎，所以呢个水域啲生蚝特别肥美。

其实是因为珠海地理位置依山傍水，生态资源很丰富呢，所以这个水域的牡蛎特别肥美。

ji¹ qin⁴ jing³ fu² han⁶ zei³ fad³ jin² cung⁵ gung¹ yib⁶，so² yi³ jü¹ hoi² gé³ hung¹ héi³ a³ wan⁴ ging² a³，dou¹ béi² guong² zeo¹ hou² hou² do¹

之前政府限制发展重工业，所以珠海嘅空气啊环境啊，都比广州好好多！

之前政府限制发展重工业，所以珠海的空气啊环境啊，都比广州好得多！

hei⁶ lo¹，téng¹ gong² jü¹ hoi² go³ tin¹ hou² lam⁴ ga³

杨美珊： 系咯，听讲珠海个天好蓝嘎！

对啊，听说珠海的天很蓝的！

yi⁴ qé² jü¹ hoi² kao³ gen⁶ ngou³ mun²，hou² do¹ yeo⁴ hag³ hei² néi¹ dou⁶ zêu⁶ zab⁶ guo³ guan¹，so² yi³ lêu⁵ yeo⁴ yib⁶ dou¹ fad³ jin² deg¹ géi² hou²

王新宇： 而且珠海靠近澳门，好多游客喺呢度聚集过关，所以旅游业都发展得几好。

而且珠海靠近澳门，很多游客在这里聚集过关，所以旅游业也发展得挺好。

o⁶，bed¹ guo³ ngo⁵ méi⁵ hêu³ guo³ ngou³ mun²，bed¹ yü⁴ gem¹ qi³ yed¹ cêd¹ hêu³ mai⁴ la¹

杨美珊： 哦，不过我未去过澳门，不如今次一齐去埋啦！

哦，不过我没有去过澳门，不如这次一起去啦！

PART 2 日常口语

gem² zeo⁶ yiu³ tei² ha⁵ néi⁵ go³ gong² ngou³ tung¹ heng⁴ jing³ dou³ kéi⁴ méi⁶ lag³

王新宇: 咁就要睇吓你个港澳通行证到期未嘞!

那就要看一下你的港澳通行证到期没有了!

hei⁶ wo³, ging² yin⁴ m⁴ xing² héi² hêu² qim¹ fan¹ go³ jing³ xin¹ léi¹ jü¹ hoi², zen¹ hei⁶ dai⁶ mung² lag³

杨美珊: 系喎,竟然唔醒起去签翻个证先嚟珠海,真系大懵嘞!

对哦,竟然忘了去办个签证再来珠海,真是马大哈!

m⁴ gen² yiu² la¹! fan² jing³ gem³ ken⁵, ha⁶ qi³ zoi³ léi⁴ dou¹ hei⁶ yed¹ yêng⁶ ga³ zé¹

王新宇: 唔紧要啦!反正咁近,下次再嚟都系一样嘎啫!

不要紧啦,反正那么近,下次再来也行!

kéi⁴ sed⁶ ngo⁵ yed¹ jig⁶ dou¹ gog³ deg¹ jü¹ hoi² ying¹ goi¹ tung⁴ sem¹ zen³ ca¹ m⁴ do¹

杨美珊: 其实我一直都觉得珠海应该同深圳差唔多!

其实我一直都觉得珠海应该跟深圳差不多的!

yed¹ go³ hei² jü¹ gong¹ heo² dung¹ bin¹, yed¹ go³ hei² jü¹ gong¹ heo² sei¹ bin¹

王新宇: 一个喺珠江口东边,一个喺珠江口西边,

一个在珠江口东边,一个在珠江口西边,

xing⁴ xi⁵ ding⁶ wei² tung⁴ fad³ jin² cag³ lêg⁶ dou¹ sêng¹ ca¹ hou² do¹ ga³

城市定位同发展策略都相差好多嘎!

城市定位和发展策略都相差很远呢!

在菲律宾,邱俊跟他的朋友们准备去潜水   **B** 场景

a³ zên³, kêu⁵ wa⁶ mé¹ a³! ngo⁵ ying¹ men² m⁴ hei⁶ hou² deg¹ a³

朋友: 阿俊,佢话咩啊?我英文唔系好得啊!

阿俊,他说什么啊?我英语不是很好啊!

ngo⁵ dou¹ m⁴ hei⁶ géi² deg¹ ga³! téng¹ deg¹ ming⁴ xiu² xiu² za³

邱俊: 我都唔系几得嘎!听得明小小咋!

我也不是很行哦!听明白一点点而已!

kêu⁵ wa⁶ zen⁶ gan¹ ngo⁵ déi⁶ cêd¹ hoi² ji¹ heo⁶, yiu³ hei² kuei¹ ding⁶ déi⁶ dim² log⁶ sêu²

佢话阵间我哋出海之后,要喺规定地点落水!

他说等会儿我们出海以后,要在规定地点下水!

dim² gai² a³? bin¹ dou⁶ log⁶ sêu² mei⁶ yed¹ yêng⁶

朋友: 点解啊?边度落水咪一样!

为什么啊?哪里下水不都一样!

183

16 旅游与度假

邱俊：
gao³ lin⁶ wa⁶, zeo⁶ hei⁶ yen¹ wei⁶ di¹ sêu² qing¹, deng² néi⁵ yi⁵ wei⁴ m⁴ sem¹
教练话，就系因为啲水清，等你以为唔深。
教练说，就是因为那些水清澈，让你以为不深。
kéi⁴ sed⁶ yeo⁵ di¹ déi⁶ fong¹ hou² sem¹, zung⁶ yeo⁵ ngem³ leo⁴ tim¹
其实有啲地方水好深，仲有暗流添！
其实有些地方水很深，还有暗流呢！

朋友：
wa³, yün⁴ léi¹ gem³ ngei¹ him² ga⁴? ngem³ leo⁴ hou² yung⁴ yi⁶ gün² yen⁴ log⁶ sêu², téng¹ gong² séng³ geo³ dou¹ geo³ m⁴ dou² ga³
哇，原嚟咁危险嘎？暗流好容易卷人落水，听讲话想救都救唔到嘅！
哇，原来这么危险的？暗流很容易卷人下水的，听说想救都救不了！

邱俊：
gao³ lin⁶ wa⁶ qin⁴ min⁶ zeo⁶ yeo⁵ yed¹ pin³ xig¹ yi⁴ feo⁴ qim⁴ gé³ sêu² wig⁶, ngo⁵ déi⁶ yi¹ ga¹ ho² yi³ zêg⁶ qim⁴ sêu² yi¹ la³
教练话前面就有一片适宜浮潜嘅水域，我哋宜家可以着潜水衣喇！
教练说前面就有一片适宜浮潜的水域，我们现在可以穿潜水服了！

朋友：
wei³, téng¹ gong² wa⁶ féi¹ lêd⁶ ben¹ ho² yi³ hao² guog³ zei³ qim⁴ sêu² ji¹ gag³ jing³ ga³ wo³
喂，听讲话菲律宾可以考国际潜水资格证嘎喎！
喂，听说菲律宾可以考国际潜水资格证的！

邱俊：
hei⁶ mé¹? hou² qi⁵ wa⁶ sei³ gai³ sêng⁶ yeo⁵ di¹ béi² gao³ ngei¹ him² dan⁶ ging² xig¹ hou² léng³ gé³ déi⁶ fong¹, jing⁶ hei⁶ dêu² yeo⁵ ji¹ gag³ jing³ gé³ yeo⁴ hag³ hoi¹ fong³ ga³ wo³
系咩？好似话世界上有啲比较危险但景色好靓嘅地方，净系对有资格证嘅游客开放嘎喎！
是吗？好像说世界上有些比较危险但景色很漂亮的地方，只对有资格证的游客开放的！

朋友：
hou² yeo⁵ keb¹ yen⁵ lig⁶ lé⁴? zen⁶ gan¹ ngo⁵ déi⁶ hêu² ji¹ sên¹ ha⁵ hou² m⁴ hou² a³? tei² ha⁵ dim² hao² néi¹ go³ jing³ a¹
好有吸引力咧？阵间我哋去咨询吓好唔好啊？睇吓点考呢个证吖！
很有吸引力对吧？等会儿我们去咨询一下好吗？看一下怎么考这个证吧！

PART 2 日常口语

词汇及语法

基本词汇：

生词	拼音	类比及联想词汇
直通车	jig⁶ tung¹ cé¹	港澳通行证gong² ngou³ tung¹ heng⁴ jing³、资格证ji¹ gag³ jing³、护照wu⁶ jiu³
珠海	jü¹ hoi²	澳门ngou³ mun²、深圳sem¹ zen³、香港hêng¹ gong²
导游	dou⁶ yeo⁴	领队ling⁵ dêu²、地陪déi⁶ pui⁴、司机xi¹ géi¹、旅行社lêu⁵ heng⁴ sé⁵
市区	xi⁵ kêu¹	郊区gao¹ kêu¹、景点déi² dim²
生蚝	sang¹ hou⁴	横琴wang⁵ kem⁵、炭烧tan³ xiu¹、芝士焗ji¹ xi² gug⁶
地理	déi⁶ léi⁵	位置wei⁶ ji³、发展fad³ jin²、策略cag³ lêg⁶、定位ding⁶ wei²、优势yeo¹ sei³
依山傍水	yi¹ san¹ bong⁶ sêu²	背山面海bui³ san¹ min⁶ hoi²、群山环抱kuen⁴ san¹ wan⁴ pou⁵
限制	han⁶ zei¹	提倡tei⁴ cêng¹、促进cug¹ jên³、推动têu¹ dong⁶、鼓励gu² lei⁶、支持ji¹ qi⁴
旅游业	lêu⁵ yeo⁴ yib⁶	轻工业hing¹ gung¹ yib⁶、建筑业gin³ zug¹ yib⁶、金融业gem¹ yung⁴ yib⁶
浮潜	feo⁴ qim⁴	潜水qim⁴ sêu²、暗流ngem³ leo⁴
菲律宾	féi¹ léd⁶ ben¹	新加坡sen¹ ga³ bo¹、印尼yen³ néi⁴、印度yen³ dou⁶
国际	guog³ zei³	洲际zeo¹ zei³、世界sei³ gai³、全球qün⁴ keo⁴
危险	ngei⁴ him²	警告ging² gou³
游客	yeo⁴ hag³	当地人dong¹ déi⁶ yen⁴、本地人bun² déi⁶ yen⁴、背包客bui³ bao¹ hag³、驴友lou⁴ yeo⁵

185

| 基本句型 |

▶ (1)唔使……就……啦！（用不着……就可以……的啦！）

> **句型解析：** "唔使"+短句+"就"+ 短句的谓语+语气词，用于表示条件很容易达到。
> **课文例句：** 唔使两个钟就到珠海嘎啦！（用不着两个小时就到珠海了！）
> **延伸例句：** 唔使一个星期就全世界都知道呢个消息嘎啦！（用不着一周就全部人都知道这个消息了！）
> 唔使一百蚊就可以买到嘞！（用不着100块钱就能买到了！）

▶ (2)唔醒起……（添）！（忘记……（了啊）！）

> **句型解析：** "唔醒起"+完整句子+（语气词），用于表示忘记做某事，真不应该。
> **课文例句：** 竟然唔醒起去签翻个证先嚟珠海，真系大懵嘞！（竟然忘了去办签证再来珠海，真是马大哈！）
> **延伸例句：** 唔醒起翻嚟嗰阵买翻份报纸添！（忘了回来的时候买份报纸了！）
> 弊嘞，唔醒起提醒佢带锁匙添！（糟了，忘了提醒他带钥匙了！）

PART 2 日常口语

| 番外篇4 | 小结 |

第13课到第16课的主要学习内容为运动与比赛、书本与报纸、音乐与电影,以及旅游与度假用语。我们通过本部分的总结跟大家回顾一下第四单元的重要的词汇和语法点,并为大家提供一些补充练习,以及本单元课后练习的答案。

一、重点虚词一览:形容词和副词

本单元将重点介绍粤语虚词中的常用形容词和副词。以下为本教材第一单元至第五单元出现的重要形容词。由于粤语形容词的数量繁多,而且非常具有方言特色,本教材难以一一列举,请大家在日常会话中要注意自觉积累,活学活用。

粤语常用形容词和副词

序号	生词	普通话释义	例句
1	ngan³ 晏	晚的	你做乜咁晏先翻嚟啊? (你怎么这么晚才回来啊?)

2	ngam¹
	啱
		1. 合适的
		2. 正确的
			1. 恐怖电影我唔啱嘎!
			  (恐怖电影并不适合我!)
			2. 呢条问题你答得唔啱!
			  (这个问题你回答得不对!)

3	noi⁶ 耐	久	唔要意思啊要你等咁耐! (不好意思啊,要你等这么久!)

4	lêng¹/lêng³
	靓
		1. 年轻的
		2. 漂亮的
			1. 靓女,唔该几点?
			  (美女,请问几点?)
			2. 哇你今日好靓嘅!
			  (哇,你今天很漂亮哦!)

5	kua¹ 夸	夸张	使唔使咁夸啊? (用得着这么夸张吗?)
6	guai¹ guai¹ déi² 乖乖地	乖	喺姨妈屋企要乖乖地啊! (在姨妈家里要乖乖的啊!)
7	hen⁴ 痕	痒	我啲皮肤好痕啊! (我的皮肤很痒啊!)

序号	生词	普通话释义	例句
8	gan¹ 奸	奸诈	呢个老细做生意好奸嘎! (这个老板做生意很奸诈的!)
9	xi² 屎	差劲	乜你啲队友咁屎嘎! (怎么你的队友这么菜的?)
10	zéng³/jing³ 正	1. 棒 2. 不歪的	1. 呢首音乐真系好正啊! (这首音乐真的很棒啊!) 2. 你摆翻正副画啦! (你把那幅画摆正吧!)
11	sên² 笋	超值的	呢个笋盘值得投资嘎! (这个超值的楼盘值得投资的!)
12	bei⁶ 弊	糟糕、惨了	弊,唔记得今日测验! (糟糕,忘了今天要测验!)
13	cou⁴ 嘈	吵闹	好嘈啊,我听唔到你讲嘢! (很吵啊,我听不到你说话!)
14	neo¹ 嬲	生气	佢好嬲啊,你去安慰吓啦! (他很生气,你去安慰一下吧!)
15	ging⁶ 劲	厉害	呢支球队嘅队长好劲啊! (这支球队的队长很厉害啊!)
16	yug⁶ gen² 肉紧	紧张	睇场波啫,唔使咁肉紧嘅! (看场比赛而已,不用这么紧张的!)
17	meng² 懵	生气	佢搞到我真系好懵! (他弄得我真的很生气!)
18	dung³ guo³ sêu² 冻过水	没希望了	我又迟到咗三次啊,今个月啲奖金又冻过水嘞! (我又迟到了三次了呀,这个月的奖金又没希望了!)
19	gui⁶ 攰	累	晚晚都咁夜训,你唔攰嘎咩? (每晚都这么晚睡,你不累吗?)
20	sei¹ léi⁶ 犀利	厉害、严重	佢病得好犀利啊! (他病得很严重啊!)
21	sêg³ 削	差劲	乜你咁削嘎? (怎么你这么菜的啊?)
22	yêng⁴ 扬	张扬	嘘,细声啲,唔好咁扬! (嘘,声音小点,不要那么张扬!)

PART 2 日常口语

序号	生词	普通话释义	例句
23	qiu⁴ 潮	入时、新潮	依家啲潮人都中意戴美瞳! (现在的新潮人士都喜欢戴美瞳!)
24	hung⁴ 红	受欢迎、追捧	嗰个演员呢期好红嘅! (那个演员这段时间很受追捧哦!)
25	lou⁵ tou² 老土	土气	着鞋唔着袜,老土兼核突。 (穿鞋不穿袜子,又土又丑!)
26	mung² 懵	迷糊、呆滞	你睇吓佢俾人闹到面懵懵! (你瞧他被人骂得傻乎乎的!)
27	sêu¹ 衰	坏、心眼不好	你唔好咁衰啦! (你不要这么坏啦!)
28	ten⁴ gei¹ 腾鸡	慌忙	见你咁腾鸡,咩事啊? (看你这么慌张,什么事情啊?)
29	hing¹ hêng¹ 馨香	吃香	切,有咩馨香嘅! (切,有什么大不了的!)

二、常用句型总结

1. 用于表示反问

1) (点解)你唔……? (为什么你不……!)

   课文例句:你唔早啲讲?(为什么你不早点说啊!)

2) 你估……系……咩!(你以为……啊?)

   课文例句:你估佢系碧咸咩!(你以为他是贝克汉姆啊?)

3) 就算……又点吖?(就算……又能怎么样?)

   课文例句:就算俾佢入到四强又点吖?(就算让它进了四强又能怎样?)

4) 唔通……?(难道……?)

   课文例句:唔通连个天都唔中意我?(难道连老天爷都不喜欢我?)

5) 你又点知……?(你又怎么知道……?)

   课文例句:你又点知佢唔会只眼开只眼闭咧?(你又怎么知道他不会睁一只眼闭一只眼呢?)

2. 用于表达估计或者希望的情况

1) 睇怕……嘎啦！（看来……的了！）

> 课文例句：睇怕佢哋都系平时得闲无事就泼嘢落条河涌嘎啦！（看来他们也是平时有事没事就往河涌里倒东西的了！）

2) ……嚟……去，咪又系……！（……做来做去，不也是……！）

> 课文例句：你唱嚟唱去咪又系佢嗰只《走进新时代》！（你唱来唱去不也还是他那首《走进新时代》！）

3) 鬼唔望……！（真希望/谁都想看到……！）

> 课文例句：鬼唔望佢哋叫翻班居民自己落去清！（真希望他们叫那帮居民自己下去清理！）

4) 唔醒起……（添）！（忘了……（了啊）！）

> 课文例句：竟然唔醒起去签翻个证先嚟珠海，真系大懵嘞！（竟然忘了去办个签证再来珠海，真是马大哈！）

三、常用惯用语解析

1. 唔该

1) "不好意思""请""麻烦"，用于表示提起注意，不含有抱歉的意思。

> 例句：我要落车，唔该借借！（我要下车，请让让！）
> 唔该攞嗰条红色裙俾我睇下啊！（麻烦拿那条红色裙子给我看看吧！）

2) "谢谢"，用于表示感谢或感恩。

> 例句：A：呐，呢本系你要嘅书。（喏，这是你要的书。）
> B：唔该晒！（太谢谢了！）

2. 唔好意思

1) "不好意思""请"，用于表示提起注意，不含有抱歉的意思，用法相当于"唔该"。

PART 2 日常口语

> 例句：唔好意思啊,你头先话咩话！(不好意思,你刚刚说什么来着!)
> 唔好意思你可唔可以帮我搬个箱上去啊？(不好意思,请问你能帮我把箱子搬上去吗?)

2)"对不起""抱歉",用于表示歉意或愧疚。

> 例句：A：唔好意思啊,我唔小心整烂咗你只杯。(对不起,我不小心弄坏了你的杯子。)
> B：算啦,又唔系咩值钱嘢。(算了吧,又不是什么值钱的东西。)

3. 唔紧要

1)"不要紧""不严重",用于表示情况的紧急程度或重要程度很低。

> 例句：A：跌亲啊？紧唔紧要啊？(摔倒了啊？严重不严重啊?)
> B：冇事,唔紧要。(没事,不要紧的。)

2)"没关系",用于回应道歉。

> 例句：A：唔好意思我冇心嘅。(对不起我不是故意的。)
> B：唔紧要,唔使摆喺心入面!(没关系,不要放在心上。)

4. 冇计啦！

"没办法啊！",用于表示无奈。

> 例句：A：你又加班啊？(你又加班吗?)
> B：系啊,冇计啦！(是啊,没有办法呀!)

5. 多谢晒！

"太谢谢了",其中"晒"是完全的意思,用于表示十分感谢。

> 例句：A：使唔使帮手啊？(需要帮忙吗?)
> B：唔使喇,多谢晒！(不用了,太谢谢了！)

6. 冇问题！

1)"好的",用于答应某事。

> 例句：A：今晚十点见啦。(今晚十点见吧？)
> B：冇问题！(好的！)

2) "没有问题",用于表示某种情况合乎情理或者要求。

> 例句: A:你觉得佢份人点啊?(你觉得他人怎么样?)
> B:冇问题啊!(没问题的!)

7. 怕咩啫!

"怕什么呢?",用于情况完全不需要担心。

> 例句: A:死啦!又迟到啦!(糟糕,又迟到了!)
> B:怕咩啫?又唔使打卡!(怕啥呢?又不用打卡!)

PART 2 日常口语

17 办公与职业

在本课办公与职业专题的学习中，我们将学习到职场的基本用语，包括布置任务、讨论任务、完成任务等。由于职场用语涉及行业的专业性，需要大量词汇作为根基，因此请读者在日常工作中应留心专业词汇的名称和读法。本书词库的第十部分为职业与行业，将补充适当的职场词汇，请酌情记忆。

 本课的学习目标是：
1. 学习用粤语与上司交流，能完全理解工作内容、工作流程和工作任务；
2. 尝试对自己以及自己的职业做一个基本的描述或者介绍。

 常用短句

01 hei⁶ mei⁶ yiu³ gem¹ yed⁶ ji¹ noi⁶ gao¹
系咪要今日之内交？（是不是要今天之内提交？）

02 ting¹ yed⁶ log⁶ ban¹ qin⁴ gao¹ béi² ngo⁵
听日落班前交俾我！（明天下班前交给我！）

03 néi⁵ déi⁶ dim² zou⁶ yé⁵ ga³
你哋点做嘢嘎？（你们怎么做事的？）

04 néi⁵ yi⁵ heo⁶ sêng² zou⁶ di¹ mé¹ a³
你以后想做啲咩啊？（你以后想做些什么啊？）

05 néi⁵ hei⁶ mei⁶ m⁴ sêng² lou¹ la³
你系咪唔想捞喇？（你是不是不想干了？）

06 yi⁵ heo⁶? néi⁵ zung⁶ gem² yeo⁵ yi⁵ heo⁶
以后？你仲敢有以后？（以后？你还敢有以后？）

07
gem² yi⁴ ga¹ fan¹ néi⁵ go³ wei² zou⁶ yé⁵ xin¹ la¹
咁宜家翻你个位做嘢先啦！（那现在先回你的座位工作吧！）

08
néi⁵ ji¹ m⁴ ji¹ néi¹ di¹ dêu³ hong⁶ mug⁶ léi⁴ gong² hei⁶ dai⁶ xi⁶
你知唔知呢啲对项目嚟讲系大事？（你知不知道这些对项目来说是大事？）

09
qing² dai⁶ ga¹ yiu³ zou⁶ hou² ga¹ ban¹ gé³ sem¹ léi⁵ zên² béi⁶
请大家要做好加班嘅心理准备！（请大家要做好加班的心理准备！）

10
m⁴ hou² gem² gong², dai⁶ ga¹ dou¹ hei⁶ bong¹ gung¹ xi¹ zou⁶ yé⁵
唔好咁讲，大家都系帮公司做嘢！（不要这么说，大家都是帮公司做事！）

实用对话

早上在办公室，陈国栋教导新来的实习生　　　　　　　　A 场景

陈国栋：
na⁴, néi⁵ gem¹ yed⁶ sêu¹ yiu³ bong¹ ngo⁵ jing² léi⁴ yed¹ fen⁶ gem² yêng⁶ gé³ jing³ cag³ fen¹ xig¹
呐，你今日需要帮我整理一份咁样嘅政策分析！
喏，你今天需要帮我整理一份这样的政策分析！

实习生：
hou², hei⁶ mei⁶ yiu³ gem¹ yed⁶ ji¹ noi⁶ gao¹
好，系咪要今日之内交？
好，是不是要今天之内提交？

陈国栋：
tei⁵ néi⁵ zou⁶ deg¹ géi² sem¹ yeb⁶ la¹, néi⁵ ho² yi³ gem¹ yed⁶ seo¹ zab⁶ yün¹ ji¹ liu², ting¹ yed⁶ log⁶ ban¹ qin⁴ zeb¹ dou³ léng³ léng³ zei² zoi³ gao¹ béi² ngo⁵
睇你做得几深入啦。你可以今日收集完资料，听日落班前执到靓靓仔再交俾我！
看你做得多深入吧。你可以今天收集完资料，明天下班前整理好再交给我！

PART 2 日常口语

实习生： cen⁴ ging¹ léi⁵, ngo⁵ zung⁶ sêng² men⁶ ha⁵, néi¹ di¹ jing³ cag³ hei⁶ mei⁶ hei² mong⁵ sêng⁶ wen² zeo⁶ deg¹ gé³ la³
陈经理，我仲想问吓，呢啲政策系咪喺网上揾就得嘅喇？
陈经理，我还想问一下，这些政策是不是在网上找就可以了啊？

陈国栋： hei⁶, bed¹ guo³ yeo⁵ yêng⁶ yé⁵ sêu¹ yiu³ jü¹ yi³, néi⁵ yiu³ wen² gé¹ hei⁶ jing³ cag³ gé³ yün⁴ men⁴, m⁴ hei⁶ géi¹ zé² sé² gé³ sé⁵ ping⁴ wag⁶ zé² jün¹ ga¹ zou⁶ gé² gai² dug⁶
系，不过有样嘢需要注意，你要揾嘅系政策嘅原文，唔系记者写嘅社评或者专家做嘅解读。
是，不过有一件事情需要注意，你要找的是政策的原文，不是记者写的社评或者专家做的解读。

实习生： hou² gé³, do¹ zé¹ cen⁴ ging¹ léi⁵ tei⁴ séng²
好嘅，多谢陈经理提醒！
好的，多谢陈经理提醒！

陈国栋： gem² yi⁴ ga¹ fan¹ néi¹ go³ wei² zou⁶ yé⁵ xin¹ la¹
咁宜家翻你个位做嘢先啦！
那现在先回你的座位工作吧！

下午在肖勇的办公室内，肖勇向策划部了解项目的进度 B 场景

肖勇： dim² gai² fen⁶ hong⁶ mug⁶ cag³ wag⁶ xü¹ ngo⁵ dou³ yi¹ ga¹ dou¹ zung⁶ méi⁶ tei² dou²
点解份项目策划书我到宜家都仲未睇到？
为什么到现在我还没看到那份项目策划书？

策划部： xiu³ zung², yen¹ wei⁶ dêu³ fong¹ dan¹ wei² gé³ hong⁶ mug⁶ fu⁶ zag³ yen⁴ yeo⁵ bin³ dung⁶, so² yi⁵ hong⁶ mug⁶ gung¹ zog³ yeo⁵ xiu² xiu² yin⁴ qi⁴ a³
肖总，因为对方单位嘅项目负责人有变动，所以项目工作有小小延迟啊！
肖总，因为对方单位的项目负责人有变动，所以项目工作有一点点延迟！

肖勇： dim² gai² ngo⁵ m⁴ ji¹ dou¹ néi¹ gin⁶ xi²? néi⁵ déi⁶ dim² zou⁶ yé⁵ ga³
点解我唔知道呢件事？你哋点做嘢嘎？
为什么我不知道这件事情？你们怎么做事的？

策划部： yen¹ wei⁶ ngo⁵ gog³ deg¹ kêu⁴ déi⁶ gung¹ zog³ gao¹ jib³ ying¹ goi¹ m⁴ wui⁵ hou² noi⁶, ying¹ goi¹ m⁴ wui⁵ tai³ guo³ ying² hêng² hong⁶ mug⁶ zên³ dou⁶
因为我觉得佢哋工作交接应该唔会好耐，应该唔会太过影响项目进度……
因为我觉得他们的工作交接应该不会很久，应该不会太影响项目进度……

办公与职业 17

néi⁵ gog³ deg¹? néi⁵ peng⁴ mé¹ gog³ deg¹ a³? néi⁵ ji¹ m⁴ ji¹ néi¹ di¹ dêu³ hong⁶ mug⁶ léi⁴ gong² hei⁶ dai⁶ xi⁶

肖勇： 你觉得？你凭咩觉得啊？你知唔知呢啲对项目嚟讲系大事？

你觉得？你凭什么觉得啊？你知不知道这些对项目来说是大事？

ngo⁵ ming⁴ bag⁶ lag³, xiu¹ zung², yi⁵ heo⁶ yeo⁵ gem² gé³ xi⁶ wui⁵ dei⁶ yed¹ xi⁴ gan³ wui⁶ bou³

策划部： 我明白嘞，肖总，以后有咁嘅事会第一时间汇报。

我明白了，肖总，以后有这样的事情一定会第一时间汇报的。

yi⁵ heo⁶? néi⁵ zung⁶ gem² yeo⁵ yi⁵ heo⁶? néi⁵ hei⁶ mei⁶ m⁴ sêng² lou¹ la³

肖勇： 以后？你仲敢有以后？你系咪唔想捞喇？

以后？你还敢有以后？你是不是不想干了？

yed¹ ding⁶ m⁴ wui⁵ yeo⁵ ha⁶ qi³。ngo⁵ jig¹ hag¹ fan¹ hêu³ zou⁶ yed¹ fen⁶ ping⁴ gu² bou³ gou³

策划部： 一定唔会有下次。我即刻翻去做一份评估报告。

一定不会有下次。我马上回去做一份评估报告。

部门例会上，肖勇安排助手小林布置工作

C 场景

dai⁶ ga¹ dou¹ ji¹ dou³ ngo⁵ déi⁶ gung¹ xi¹ zên² béi⁶ sêng⁵ xi⁵, so² yi³ yi⁴ ga¹ jing³ xig¹ hei² gung¹ xi¹ noi⁶ bou⁶ zou² gin³ néi¹ go³ ceo⁴ béi⁶ zou²

肖勇： 大家都知道我哋公司准备上市，所以宜家正式喺公司内部组建呢个筹备组。

大家都知道我们公司准备上市，所以现在正式在公司内部组建这个筹备组。

hei⁶ gé³, ngo⁵ déi⁶ ji¹ qin² yi⁵ ging¹ diu⁶ ca⁴ guo³ gung¹ xi¹ gog³ bou⁶ mun⁴ yen⁴ yün⁴, yi⁵ keb⁶ kêu⁵ déi⁶ hei² gung¹ xi¹ gé³ gung¹ zog³ xi⁴ gan³ tung⁴ gung¹ zog³ ging¹ yim⁶

小林： 系嘅，我哋之前已经调查过公司各部门人员，以及佢哋喺公司嘅工作时间同工作经验，

对，我们之前已经调查过各部门人员，以及他们在公司的工作时间和工作经验，

küd³ ding⁶ ceo¹ diu⁶ zoi⁶ zo⁶ gé³ gog³ wei² yeb⁶ léi⁴ ngo⁵ déi⁶ néi¹ go³ zou²

决定抽调在座嘅各位入嚟我哋呢个组，

决定抽调在座的各位进来我们这个组，

héi¹ mong⁶ gog³ yib⁶ mou⁶ gun² xin³ cei⁴ sem¹ heb⁶ lig⁶, yed¹ cei⁴ gung¹ guan¹!

希望各业务管线齐心合力，一齐攻关！

希望各业务管线齐心合力，一起攻关！

PART 2 日常口语

肖勇：
yen⁴ xi⁶ fong¹ min⁶, xiu¹ zung² yi⁵ ging¹ da² guo³ jiu¹ fu¹, qéng¹ dai⁶ ga¹ fan¹ hêu³ zên⁶ fai³ gao¹ jib³ hou² seo² teo⁴ gé³ gung¹ zog³.

人事方面，肖总已经打过招呼，请大家翻去尽快交接好手头嘅工作！

人事方面，肖总已经打过招呼，请大家回去尽快交接好手头上的工作。

gen¹ jü⁶ log⁶ léi¹ gé³ bun³ nin⁴ xi⁴ gan³, dai⁶ ga¹ wui⁵ hei² seb⁶ séi¹ leo² zab⁶ zung¹ ban⁶ gung¹, sêng⁵ xi⁵ ceo⁴ béi⁶ zou² gé³ heo⁶ ken¹ xi⁶ mou⁶ yeo⁴ xiu² lem⁴ fu⁶ zag³. ngo⁵ déi⁶ mug⁶ qin⁴ zêu³ jü² yiu³ gé³ yem⁶ mou⁶ hei⁶,

跟住落来嘅半年时间，大家会喺十四楼集中办公，上市筹备组嘅后勤事务由小林负责。我哋目前最主要嘅任务系，

接下来的半年时间，大家会在十四楼集中办公，上市筹备组的后勤事务由小林负责。我们目前最主要的任务是，

hei² zung¹ gai³ gung¹ xi¹ gé³ hib³ zo⁶ ha⁶ zên³ heng⁴ qün⁴ gung¹ xi¹ gé³ zên⁶ jig¹ diu⁶ ca⁴! qing² dai¹ ga¹ yiu³ zou⁶ hou² ga¹ ban¹ gé³ sem¹ léi¹ zên² béi⁶. yi⁴ ga¹ xiu² lem⁴ gai³ xiu⁶ ha⁵ gêu⁴ tei² gé³ fen¹ gung¹

喺中介公司嘅协助下进行全公司嘅尽职调查！请大家要做好加班嘅心理准备。宜家小林介绍吓具体嘅分工！

在中介公司的协助下进行全公司的尽职调查！请大家要做好加班的心理准备。现在小林介绍一下具体的分工！

hou² gé³, do¹ zé⁶ xiu¹ zung². ha⁶ min⁶ ngo⁵ léi¹ gai³ xiu⁶ ha⁵ sêng⁵ xi⁵ ceo⁴ béi⁶ zou² gé³ coi⁴ mou⁶, yen⁴ lig⁶ ji¹ yün⁴ tung⁴ mai⁴ yib⁶ mou⁶ gun² xin³ sam¹ dai⁶ ban² fai³ gé³ gung¹ zog³ fen¹ gung¹

小林：
好嘅，多谢肖总。下面我嚟介绍吓上市筹备组嘅财务、人力资源同埋业务管线三大板块嘅工作分工！

好的，谢谢肖总。下面我来介绍一下上市筹备组的财务、人力资源跟业务管线三大板块的工作分工！

上市小组内，徐彪和小林谈话　　　　　　　　　D 场景

小林：
cêu⁴ zung² néi⁵ hou², yi⁵ heo⁶ yiu³ do¹ do¹ ji² gao³

徐总你好，以后要多多指教！

徐总您好，以后要多多指教！

徐彪：
hou² qi⁵ wa⁶ héi⁵ hei⁶ gem¹ nin⁴ xin¹ ji³ yeb⁶ léi⁴ gung¹ xi¹ gé³ wo³, gem³ heo³ sang¹ zeo⁶ yeo⁵ gem³ do¹ géi¹ wui⁶, yiu³ hou² hou² zen¹ xig¹ a³

好似话你系今年先至入嚟公司嘅喎，咁后生就有咁多机会，要好好珍惜啊！

好像说你是今年才进公司的哦，这么年轻就有这么多机会，要好好珍惜啊！

197

粤语就这么简单

小林：	do¹ zé⁶ cêu⁴ zung², ngo⁵ ming⁴ bag⁶ gé³! zen¹ hei⁶ hou² gem² gig¹ gung¹ xi¹ béi² ngo⁵ néi¹ go³ sen¹ yen⁴ yeo⁵ géi¹ wui³ cam¹ ga¹ gem³ zung⁶ yiu³ gé³ hong⁶ mug⁶ **多谢徐总，我明白嘅！真系好感激公司俾我呢个新人有机会参加咁重要嘅项目。** 谢谢徐总，我明白的！真的很感激公司给我这个新人有机会参加这么重要的项目。
徐彪：	néi⁵ yi⁵ heo⁶ sêng² zou⁶ di¹ mé¹ a³? jig¹ yib⁶ sêng⁶ yeo⁵ mou⁵ mé¹ kuei¹ wag⁶ **你以后想做啲咩啊？职业上有冇咩规划？** 你以后想做些什么啊？职业上有没有什么规划？
小林：	ngo⁵ bun² fo¹ tung⁴ ség⁶ xi⁶ dou¹ hei⁶ yen⁴ lig⁶ ji¹ yün⁴ jün¹ yib⁶ gé³, ngo⁵ héi¹ mong⁶ yi⁵ heo⁶ cung⁴ xi⁶ fan¹ zung¹ heb⁶ gun² léi⁵ fong¹ min⁶ gé³ gung¹ zog³ **我本科同硕士都系人力资源专业嘅，我希望以后都系从事翻综合管理方面嘅工作。** 我本科跟硕士都是人力资源专业的，我希望以后也做回综合管理方面的工作。
徐彪：	hou², gem² gem¹ qi³ zog³ wei⁴ xiu² zou² béi¹ xü¹ zen¹ hei⁶ hou² nan⁴ deg¹ gé³ géi¹ wui⁶ **好，咁今次作为小组秘书真系好难得嘅机会。** 好，那这一次作为小组秘书真是很难得的机会。
小林：	ngo⁵ ming⁴ bag⁶ gé³, héi¹ mong⁶ cêu⁴ zung² yi⁵ heo⁶ do¹ do¹ guan¹ jiu³ **我明白嘅，希望徐总以后多多关照！** 我明白的，希望徐总以后多多关照！
徐彪：	m⁴ hou² gem² gong², dai⁶ ga¹ dou¹ hei⁶ bong¹ gung¹ xi¹ zou⁶ yé⁵! béi² sem¹ géi¹ **唔好咁讲，大家都系帮公司做嘢！俾心机！** 不要这么说，大家都是帮公司做事！用心哈！

1. 基本词汇：

生词	拼音	类比及联想词汇
政策	jing³ cag³	资料ji¹ liu²、原文yün⁴ men⁴、社评sé⁵ ping⁴、解读gai² dug⁶
整理	jing² léi⁵	收集seo¹ zab⁶、提醒tei⁴ xing²、策划cag³ wag⁶、考虑hao² lêu⁵、汇报wui⁵ bou³

PART 2 日常口语

生词	拼音	类比及联想词汇
评估	ping⁴ gu²	报告bou³ gou³、筹备ceo⁴ béi⁶、调查diu⁶ ca⁴
记者	géi³ zé²	专家jün¹ ga¹、单位dan¹ wei²、负责人fu⁶ zag³ yen⁴
财务	coi⁴ mou⁶	人事yen⁴ xi⁶、人力资源yen⁴ lig⁶ ji¹ yün⁴、后勤heo⁶ ken⁴、综合管理zung¹ heb⁶ gun² léi⁵
上市	sêng¹ xi⁴	升值xing¹ jig³、溢价yed¹ ga³、下跌ha⁵ did³、原始股yün¹ qi² gu⁵
经验	ging¹ yim³	业绩yib⁶ jig¹、锻炼dün¹ lin⁶、成长xing⁴ zêng²
规划	kuei¹ wag⁶	计划gei³ wag⁶、设计qid³ gei³、设想qid³ sêng²
交接	gao¹ jib³	入职yeb⁶ jig¹、辞职qi⁴ jig¹、调岗diu⁶ gong¹、晋升zên³ xing¹
集中	zab⁶ zung¹	分散fen¹ san³
感激	gem² gig¹	感恩gem² yen¹、鸣谢ming⁴ zé⁶

2. 方言词汇：

生词	普通话释义	例句（翻译）
zeb¹ 执	整理、捡起来	你记得执清啲数先好去翻工啊！ （你记得理清那些数字才去上班啊！）
lou¹ 捞	混、打工赚钱	过嚟我公司一齐捞世界啦！ （过来我公司一起赚钱吧！）

语法解析

1 基本句型

▶ (1)……系咪……就得嘅啦？（……是不是……就可以的啦？）

> **句型解析：** 完整句子/短句+"系咪"+完整句子/短句的谓语+"就得嘅啦？"，用于询问做法是否恰当。
>
> **课文例句：** 呢啲政策系咪喺网上搵就得嘅啦？（这些政策是不是在网上找就可以了啊？）
>
> **延伸例句：** 我系咪帮你整完呢部分就走得嘅啦？（我是不是帮你做完这部分就可以走了啊？）

办公与职业 17 粤语就这么简单

▶ **(2) 好似话……嘅喎!**（好像说……的哦!）

> **句型解析：** "好似话？"+完整句子+"嘅喎"，用于表示听说回来的、不确定的情况。
> **课文例句：** 好似话你系今年先至入嚟公司嘅喎!（好像说你是今年才进公司的哦!）
> **延伸例句：** 好似话你哋仲未知道佢系咩来历喎!（好像说你们还不知道他是什么来历哦!）
> 呢间学校好似话经常闹鬼嘅喎!（这间学校好像说经常闹鬼的!）

▶ **(3) 咁……就（……）咁……**（这么…就（……）这么……）

> **句型解析：** "咁"+短句+"就有"+短句，用于表示对比和惊叹。其中短语一般含有形容词或者副词等用于比较的部分。
> **课文例句：** 咁后生就有咁多机会!（这么年轻就有这么多机会!）
> **延伸例句：** 乜你咁细个就咁冇记性嘎?（怎么你这么小就这么不长记性的啊?）
> 你就好啦，咁后生就揾咁多钱!（你就好啦，这么年轻就赚这么多钱!）

2 专题解释：办公室常用语

▶ **(1) 用于汇报工作**

> **句型1：** néi¹ go³ hei⁶ sêng⁶ go³ xing¹ kéi⁴ yiu¹ keo⁴ gem¹ go³ xing¹ kéi⁴ yün⁴ xing⁴ gé³ bou³ gou³
> 呢个系上个星期要求今个星期完成嘅报告!（这是上周要求这周完成的报告!）
> **句型2：** néi¹ fen⁶ hei⁶ co² gou², qing² ling⁵ dou⁶ guo³ mug⁶
> 呢份系初稿，请领导过目!（这一份是初稿，请领导过目!）
> **句型3：** fen⁶ qing² xi¹ ngo⁵ ying¹ goi¹ fong³ hei² néi⁵ toi² min²
> 份请示我已经放咗喺你枱面!（那份请示我已经放了在你的桌面!）

▶ **(2) 用于指责工作未按要求完成**

(*注意该部分的用语用于表达强烈的指责和严重不满的情绪，在日常生活中不宜过多使用。)

> **句型1：** ngo⁵ go² yed⁶ dim² tung⁴ néi⁵ gong² ga³
> 我嗰日点同你讲嘎?（我那天怎么跟你说的?）
> **句型2：** néi⁵ ji⁶ géi² tei² ha⁵ néi⁵ di¹ hei⁶ mé¹
> 你自己睇下呢啲系咩?（你自己看一下这些是什么?）

PART 2 日常口语

   néi⁵ nei⁶ mei⁶ m⁴ sêng² lou¹ la³
句型3：你系咪唔想捞喇？（你是不是不想干了啊？）
   néi⁵ dei⁶ yed¹ yed⁶ fan¹ gung¹ a⁴
句型4：你第一日翻工啊？（你第一天上班啊？）
   néi⁵ xig¹ m⁴ xig¹ kuei¹ gêu⁴ a³
句型5：你识唔识规矩啊？（你懂不懂规矩啊？）
   ngo⁵ tung⁴ néi⁵ gong² zo² géi² do¹ qi³ a³
句型6：我同你讲咗几多次啊？（我跟你说了多少遍了？）
   néi⁵ hei⁶ mei⁶ sêng² ting¹ yed⁶ zeo⁶ zeb¹ bao¹ fug⁶ zeo² yen⁴
句型7：你系咪想听日就执包袱走人？（你是不是想明天就打包袱走人？）
   néi⁵ qing¹ yed⁶ m⁴ sei² fan¹ gung¹ leg³
句型8：你听日唔使翻工嘞！（你明天不用上班了！）

▶ (3)用于解释工作情况

   néi¹ gin⁶ xi⁶ m⁴ hei⁶ ngo⁵ fu⁶ zag³ gé³
句型1：呢件事唔系我负责嘅。（这件事情不是我负责的。）
   ngo⁵ m⁴ hei⁶ hou² qing¹ co² qing⁴ fong³
句型2：我唔系好清楚情况。（我不是很清楚情况。）
   ngo⁵ wui⁵ zên⁶ fai³ lün⁴ hei⁶ kêu⁵ ga³ leg³
句型3：我会尽快联系佢嘎嘞！（我会尽快联系他的了。）
   ngo⁵ jig¹ hag¹ fan¹ hêu³ goi²
句型4：我即刻翻去改！（我马上回去改！）
   ngo⁵ wui⁵ zên⁶ fai³ goi² hou² gao¹ béi² néi⁵
句型5：我会尽快改好交俾你！（我会尽快改好交给你的！）

18 约会与节日

约会用语是现代人生活中不可缺少的部分，与其他语言相比，用粤语进行邀请更为婉转和内敛，因此大家通过学习利用粤语进行邀约和应答，能更了解广东文化低调、实际的内涵。中国各种传统节日以及西方节日，在广东地区都受到重视，在本课中也将有所介绍。本书词库将在第十一部分——化妆品及颜色，为大家补充相关词汇，请酌情记忆。

 本课的学习目标是：

1. 利用粤语进行邀约和应答；
2. 尝试使用粤语描述整个约会。

01
ngo⁵ yeo⁵ di¹ yé⁵ sêng² tung⁴ néi⁵ gong² a³
我有啲嘢想同你讲啊！（我有些东西想跟你说啊！）

02
gem¹ man⁵ yeo⁵ mou⁵ xi⁴ gan³ cêd¹ léi⁴ a³
今晚有冇时间出嚟啊？（今晚有时间出来吗？）

03
néi⁵ ji¹ m⁴ ji¹ gem¹ yed⁶ hei⁶ mé¹ yed⁶ ji² a³
你知唔知今日系咩日子啊？（你知道今天是什么日子吗？）

04
néi⁵ teo⁴ xin¹ wa⁶ mé¹ wa²
你头先话咩话？（你刚才说什么来着？）

05
yêng⁴ lou⁵ xi¹ néi⁵ hou² a³, yeb⁶ léi⁴ co⁵ a¹
杨老师你好啊，入嚟坐吖！（杨老师您好，进来坐吧！）

06
ngo⁵ déi⁶ deg⁶ deng¹ dai³ néi⁵ cêd¹ léi⁴ yem² ca⁴ ga³
我哋特登带你出来饮茶嘎！（我们特地带你出来喝茶的！）

PART 2 日常口语

07 gem² hou² qi⁵ néi¹ di¹ jid³ yed⁶ yeo⁵ mou⁵ ga³ fong³ ga³
咁好似呢啲节日有冇假放嘎？（那好像这些节日有假放吗？）

08 néi⁵ déi⁶ ping⁴ xi⁴ di¹ qün⁴ tung² jid³ yed⁶ dim² yêng² guo³ ga³
你哋平时啲传统节日点样过嘎？（你们平时的传统节日怎么过的呀？）

09 fai³ di¹ hêu³ lo² di¹ sang¹ guo² cêd¹ léi⁴ béi¹ lou⁵ xi¹ xig⁶
快啲去攞啲生果出嚟俾老师食！（快点去拿些水果出来给老师吃吧！）

10 da⁶ ga¹ dou¹ gem³ sug⁶, hei² din⁶ wa² dou⁶ gong² dou¹ hei⁶ yed¹ yêng⁶ zé¹
大家都咁熟，喺电话度讲都系一样啫！（大家都这么熟了，在电话里面讲都是一样的！）

实用对话

星期天早上，邱俊给杨美珊打电话　　　　　　　　A 场景

邱俊： yêng⁴ lou⁵ xi¹, ngo⁵ yeo⁵ di¹ yé⁵ sêng² tung⁴ néi⁵ gong² a³
杨老师，我有啲嘢想同你讲啊！
杨老师，我有些东西想跟你说啊！

杨美珊： mé¹ xi⁶ a³
咩事啊？
什么事情啊？

邱俊： gem¹ man⁵ yeo⁵ mou⁵ xi⁴ gan³ cêd¹ léi⁴ a³? ngo⁵ gog³ deg¹ min⁶ dêu³ min⁶ gong² wui⁵ hou² di¹
今晚有冇时间出嚟啊？我觉得面对面讲会好啲。
今晚有时间出来吗？我觉得面对面说会好一些。

杨美珊： da⁶ ga¹ dou¹ gem³ sug⁶, hei² din⁶ wa² dou⁶ gong² dou¹ hei⁶ yed¹ yêng⁶ zé¹
大家都咁熟，喺电话度讲都系一样啫！
大家都这么熟了，在电话里面讲都是一样的！

邱俊： kéi⁴ sed⁶ néi¹ gin⁶ xi³ ngo⁵ bai² hei² sem¹ yeb⁶ min⁶ yi⁵ ging¹ hou² noi⁶ ga³ leg³, yed¹ jig⁶ dou¹ mou⁵ géi¹ wui⁵ tung⁴ néi⁵ gong²
其实呢件事我摆喺心入面已经好耐嘎嘞，一直都冇机会同你讲。
其实这件事我放在心里面已经很久了，一直都没有机会跟你说。

203

约会与节日 18

粤语就这么简单

杨美珊： wa³, gem³ sen⁴ béi³? deng² ngo⁵ gu² ha⁵ xin¹, hei³ mei⁵ néi⁵ sêng² qi⁴ jig¹ a³
哇，咁神秘？等我估吓先，系咪你想辞职啊？
哇，这么神秘？等我先猜一下，你是想辞职吗？

邱俊： geng⁶ hei⁶ m⁴ hei⁶ la¹, ngo⁵ yi¹ ga¹ fen⁶ gung¹ zou⁶ deg¹ hou² hoi¹ sem¹, yen¹ wei⁶ ho² yi³ yed⁶ yed⁶ dou¹ gin³ dou² néi⁵
梗系唔系啦，我宜家份工做得好开心，因为可以日日都见到你。
当然不是啦，我现在的工作做得很开心，因为可以天天都看见你。

杨美珊： yed⁶ yed⁶ dou¹ gin³ dou² ngo⁵。néi⁵ teo⁴ xin¹ wa⁶ mé¹ wa²
日日都见到我……你头先话咩话？
天天都看见我……你刚才说什么来着？

邱俊： a³ san¹, zou⁶ ngo⁵ nêu⁵ peng⁴ yeo⁵ deg¹ m⁴ deg¹ a³
阿珊，做我女朋友得唔得啊？
阿珊，做我女朋友可以吗？

周日晚上，杨美珊到徐家明的家里进行家访

B 场景

徐家明： a³ ma¹, yêng⁴ lou⁵ xi¹ léi⁴ la³
阿妈，杨老师嚟啦！
妈妈，杨老师来了！

杨美珊： ming⁴ zei² ma⁴ ma¹ néi⁵ hou², ngo⁵ hei⁶ ming⁴ zei² ban¹ jü² yem⁶, ngo⁵ giu³ yêng⁴ méi⁵ san¹
明仔妈妈你好，我系明仔班主任，我叫杨美珊。
小明妈妈你好，我是小明的班主任，我叫杨美珊。

高敏： yêng⁴ lou⁵ xi¹ néi⁵ hou² a³, yeb⁶ léi⁴ co⁵ a¹
杨老师你好啊，入嚟坐吖！
杨老师你好啊，进来坐吧！

徐彪： hei⁶ mei⁶ go³ sêu¹ zei² hei² hog⁶ hao⁶ m⁴ téng¹ wa⁶ a³? ding⁶ hei⁶ hao² xi⁶ hao² deg¹ m⁴ hou²
系咪个衰仔喺学校唔听话啊？定系考试考得唔好？
是不是那个臭小子在学校不听话啊？还是考试考得不好？

徐家明： wa³, ngo⁵ bin¹ yeo⁵ m⁴ téng¹ wa⁶ a³
哇，我边有唔听话啊？
哇，我哪里有不听话啊？

PART 2 日常口语

m⁴ hei⁶, lêng⁵ wei² ga¹ zêng² m⁴ sei² dam¹ sem¹, gem¹ qi³ hei⁶ zung¹ hao²
qin⁴ gé³ lei⁴ heng⁴ ga¹ fong² zé¹

杨美珊： 唔系，两位家长唔使担心，今次系中考前嘅例行家访啫！

不是，两位家长不要担心，这一次是中考前的例行家访而已！

yêng⁴ lou⁵ xi¹ yem² bui¹ ca⁴ a¹. zei², fai³ di¹ hêu⁴ lo² di¹ sang¹ guo² cêd¹ léi⁴ béi² lou⁵ xi¹ xig⁶

高敏： 杨老师饮杯茶吖。仔，快啲去攞啲生果出嚟俾老师食！

杨老师喝茶吧。儿子，快点去拿些水果出来给老师吃吧！

ming⁴ zei² ma⁴ ma¹ m⁴ sei² gem³ hag³ héi³ ga³

杨美珊： 明仔妈妈唔使咁客气嘎！

小明妈妈不用这么客气的！

yiu³ gé³ yiu³ gé³, yêng⁴ lou⁵ xi¹ ping⁴ xi⁴ gem³ jiu³ gu³ ming⁴ zei²！sêu¹ zei², fai³ seo² di¹

高敏： 要嘅要嘅，杨老师平时咁照顾明仔！衰仔，快手啲！

要的要的，杨老师平时这么照顾小明！臭小子，快点啦！

周末早晨，陈国栋一家到茶楼喝早茶

C 场景

lou⁵ yé⁴, néi⁵ ji¹ m⁴ ji¹ gem¹ yed⁶ hei⁶ mé¹ yed⁶ ji² a³

刘薇： 老爷，你知唔知今日系咩日子啊？

公公，你知不知道今天是什么日子啊？

gem¹ yed⁶ a⁴？deng² ngo⁵ nem² ha⁵ xin¹！nin⁴ géi² dai⁶ lo³，dou¹ m⁴ géi³ deg¹ hei⁶ mé¹ yed⁶ ji² tim¹

陈正华： 今日啊？等我谂吓先！年纪大咯，都唔记得系咩日子添！

今天吗？让我想一下。年纪大了，都不记得是什么日子了！

lou⁵ deo⁶, gem¹ yed⁶ hei⁶ fu⁶ cen¹ jid³ a³

陈国栋： 老豆，今日系父亲节啊！

老爸，今天是父亲节啊！

fu⁶ cen¹ jid³, yeo⁵ gem² gé³ jid³ yed⁶ ga³ mé¹

陈正华： 父亲节，有咁嘅节日嘎咩？

父亲节，有这样的节日的吗？

geng² hei⁶ yeo⁵ la¹ lou⁵ yé⁴, ngo⁵ déi⁶ deg⁶ deng¹ dai³ néi⁵ cêd¹ lêi² yem² ca⁴ ga³

刘薇： 梗系有啦老爷，我哋特登带你出嚟饮茶嘎！

当然有的公公，我们特地带你出来喝茶的！

18 约会与节日

陈国栋： zen⁶ gan¹ ngo⁵ déi⁶ pui⁴ lou⁵ deo⁶ yed¹ cei⁴ guang⁶ gung¹ yün², zung¹ m⁴ hêu³ tan³ qi⁴ ming⁴ xiu¹ ngo²
阵间我哋陪老豆一齐逛公园，中午去叹驰名烧鹅！
等会儿我们陪老爸一起去逛公园，中午我们一起去享受驰名烧鹅！

刘薇： bed¹ guo³ lou⁴ yé⁵ néi⁵ yiu³ xiu² sem¹ dam² gu³ sên⁴ gou¹, m⁴ ho² yi³ xig⁶ gem³ do¹ ga³! gen¹ jü⁶ ngo⁵ déi⁶ zoi³ hêu³ hang⁴ fa¹ niu⁵ xi⁵ cêng⁴
不过老爷你要小心胆固醇高，唔可以食咁多嘎！跟住我哋再去行花鸟市场！
不过公公你要小心胆固醇高，不要吃太多！接着我们再去逛花鸟市场！

陈国栋： jid³ mug⁶ hei⁶ mei⁶ hou² fung¹ fu³ lé¹
节目系咪好丰富咧？
节目是不是很丰富啊？

陈正华： zen¹ hei⁶ hoi¹ sem¹ lo³, zei² tung⁴ sem¹ pou² dou¹ gem³ hao³ sên⁶ ngo⁵
真系开心咯，仔同心抱都咁孝顺我！
真是开心啊，儿子跟儿媳妇都这么孝顺我！

课间，林伟豪问钟铭全关于广州的节日　　D 场景

林伟豪： gou¹ lou² qün⁴, néi⁵ déi⁶ ping⁴ xi⁴ di¹ qün⁴ tung² jid³ yed⁶ dim² yêng² guo³ ga³
高佬全，你哋平时啲传统节日点样过嘎？
高个儿全，你们平时的传统节日怎么过的啊？

钟铭全： néi⁵ wa⁶ qün⁴ tung² jid³ yed⁶ a³? dün¹ m⁵ a³, zung¹ ceo¹ a³, qing¹ ming⁴ a³, go² di¹
你话传统节日啊？端午啊、中秋啊、清明啊，嗰啲？
你说传统节日啊？端午啊、中秋啊、清明啊，那些吗？

林伟豪： hei⁶ a³ hei⁶ a³, zeo⁶ hei⁶ go² di¹! néi⁵ déi⁶ wui⁵ m⁴ wui⁵ wa⁶ gao² mé¹ wud⁶ dung⁶ ga³
系啊系啊，就系嗰啲！你哋会唔会话搞咩活动嘎？
是啊是啊，就是那些！你们会不会搞什么活动的啊？

钟铭全： geng² hei⁶ wui⁵ la¹, dün¹ m⁴ jid³ guong² zeo¹ hou² do¹ déi⁶ fong¹ dou¹ pa⁴ lung⁴ xün⁴ ga³
梗系会啦，端午节广州好多地方都爬龙船嘎！
肯定会的，端午节广州很多地方都有龙舟比赛的！

林伟豪： hou² qi⁵ hêng¹ gong² gem², dou¹ yeo⁵ guog³ zei³ lung⁴ zeo¹ yiu¹ qing² coi³
好似香港咁，都有国际龙舟邀请赛！
好像香港那样，都有国际龙舟邀请赛的！

PART 2 日常口语

钟铭全： bed¹ guo³ guong² zeo¹ di¹ zeo⁶ mou⁵ gem⁶ dai⁶ ying⁴
不过广州啲就冇咁大型。
不过广州就没什么大型的。

zung¹ ceo¹ jid³ yeo⁵ man⁵ wui² la¹，cai¹ ha⁵ deng¹ mei⁴，fong³ ha⁵ yin¹ fa¹ gem²
中秋节有晚会啦，猜吓灯谜，放吓烟花咁！
中秋节有晚会的，猜一下灯谜，放一下烟花！

林伟豪： zung¹ ceo¹ yim⁶ fo² man⁵ wui² a¹ ma³！yün⁴ léi⁴ tung⁴ hêng¹ gong² dou¹ ca¹ m⁴ do¹
中秋焰火晚会吖嘛！原嚟同香港都差唔多！
中秋烟火晚会嘛！原来跟香港差不多！

钟铭全： ngo⁵ déi⁶ qing¹ ming⁴ zung⁶ wui⁵ hêu³ sou³ mou⁶，yi⁵ qin⁴ xiu² hog⁶ go³ zen²，hog⁶ hao⁶ wui⁵ zou² jig¹ hêu³ lid⁶ xi⁶ ling⁴ yün⁴ bai³ zei³ di¹ lid⁶ xi⁶
我哋清明仲会去扫墓，以前小学嗰阵，学校会组织去烈士陵园拜祭啲烈士！
我们清明还会去扫墓，以前小学的时候，学校会组织去烈士陵园拜祭那些烈士！

林伟豪： gem² hou² qi⁵ néi¹ di¹ jid³ yed⁶ yeo⁵ mou⁵ ga³ fong³ ga³
咁好似呢啲节日有冇假放嘎？
那这些节日有没有假放的啊？

钟铭全： ngo⁵ géi³ deg¹ néi¹ di¹ yün⁴ tung² jid³ yed⁶ yi⁵ qin⁴ mou⁵ ga³ fong³ gé², bed¹ guo³ gen⁶ néi¹ géi² nin⁴ zeo⁶ yeo⁵ lag³
我记得呢啲传统节日以前冇假放嘅，不过近呢几年就有嘞！
我记得这些传统节日以前是没有放假的，不过最近这几年就有了！

词汇及语法

1. 基本词汇：

生词	拼音	类比及联想词汇
神秘	sen⁴ béi³	神奇 sen⁴ kéi⁴、秘密 béi³ med⁶、保密 bou² med⁶
担心	dam¹ sem¹	担忧 dam¹ yeo¹、唔放心 m⁴ fong³ sem¹、照顾 jiu³ gu³
辞职	qi⁴ jig¹	辞工 qi⁴ gung¹、辞职信 qi⁴ jig¹ sên³、离职 léi⁴ jig¹
中考	zung¹ hao²	高考 gou¹ hao²、毕业考 bed¹ yib⁶ hao²、会考 wui⁶ hao²、能力测试 neng⁴ lig⁶ cag¹ xi³

207

18 约会与节日

生词	拼音	类比及联想词汇
例行	lei⁶ heng⁴	循例cên⁴ lei⁶、惯例guan³ lei⁶
家访	ga¹ fong²	开家长会hoi¹ ga¹ zêng² wui²、探访tam³ fong²
父亲节	fu⁶ cen¹ jid³	母亲节mou⁵ cen¹ jid³、情人节qing⁴ yen⁴ jid³、圣诞节xing³ dan³ jid³、复活节fung⁶ wud⁶ jid³
端午节	dün³ m⁶ jid²	清明qing⁵ ming⁴、中秋节zung¹ ceo³ jid²、重阳cung⁴ yêng⁴、春节cên¹ jid³
驰名	qi⁴ ming⁴	烧鹅xiu¹ ngo²、烧味xiu¹ méi²、烧排骨xiu¹ pai⁴ gued¹、烧肉xiu¹ yug⁶
胆固醇	dam² gu³ sên⁴	高血压gou¹ hüd³ ngad³、高血脂gou¹ hüd³ ji¹、脂肪肝ji¹ fong¹ gon¹
花鸟	fa¹ niu⁵	虫鱼cung⁴ yü⁴、市场xi⁵ cêng⁴
丰富	fung¹ fu³	精彩jing¹ coi²、多姿多彩do¹ ji¹ do¹ coi²
孝顺	hao³ sên⁶	孝敬hao³ ging³
传统活动	qün⁴ tung² wud⁶ dong⁶	猜灯谜cai¹ deng¹ mei⁴、放烟花fong³ yin¹ fa¹、扫墓sou³ mou⁶
邀请赛	yiu¹ qing² coi³	友谊赛yeo⁵ yi⁴ coi³、热身赛yid⁶ sen¹ coi³
烈士	lid⁶ xi⁶	烈属lid⁶ sug⁶、军嫂guen¹ sou²、退伍têu³ m⁵、转业jün² jib⁶

2. 方言词汇：

生词	普通话释义	例句（翻译）
min⁶ dêu³ min⁶ 面对面	当面	讲大话！你敢唔敢同我面对面吖！ （你撒谎！你敢不敢跟我当面对质？）
gu² 估	猜	我买咗份礼物俾你，你估吓系咩？ （我买了一份礼物给你，你猜猜是什么？）
deg⁶ deng¹ 特登	故意	唔好意思啊，我唔系特登嘎！ （对不起，我不是故意的！）
pa⁴ lung⁴ xün⁴ 爬龙船	划龙舟	每个端午节珠江都会爬龙船嘎。 （每个端午节珠江上都会有划龙舟。）

PART 2 日常口语

19 争执与化解

作为日常生活的必要部分,争执用语是粤语口语中必不可少的部分。需要注意的是,粤语口语在争执的过程中会经常出现省略语、语序调整等现象,例如"你讲晒啦!"省略前应为"啱嘅你都讲晒啦,我讲嘅都系错嘅啦!(对的话你全都说了,我说的都是错的)"学习本课的过程中,大家要了解到书本的例子只是很小的一部分,应多留意身边的实例。

 本课的学习目标是:

1. 学习用粤语说明事实,维护自己的正当权益;
2. 听懂粤语争执中双方的言辞。

01 m⁴ hei⁶ néi⁵ zung⁶ yeo² bin¹ go³ a¹
唔系你仲有边个吖?(不是你还会有谁?)

02 néi⁵ m⁴ hou² lai⁶ deg¹ zeo⁶ lai⁶ wo³
你唔好赖得就赖喝!(你不要能赖到谁头上就赖到谁头上哦!)

03 néi¹ tiu⁴ gai¹ bin¹ go³ m⁴ xig¹ ngo⁵ a¹
呢条街边个唔识我吖?(这条街谁不认识我啊?)

04 ngo⁵ hang⁴ deg¹ zéng³ kéi⁵ deg¹ zéng³
我行得正企得正!(我堂堂正正!)

05 néi⁵ yi⁴ ga¹ jig¹ hei⁶ têu¹ sé³ zag³ yem⁶ la¹
你宜家即系推卸责任啦!(你现在就是想推卸责任啦!)

06 zou⁶ mai⁴ di¹ hag¹ sem¹ sang¹ yi³ zung⁶ gem³ heo² ngang⁶
做埋啲黑心生意仲咁口硬？（做这些埋没良心的生意还这么嘴硬？）

07 gem² néi⁵ jig¹ hei⁶ ji⁶ géi² béi² géi¹ wui⁶ yen⁴ déi⁶ zêu¹ néi⁵ la¹
咁你即系自己俾机会人哋追你啦？（那你就是自己给机会让别人追求你啦？）

08 deg¹ néi⁵ a³ ma¹ hei⁶ yen⁴, ngo⁵ lou⁵ deo⁶ zeo⁶ m⁴ hei⁶ yen⁴
得你阿妈系人，我老豆就唔系人！（只有你妈妈是人，我爸爸就不是人了吗！）

09 cên¹ jid³ fan¹ hêu² tam³ ha⁵ ngo⁵ a³ ma¹ yeo⁵ mé¹ gem³ dai⁶ bed¹ liu⁵ wo³
春节翻去探吓我阿妈有咩咁大不了喎！（春节回去探望一下我妈妈有什么大不了的！）

10 sêng⁶ ci³ m⁵ hei⁶ gong² hou² gem¹ nin² cên¹ jid³ leo⁴ hei² guong² zeo¹ pui⁴ ngo⁵ lou⁵ deo⁶ ga³ mé¹
上次唔系讲好今年春节陪我老豆嘎咩？（上一次不是说好今年春节陪我爸爸的吗？）

周一早晨，在市场里面，张桂芬跟小贩理论

A 场景

张桂芬： néi⁵ yeo⁵ mou⁵ gao² co³ a³ jü¹ yug⁶ wing⁴? bong¹ cen³ néi⁵ gem³ noi⁶, néi⁵ ngag¹ a³ yi¹ dou¹ yeo⁵ gé²
你有冇搞错啊猪肉荣？帮衬你咁耐，你呃阿姨都有嘅？
你有没有搞错啊猪肉荣？光顾你这么久，你怎么能骗阿姨？

猪肉荣： wei³ zêng¹ yi¹, mei⁶ ngag¹ ngag¹ séng¹ gem³ nan⁴ téng¹ wo³! géi² xi⁴ yeo⁵ ngag¹ néi⁵ a³
喂张姨，咪"呃呃"声咁难听喎！几时有呃你啊？
喂张阿姨，不要用"骗"字这么难听哦！我什么时候有骗你啊？

PART 2 日常口语

张桂芬：
néi⁵ kem⁴ yed⁶ mai⁶ béi² ngo⁵ geo⁶ jü¹ yug⁶ dou¹ m⁴ sen¹ xin¹ gé²! ngo⁵ go³ xün¹ xig⁶ zo² tou⁵ tung³ a³
你琴日卖俾我旧猪肉都唔新鲜嘅！我个孙食咗肚痛啊！
你昨天卖给我那块猪肉不新鲜！我的孙子吃了肚子痛啊！

猪肉荣：
ngo⁵ jü¹ yug⁶ wing⁴ mai⁶ jü¹ yug⁶ mai⁶ zo² seb⁶ géi² nin⁴, néi¹ tiu⁴ gai¹ bin¹ go³ m⁴ xig¹ ngo⁵ a¹?
我猪肉荣卖猪肉卖咗十几年，呢条街边个唔识我吖？
我猪肉荣卖猪肉卖了十几年，这条街谁不认识我啊？
yco⁵ med¹ ho² neng⁴ mai⁶ séi² jü¹ yug⁶ a³
有乜可能卖死猪肉啊？
怎么可能卖死猪肉啊？

张桂芬：
ngo⁵ sung³ ngo⁵ go³ xün¹ yeb⁶ yi¹ yün², yi¹ seng¹ wa⁶ hei⁶ xig⁶ med⁶ gem² yim⁵ a³!
我送我个孙入医院，医生话系食物感染啊！
我送我孙子进医院，医生说是食物感染啊！
kêu¹ séng⁴ man¹ zeo² jing⁶ hei⁶ xig⁶ zo² wun² seo³ yug⁶ zug¹, m⁴ hei⁶ néi⁵ zung⁶ yeo² bin¹ go³ a¹?
佢成晚就净系食咗碗瘦肉粥，唔系你仲有边个吖？
他整晚就只喝了碗瘦肉粥，不是你还会有谁？

猪肉荣：
wei³ zêng¹ yi¹, néi⁵ m⁴ hou² lai⁶ deg¹ zeo⁶ lai⁶ wo³
喂张姨，你唔好赖得就赖喎！
喂张阿姨，你不要能赖到谁头上就赖到谁头上哦！
m⁴ béi² néi⁵ go³ xün¹ xig⁶ zo² néi⁵ wun² zug¹ yeb⁶ min⁶ gé³ kéi⁴ ta¹ yé⁵ tou⁵ tung³ a³
唔俾你个孙食咗你碗粥入面嘅其他嘢肚痛啊？
难道不可以是你孙子吃了你那碗粥里面的其他东西肚子痛的吗？

张桂芬：
néi⁵ mé¹ yi³ xi¹ a³, yi⁴ ga¹ jig¹ hei⁶ têu¹ sé³ zag³ yem¹ la¹
你咩意思啊？宜家即系推卸责任啦！
你什么意思啊？现在就是想推卸责任啦！
dai⁶ ga¹ fai³ di¹ guo³ léi⁴, tei² ha⁵ jü¹ yug⁶ wing⁴ dim² zou⁶ sang¹ yi³ gé³
大家快啲过嚟，睇下猪肉荣点做生意嘅！
大家快点过来，看看猪肉荣怎么做生意的！

猪肉荣：
ngo⁵ hang⁴ deg¹ zéng³ kéi⁵ deg¹ zéng³, pa³ mé¹ léi⁵ lên⁶ a²? fong³ ma⁵ guo³ léi⁴ a¹
我行得正企得正，怕咩理论啊？放马过嚟吖！
我堂堂正正，怕什么理论啊？你放马过来吧！

张桂芬：
ai¹ ya¹! zou⁶ mai⁴ di¹ hag¹ sem¹ sang¹ yi³ zung⁶ gem³ heo² ngang⁶? sên¹ m⁴ sên¹ ngo⁵ da² sam¹ yed¹ m⁵ gou³ néi⁵ a¹ la⁵
哎呀！做埋啲黑心生意仲咁口硬？信唔信我打315告你吖喇？
哎呀！做这些埋没良心的生意还这么嘴硬？信不信我打315投诉你啊？

213

19 争执与化解

猪肉荣： néi⁵ zung¹ yi³ da² mei⁶ da² lo¹! ngo⁵ géng¹ néi⁵ a⁴
你中意打咪打咯！我惊你啊？
你喜欢打不就打咯！我怕你吗？

周六上午，杨美珊给王新宇打电话 — B 场景

杨美珊： wei²? sen¹ yü⁴ a⁴? ngo⁵ yeo⁵ gin⁶ xi⁶ sêng² tung⁴ néi⁵ gong² a³
喂？新宇啊？我有件事想同你讲啊！
喂？新宇吗？我有一件事情想跟你说啊！

王新宇： yeo⁵ mé¹ xi⁶ a³
有咩事啊？
有什么事情啊？

杨美珊： ngo⁵ déi⁶ hog⁶ hao⁶ yeo⁵ go³ tung⁴ xi⁶ sêng² zêu¹ ngo⁵ a³
我哋学校有个同事想追我啊！
我们学校有个同事想追我啊！

王新宇： hei⁶ mé¹, néi⁵ yeo⁵ mou⁵ wa⁶ béi² kêu⁵ ji¹ néi⁵ yi⁵ ging¹ yeo⁵ zo² nam⁴ peng⁴ yeo⁵ la³
系咩？你有冇话俾佢知你已经有咗男朋友喇？
是吗？你有没有告诉他你已经有男朋友了啊？

杨美珊： zung⁶ méi⁶ a³! ngo⁵ dim² ji¹ kêu⁵ wui⁵ zung¹ yi³ ngo³ wo³
仲未啊！我点知佢会中意我喎！
还没有呢！我怎么知道他会喜欢我！

王新宇： gem² ngo⁵ sung³ béi² néi⁵ zég³ qing⁴ lêu⁵ dêu³ gai³ néi⁵ yeo⁵ mou⁵ dai³ jü⁶ a³? kêu⁵ m⁴ xig¹ deg¹ ji¹ nan⁴ yi⁴ têu³ mé³
咁我送俾你只情侣对戒你有冇带住吖？佢唔识得知难而退咩？
那我送给你的那只情侣对戒你有没有带着啊？他不晓得知难而退的吗？

杨美珊： ngo⁵ mou⁵ dai³ a³! ngo⁵ géng¹ di¹ hog⁶ sang¹ héi² hung³, yed¹ jig⁶ dou¹ mou⁵ dai³
我冇带啊！我惊啲学生起哄，一直都冇带！
我没有带啊！我怕那些学生起哄，一直都没有带！

王新宇： gem² néi⁵ jig¹ hei⁶ ji⁶ géi² béi² géi¹ wui⁶ yen⁴ déi⁶ zêu¹ néi⁵ la¹
咁你即系自己俾机会人哋追你啦？
那你就是自己给机会让别人追求你啦？

杨美珊： ngo⁵ m⁴ héi⁶ gem² gé³ yi³ xi¹ a³ sen¹ yü⁵! néi⁵ téng¹ ngo⁵ gai² xig¹ la¹
我唔系咁嘅意思啊新宇！你听我解释啦！
我不是这个意思啊新宇！你听我解释！

PART 2 日常口语

gai² xig¹ jig¹ hei⁶ yim² xig¹！néi⁵ yed¹ jig⁶ dou¹ m⁴ gung¹ hoi¹ néi⁵ yeo⁵ nam⁴ peng⁴ yeo⁵，néi⁵ dong³ ngo⁵ hei⁶ mé¹ a³

王新宇： 解释即系掩饰！你一直都唔公开你有男朋友，你当我系咩啊？

解释就是掩饰！你一直都不公开你有男朋友，你当我是什么啊？

gin⁶ xi⁶ m⁵ hei⁶ gem² ga³！sen¹ yü⁵

杨美珊： 件事唔系咁嘎！新宇！

事情不是这样的！新宇！

kéi⁴ scd⁶ cung⁴ teo⁴ dou¹ méi⁵，néi⁵ yeo⁵ mou⁵ léi⁵ guo³ ngo⁵ gé² gem² seo⁶

王新宇： 其实从头到尾，你有冇理过我嘅感受？

其实从头到尾，你有没有在意过我的感受？

néi⁵ m⁴ hou² neo¹ la¹！néi⁵ béi² go³ géi¹ wui⁶ ngo⁵ gai² xig¹ la¹

杨美珊： 你唔好嬲啦！你俾个机会我解释啦！

你不要生气啦！给我个机会解释啦！

ngo⁵ m⁴ sêng² téng¹ néi⁵ gai² xig¹！néi⁵ béi² ngo⁵ yed¹ go³ yen⁴ jing⁶ ha⁵

王新宇： 我唔想听你解释！你俾我一个人静吓！

我不想听你解释！你让我一个人静一下！

陈国栋下班回来，刘薇跟他协商春节回家的安排   C 场景

lou⁵ gung¹，gem¹ nin² cên¹ jid¹ néi⁵ fong³ géi² do¹ yed⁶ ga³ a³

刘薇： 老公，今年春节你放几多日假啊？

老公，今年春节你放几天假啊？

nin⁴ sam¹ seb⁶ fong³ dou³ co¹ m⁵，dim² a²？lou⁵ po⁴ yeo⁵ mé¹ ngon¹ pai⁴

陈国栋： 年三十放到初五。点啊？老婆有咩安排？

年三十放到初五。怎么样？老婆有什么安排？

mou⁵，ngo⁵ nem² jü⁶ gem¹ nin² cên¹ jid³ ngo⁵ déi⁶ yed¹ cei⁴ fan¹ hêu⁴ tam³ ha⁵ ngo⁵ a³ ma¹

刘薇： 冇，我谂住今年春节我哋一齐翻去探吓我阿妈！

没有，我打算今年春节我们一起回去探望一下我妈！

yeo⁶ fan¹ hêu⁴ tam³ néi⁵ a³ ma¹？sêng⁶ ci³ m⁵ hei⁶ gong² hou² gem¹ nin² cên¹ jid³ leo⁴ hei² guong² zeo¹ pui⁴ ngo⁵ lou⁵ deo⁶ ge³ mé¹

陈国栋： 又翻去探你阿妈？上次唔系讲好今年春节留喺广州陪我老豆噶咩？

又回去探望你妈妈？上一次不是说好今年春节留在广州陪我爸的吗？

gem² ngo⁵ a³ ma¹ yed¹ go³ yen⁴ gu¹ ling¹ ling¹，hou² yem¹ gung¹ gem² ma³

刘薇： 咁我阿妈一个人孤零零，好阴功咁嘛！

那我妈一个人孤零零，很可怜的嘛！

19 争执与化解

陈国栋： cé⁵, deg¹ néi⁵ a³ ma¹ hei⁶ yed¹ go³ yen⁴? ngo⁵ lou⁵ deo⁶ m⁴ hei⁶ dou¹ hei⁶ yed¹ go³ yen⁴ gu¹ ling¹ ling¹ a⁴
扯，得你阿妈系一个人？我老豆唔系都系一个人孤零零啊？
去，只有你妈是一个人？我爸不也是一个人孤零零的啊？

刘薇： gem² ngo⁵ déi⁶ ping⁴ xi⁴ dou¹ tung⁴ néi⁵ lou⁵ deo⁶ jü⁶ mai⁴ yed¹ cei⁴ gem² ma³! cên¹ jid¹ fan¹ hêu² tam³ ha⁵ ngo⁵ a³ ma¹ yeo⁵ mé¹ gem² dai⁶ bed¹ liu⁵ wo³
咁我哋平时都同你老豆住埋一齐咁嘛！春节翻去探吓我阿妈有咩咁大不了喎！
那我们平时都跟你爸住在一起的嘛！春节回去探望一下我妈有什么大不了的！

陈国栋： geo⁶ nin² ming⁴ ming⁴ gong² hou² gem² ma³! néi⁵ a³ ma¹ zeo⁶ dai⁶ sai³! deg¹ néi⁵ a³ ma¹ hei⁶ yen⁴, ngo⁵ lou⁵ deo⁶ zeo⁶ m⁴ hei⁶ yen⁴
旧年明明讲好咁嘛！你阿妈就大晒！得你阿妈系人，我老豆就唔系人！
去年明明说好的嘛！你妈最大！只有你妈是人，我爸就不是人！

刘薇： ngo⁵ gen¹ bun² zeo⁶ m⁴ hei⁶ gem² gé³ yi³ xi¹! néi⁵ hei⁶ mei⁶ sêng² ngai³ gao¹ a¹
我根本就唔系咁嘅意思！你系咪想嗌交吖！
我根本就不是这个意思！你是不是想吵架啊！

陈国栋： lou⁵ po⁴, ngo⁵ déi⁶ dou¹ leng⁵ jing⁶ di¹! cou¹ hei⁶ gai² küd³ m⁵ dou² men⁶ tei⁴ gé³
老婆，我哋都冷静啲！嘈系解决唔到问题嘅！
老婆，我们都冷静一点！吵架是解决不了问题的！

刘薇： ngo⁵ ma¹ qin⁴ pai² xin¹ béng⁶ yün⁴, ga¹ sêng⁵ ngo⁵ sei³ lou² gem¹ nin² m⁴ fan¹ ngug¹ kéi², deg¹ kêu⁴ yed¹ go³ yen⁴ ngo⁵ zen¹ hei⁶ m⁵ fong³ sem¹
我妈前排先病完，加上我细佬今年翻唔到屋企，得佢一个人我真系唔放心！
我妈前段时间才病完，加上我弟弟今年回不了家，剩下她一个人我真的不放心！

陈国栋： ngo⁵ ming⁴ gé², gem² la¹ lou⁵ po⁴, bed¹ yü⁴ ngo⁵ déi⁶ jib³ néi⁵ ma¹ guo³ léi⁴ yed¹ cei⁴ guo³ cên¹ jid³ la¹ hou² mou²
我明嘅，咁啦老婆，不如我哋接你妈过嚟一齐过春节啦好冇？
我明白的，这样吧老婆，不如我们接你妈过来一起过春节好吗？

刘薇： hou² kiu² wo³! hou² coi² lou⁵ gung¹ nem² dou² go³ lêng⁵ qün⁴ kéi⁴ méi⁵ gé³ ban⁶ fad³
好桥喎！好彩老公谂到个两全其美嘅办法！
好主意哦！幸好老公想到一个两全其美的办法！

PART 2 日常口语

1. 基本词汇：

生词	拼音	类比及联想词汇
猪肉	jü¹ yug⁶	猪颈肉jü¹ géng² yug⁶、里脊léi¹ zég³、牛肉ngeo⁴ yug⁶、肥牛féi⁴ ngeo⁴、羊肉yéng⁴ yug⁶
瘦肉粥	seo³ yug⁶ zug¹	东坡肉dung¹ bo¹ yug⁶、红烧肉hung⁴ xiu¹ yug⁶、猪骨汤jü¹ gued² tong¹
新鲜	sen¹ xin¹	隔夜gag³ yé⁶
推卸	têu¹ sé³	责任zag³ yem⁶、抵赖dei¹ lai⁶
男朋友	nam⁴ peng⁴ yeo⁵	女朋友nêu⁵ peng⁴ yeo⁵、未婚夫méi⁶ fen¹ fu¹、未婚妻méi⁶ fen¹ cei¹
情侣	qing⁴ lêu⁵	夫妻fu¹ cei¹、伴侣bun⁶ lêu⁵、情人qing⁴ yen⁴、成双成对xing⁴ sêng¹ xing⁴ dêu³
对戒	dêu³ gai³	戒指gai³ ji²、颈链géng² lin²、首饰seo² xig¹、手链seo² lin²
起哄	hei² hung³	煽风点火xin³ fung¹ dim² fo²、挑衅tiu¹ yen⁵
解释	gai² xig¹	掩饰yim² xig¹、说明xüd³ ming⁴、坦白tan² bag⁶、公开gung¹ hoi¹
根本	gen¹ bun²	彻底qid³ dei²、究竟geo³ ging²
冷静	lang⁵ jing⁶	烦躁fan⁴ cou³、激动gig¹ dung⁶、紧张gen² zêng¹
从头到尾	cung⁴ teo⁴ dou³ méi⁵	由里至外yeo⁴ lêu⁵ ji³ ngoi⁶、从上到下cung⁴ sêng⁶ dou³ ha⁶
知难而退	ji¹ nan⁴ yi⁴ têu³	两全其美lêng⁵ qün⁴ kéi⁴ méi⁵、一石二鸟yed¹ ség⁶ yi⁶ niu⁵
孤零零	gu¹ ling¹ ling¹	孤独gu¹ dug⁶、单身dan¹ sen¹、寂寞jig⁶ mog⁶

2. 方言词汇：

生词	普通话释义	例句（翻译）
ngag¹ 厄	骗	你竟然厄我？你系咪人嚟嘎？ （你竟然骗我？你还是不是人？）

217

19 粤语就这么简单

生词	普通话释义	例句（翻译）
heo² ngang⁶ 口硬	嘴硬、不认错	佢份人口硬心软嘅。 （他这个人刀子嘴豆腐心。）
hag¹ sem¹ 黑心	没良心	宜家市面上有黑心棉啊！ （现在市面上有黑心棉啊！）
neo¹ 嬲	生气	你唔好嬲我啦，俾次机会啦！ （你不要生我气啦，给我一次机会吧！）
yem¹ gung¹ 阴功	可怜、惨	佢咁狠心嘎，咁冇阴功嘅？ （他这么狠心的，这么没良心的！）
cé² 扯	去	扯！你讲晒啦！ （去你的！道理都给你说去了！）
ngai³ gao¹ 嗌交	吵架	一日到黑嗌交，你哋烦唔烦嘎？ （一天到晚吵架，你们烦不烦？）
qin⁴ pai⁴ 前排	前段时间	前排忙得滞，都冇时间打俾你添！ （前段时间太忙了，都没有时间打给你！）
kiu² 桥	主意、想法	你有冇桥啊？ （你有没有办法啊？）

1 基本句型

▶ (1)……咁……，……都有嘅？（……这么……，竟然……？）

句型解析： 完整句子/短句，完整句子/短句+"都有嘅"，用于指责让人忘恩负义或者出尔反尔。
课文例句： 帮衬你咁耐，你呃阿姨都有嘅？（光顾你这么久，你竟然骗阿姨？）
延伸例句： 我帮咗你咁多，你宜家咁对我都有嘅？（我帮了你这么多，你现在竟然这样对我？）
你之前使佢咁多钱，你宜家飞咗佢都有嘅？（你之前花了他这么多钱，现在你竟然甩了他？）

PART 2 日常口语

▶ (2)有乜可能……啊？（有什么可能/怎么可能……啊？）

> **句型解析**："有乜可能"+完整句子+"啊"，用于表示这种情况不可能发生。
> **课文例句**：有乜可能卖死猪肉啊！（怎么可能卖死猪肉啊？）
> **延伸例句**：我有乜可能会偷你嘅嘢？（我怎么可能偷你的东西啊？）
> 　　　　　　佢有乜可能知道呢件事？（他怎么可能知道这件事？）

▶ (3)你唔好……得就……喝！（你不要能……就……啊！）

> **句型解析**："你唔好"+动词+"得就"+动词+语气词，表示警告。其中"动词"+"得就"+"语"可以翻译为能"动词"就"动词"。
> **课文例句**：你唔好赖得就赖喝！（你不要能赖到谁头上就赖到谁头上哦！）
> **延伸例句**：你唔好屈得就屈喝！（你不要能冤枉就冤枉我哈！）
> 　　　　　　都就嚟开学嘞，玩得就玩啦！（都快要开学了，能玩就玩吧！）

▶ (4)唔俾……啊？（难道不可能是……啊？）

> **句型解析**："唔俾"+完整句子/短语+语气词，用于反问某种可能性的存在。
> **课文例句**：唔俾你个孙食咗你碗粥入面嘅其他嘢肚痛啊？（难道不可能是你的孙子吃了你那碗粥里面的其他东西肚子痛的吗？）
> **延伸例句**：唔俾系你之前做得唔啱在先啊？（难道不可能是你之前做得不对在先啊？）
> 　　　　　　唔俾系阿君讲个消息传出去啊？（难道不可能是阿君把消息传出去的？）

▶ (5)……有咩咁大不了喝！（……有什么大不了的！）

> **句型解析**：完整句子/短语 +"有咩咁大不了喝"，用于表示所述情况非小题大做。
> **课文例句**：春节翻去探吓我阿妈有咩咁大不了喝！（春节回去探望一下我妈有什么大不了的！）
> **延伸例句**：要你帮吓手咋嘛，有咩咁大不了喝！（要你帮忙而已，有什么大不了的！）
> 　　　　　　唔使客气啦，有咩咁大不了！（不用客气了，有什么大不了的！）

▶ (6)得……系……，……就唔系……！（只有……，……就不……了吗？）

> **句型解析**："得"+完整句子/短语，短语+"就唔系"+短语，用于表示两种情况同等重要。
> **课文例句**：得你阿妈系人，我老豆就唔系人！（只有你妈是人，我爸就不是人啦？）
> **延伸例句**：得你辛苦，我就唔辛苦！（只有你辛苦，我就不辛苦了吗？）
> 　　　　　　得你怀疑佢，我就唔怀疑佢！（只有你怀疑他，我就不怀疑他吗？）

19 粤语就这么简单

2 专题解释：争执常用语

▶ **(1) 表达不满**

句型1：你当我系咩啊？（你当我是什么啊？）
néi⁵ dong³ ngo⁵ hei⁶ mé¹ a³

句型2：你有冇理过我嘅感受？（你有没有在意过我的感受？）
néi⁵ yeo⁵ mou⁵ léi⁵ guo³ ngo⁵ gé² gem² seo⁶

句型3：你大晒啦！你话事得啦！（你最大啦！你决定行啦！）
néi⁵ dai⁶ sai³ la¹! néi⁵ wa⁶ xi⁶ deg¹ la¹

句型4：你系咪想嗌交吖？（你是不是想吵架啊？）
néi⁵ hei⁶ mei⁶ sêng² ngai³ gao¹ a¹

句型5：唔该你唔好冇事揾事！（麻烦你不要没事找事！）
m⁵ goi¹ néi⁵ m⁴ hou² mou⁵ xi⁶ wen² xi⁶

句型6：你做咩唔听我电话？（你为什么不接我电话？）
néi⁵ zou⁶ mé¹ m⁴ téng¹ ngo⁵ din⁶ wa²

▶ **(2) 解释情况**

句型1：件事唔系咁嘎！（事情不是这样的！）
gin⁶ xi⁶ m⁴ hei⁶ gem² ga³

句型2：我根本就唔系咁嘅意思！（我根本就不是这个意思！）
ngo⁵ gen¹ bun² zeo⁶ m⁴ hei⁶ gem² gé² yi³ xi¹

句型3：俾个机会我解释啦！（给我个机会解释！）
béi² go³ géi¹ wui⁶ ngo⁵ gai² xig¹ la¹

句型4：你唔好嬲啦！（你不要生气啦！）
néi⁵ m⁴ hou² neo¹ la¹

句型5：你冷静啲先啦！（你先冷静一点吧！）
néi⁵ leng⁵ jing⁶ di¹ xin¹ la¹

句型6：嗌交系解决唔到问题嘅！（吵架是解决不了问题的！）
ngai⁴ gao⁴ hei⁶ gai² küd³ m⁴ dou² men⁶ tei⁴ gé³

句型7：我行得正企得正！（我堂堂正正！）
ngo⁵ hang⁴ deg¹ zéng³ kéi⁵ deg¹ zéng³

▶ **(3) 拒绝听解释**

句型1：我唔想听你解释！（我不想听你解释！）
ngo⁵ m⁴ sêng² téng¹ néi⁵ gai² xig¹!

句型2：解释即系掩饰！（解释就是掩饰！）
gai² xig¹ jig¹ hei⁶ yim² xig¹

句型3：你收皮啦！/你收哆啦！/你悭啲啦！（你省省吧！）
néi⁵ seo¹ péi⁴ la¹! néi⁵ seo¹ dé⁴ la¹! néi⁵ han¹ di¹ la¹!

PART 2 日常口语

句型4： seo¹ séng¹ la¹ néi⁵
收声啦你！（你住口吧！）

句型5： béi² ngo⁵ yed¹ go³ yen⁴ jing⁶ ha⁵
俾我一个人静吓！（让我一个人静一下！）

句型6： ngo⁵ m⁴ wui⁵ zoi³ sên³ néi⁵ ga³ leg³
我唔会再信你嘎嘞！（我不会再相信你的了！）

20 婚嫁与礼仪

作为日常生活用语的最后一课,大家将学习到婚嫁以及礼仪的专题。广东作为文化大省,有着几千年的文化传统,婚嫁以及礼仪方面都有着很多的典故和要求,需要大家在日常生活的各种喜事以及节庆中慢慢了解。本课选择了婚庆活动中几个较为重要的方面,包括"摆酒""入伙"等进行介绍。本书词库中的第十二部分罗列了鲜花以及颜色用词,大家可以配合进行记忆。

 本课的学习目标是:

1. 掌握婚庆及礼仪用语;
2. 结合词库中的第一部分,能够描述不同场合的着装及用花。

 常用短句

01 géi² xi⁴ qéng² yem² héi² zeo² a³
几时请饮喜酒啊?(什么时候请喝喜酒啊?)

02 néi⁵ déi⁶ hêu³ bin¹ dou⁶ yem² a³
你哋去边度饮啊?(你们去哪里喝喜酒啊?)

03 lem² jü⁶ géi² xi⁴ yeb⁶ fo² a³
谂住几时入伙啊?(打算什么时候入伙啊?)

04 med¹ kêu⁵ dou¹ ga³ deg¹ cêd¹ a⁴
乜佢都嫁得出啊?(怎么连她也嫁得出去啊?)

05 ting¹ yed⁶ a³? hou² qi⁵ m⁴ deg¹ wo³
听日啊?好似唔得喎!(明天啊?好像不行哦!)

PART 2 日常口语

06 med¹ néi⁵ gu¹ zé¹ zung⁶ méi⁶ gid³ fen¹ mé¹
乜你姑姐仲未结婚咩？（你姑姑还没结婚吗？）

07 bed¹ guo³ deng¹ ngo⁵ men⁶ ha⁵ ngo⁵ a³ ma¹ xin¹
不过等我问吓我阿妈先！（不过等我先问一下我妈！）

08 géi³ jü⁶ dou³ xi⁴ céng² yem² yeb⁶ fo² zeo² wo³
记住到时请饮入伙酒喎！（记得到时候请喝入伙酒啊！）

09 m⁴ hei⁶ wa⁶ gid³ guo³ fen¹ di¹ nam⁴ yen² xin¹ hing¹ hêng¹ mé¹
唔系话结过婚啲男人先馨香咩？（不是说结过婚的男人才吃香吗？）

10 lou⁵ ma² ji² hei⁶ yeo⁵ xiu² xiu² bou² seo², dan⁶ tung⁴ sem¹ pou⁵ gem² qing⁴ géi² hou² ga³
老妈子系有小小保守，但同心抱感情几好嘎！（老妈是有一点点保守！但是跟儿媳妇的感情挺好！）

实用对话

周五晚上，徐家明打电话给钟铭全

A 场景

gou¹ lou² qüm⁴, ting¹ yed⁶ deg¹ m⁴ deg¹ han⁴ léi¹ ngo⁵ ngug¹ kéi² da² géi¹ a³? men⁶ biu² go¹ zé³ zo² zég³ sen¹ Game a³

徐家明： 高佬全，听日得唔得闲嚟我屋企打机啊？问表哥借咗只新game啊！
高个儿全，明天有没有时间来我家打游戏啊？问表哥借了个新游戏！

ting¹ yed⁶ a³? hou² qi⁵ m⁴ deg¹ wo³! ngo⁵ sei³ gu¹ zé¹ gid³ fen¹ a³

钟铭全： 听日啊？好似唔得喝！我细姑姐结婚啊！
明天啊？好像不行哦！我小姑姐结婚啊！

med¹ néi⁵ gu¹ zé¹ zung⁶ méi⁶ gid³ fen¹ mé¹

徐家明： 乜你姑姐仲未结婚咩？
你姑姑还没结婚吗？

婚嫁与礼仪

钟铭全： dai⁶ gu¹ zé¹ yi⁶ gu¹ zé¹ dou¹ zou² zeo⁶ gid³ zo² la¹！ngo⁵ sei³ gu¹ zé¹ xin¹ dai⁶ ngo⁵ lug⁶ nin⁴
大姑姐二姑姐都早就结咗啦！我细姑姐先大我六年！
大姑姑和二姑姑都早就结了啦！我小姑姑才比我大六年！

徐家明： gem² a⁴, néi³ déi⁶ hêu¹ bin¹ dou⁶ yem² a³
咁啊，你哋去边度饮啊？
这样啊，你们去哪里喝喜酒啊？

钟铭全： mei⁶ yeo³ hei³ yün⁴ gong¹ lou⁶ go² gan¹ guong² zeo¹ zeo¹ ga¹ lo¹
咪又系沿江路嗰间广州酒家咯！
不也还是沿江路那间广州酒家！
sêng⁶ qi³ m⁴ ji¹ bin¹ go³ bai² zeo² hou² qi⁵ dou¹ hei⁶ hêu³ go² dou⁶
上次唔知边个摆酒好似都系去嗰度！
上次不知道谁摆酒好像也是去那里！

徐家明： yed¹ m⁴ hei⁶ néi⁵ xig⁶ yün⁴ fan⁶ zoi³ guo³ léi⁴ a¹！gen¹ jü⁶ man⁵ hag¹ hei² ngo⁵ dou⁶ fen³
一唔系你食完饭再过嚟吖？跟住晚黑喺我度训！
或者你吃完饭再过来？然后晚上在我那里过夜！

钟铭全： dou¹ deg¹ gua³！bed¹ guo³ deng² ngo⁵ men⁶ ha⁵ ngo⁵ a³ ma¹ xin¹
都得喋！不过等我问吓我阿妈先！
也行！不过等我先问一下我妈！

周六上午，刘薇拨通杨美珊的电话

B 场景

刘薇： wci²？a³ san¹ a⁴？séng⁴ go³ yüd⁶ mou⁵ wen² ngo⁵ leg³ wo³ l¹ zêu³ gen⁶ dim² a³
喂？阿珊啊？成个月冇揾我嘞喎！最近点啊？
喂？阿珊吗？你几乎一个月都没有找我了！最近怎么样啊？

杨美珊： méi⁴ zé¹, ngo⁵ zên² béi⁶ gid³ fen¹ la³
薇姐，我准备结婚喇！
薇姐，我准备结婚啦！

刘薇： wa³，hei⁶ mé¹？gung¹ héi² sai³ wo³！géi¹ xi⁴ qéng² yem² héi¹ zeo² a³
哇，系咩？恭喜晒喎！几时请饮喜酒啊？
哇，是吗？真是恭喜哦！什么时候喝喜酒啊？

杨美珊： sen¹ yü⁵ wa⁶ méi⁶ yeo³ gem³ fai³ jü⁶, ngo⁵ déi⁶ xin¹ mai⁵ ngug¹ tung⁴ léng⁵ jing³ xin¹, fen¹ lei⁵ qi⁴ di¹ gao²
新宇话未有咁快住，我哋先买屋同领证先，婚礼迟啲搞！
新宇说还没有这么快，我们先买房子和领证，婚礼晚一点搞！

PART 2 日常口语

刘薇: gem² dou¹ géi² hou² a¹, m⁴ sei² yed¹ ha⁵ ji² gem³ ten⁴ gei¹! lem² jü⁶ géi² xi⁴ yeb⁶ fo² a³
咁都几好吖，唔使一下子咁腾鸡！惗住几时入伙啊？
这也挺好的啊，不用一下子这么慌忙！打算什么时候入伙啊？

杨美珊: ceng⁴ leo² nin⁴ dei² xin¹ gao¹ leo², tei² pa³ dou¹ yiu² dou³ ming⁴ nin² nin⁴ co¹ leg³
层楼年底先交楼，睇怕都要到明年年初嘞！
房子年底才交楼，恐怕都要明年年初了！

刘薇: géi³ jü⁶ dou³ xi⁴ céng² yem² yeb⁶ fo² zeo² wo³
记住到时请饮入伙酒喝！
记得到时候请喝入伙酒啊！

杨美珊: m⁴ dan¹ ji¹ a³ méi⁵ zé¹, ngo⁵ ngug¹ kéi² zong¹ seo¹ ngo⁵ zung⁶ sêng² néi⁵ béi² di¹ yi³ gin³ ngo⁵ a¹! néi⁵ ji¹ la¹, ngo⁵ dou¹ mou⁵ ging¹ yim⁶ gé²
唔单只啊薇姐，我屋企装修我仲想你俾啲意见我啊！你知啦，我都冇经验嘅！
不止这样啊薇姐，我家里装修还想你给我一些意见啊！你知道的，我都没有经验！

刘薇: deg¹! heng² ding⁶ mou⁵ men⁶ tei¹ la¹
得！肯定冇问题啦！
可以！肯定没问题的！

周六晚上，徐彪与王新杰见面时谈论

C 场景

王新杰: néi⁵ géi³ m⁴ géi³ deg¹ yün⁴ léi⁴ coi⁴ mou⁶ bou⁶ go² go³ lou⁵ gu¹ po⁴ a³
你记唔记得原嚟财务部嗰个老姑婆啊？
你记不记得原来财务部那个老姑婆啊？

徐彪: bin¹ go³ a³? gong² yé⁵ hou² guei² séi² dai⁶ séng¹ go² go³ féi⁴ po⁴
边个啊？讲嘢好鬼死大声嗰个肥婆？
哪一个啊？说话很大声那个胖女人吗？

王新杰: hei⁶ a³! mei⁶ kêu⁵ lo¹! téng¹ gong² wa⁶ zung¹ yü¹ gid³ fen¹ la³
系啊！咪佢咯！听讲话终于结婚啦！
是啊！不就是她咯！听说终于结婚了！

徐彪: hei⁶ mé¹? med¹ kêu⁵ dou¹ ga³ deg¹ cêd¹ a⁴? bin¹ go³ gem³ m⁴ hou² coi² a³
系咩？乜佢都嫁得出啊？边个咁唔好彩啊？
是吗？怎么她也嫁得出去啊？谁这么不走运娶到她啊？

婚嫁与礼仪 20

王新杰： néi³ go³ yen⁴ néi⁵ zung⁶ gu² m⁴ dou² a³! yün⁴ léi¹ yen⁴ lig⁶ ji¹ yün⁶ bou⁶ go² go³ léi⁴ guo³ fen¹ gé³ ging¹ léi¹ a³
呢个人你仲估唔到啊！原嚟人力资源部嗰个离过婚嘅经理啊！
这个人你更猜不到了！就是原来人力资源部那个离过婚的经理啊！

徐彪： m⁴ hei⁶ wa⁶ gid³ guo³ fen¹ di¹ nam⁴ yen² xin¹ hing¹ hêng¹ mé¹? sei² med² cêu² go³ gem² gé³ lou⁵ gu¹ po⁴ fan¹ hêu³ a³
唔系话结过婚啲男人先馨香咩？使乜娶个咁嘅老姑婆翻去啊？
不是说结过婚的男人才吃香吗？用得着娶个这样的老姑婆回去吗？

王新杰： yen⁴ déi⁶ ji⁶ géi² ji¹ ji⁶ gêi² xi⁶ la¹
人哋自己知自己事啦！
人家自己心里有数吧！

挑选礼服时，杨美珊与王新杰、王新宇讨论   D 场景

王新宇： dai³ lou², ngo⁵ tung⁴ a³ san¹ dou¹ m⁴ ji¹ dou³ gan² bin¹ zung² lei⁵ fug⁶ hou²
大佬，我同阿珊都唔知拣边种礼服好！
大哥，我跟阿珊都不知道选哪种礼服比较好哦！

王新杰： lou⁵ ma¹ ji² gé³ yiu¹ keo⁴ hou² nan⁴ zug¹ mo² ga³! ngo⁵ dou¹ m⁴ ji¹ a³
老妈子嘅要求好难捉摸嘎！我都唔知啊！
老妈的要求很难捉摸的！我也不知道呢！

杨美珊： dai⁶ go¹, a³ sou² tung⁴ néi⁵ gid³ fen¹ go² zen⁶ xi² zêg⁶ mé¹ fun² xig¹ fen¹ sa¹ ga³
大哥，阿嫂同你结婚嗰阵时着咩款式婚纱嘎?
大哥，嫂子跟你结婚的时候穿什么款式的婚纱啊？

王新杰： ngo⁵ déi⁶ go² zen⁶ xi² dou¹ mou⁵ mé¹ yi⁴ xig¹ wag⁶ zé² hang⁴ lei⁵ gem² gé²
我哋嗰阵时都冇咩仪式或者行礼咁嘅。
我们那时候都没有仪式或者举行典礼什么的。
zeo⁶ hei⁶ ying² fen¹ sa¹ sêng² go² zen², kêu⁴ zêg³ jü⁶ tou³ bag⁶ xig¹ fen¹ sa¹ tung⁴ yed¹ tou³ kua²
就系影婚纱相嗰阵，佢着咗套白色婚纱同一套袴!
就是拍婚纱照的时候，她穿了一套白色婚纱和一套中式礼服！

杨美珊： fen¹ sa¹ tung⁴ kua² a⁴? yeo⁵ mou⁵ lei⁵ fug⁶ wag⁶ zé² kéi¹ pou² ji¹ lêu⁶ a³
婚纱同袴啊？有冇礼服或者旗袍之类啊？
婚纱和中式礼服啊？有没有礼服或者旗袍之类的啊？

王新宇： ngo⁵ déi⁶ lou⁵ ma¹ ji² hou² qün⁴ tung² ga³
我哋老妈子好传统嘎！
我们老妈很传统的！

PART 2 日常口语

ngo⁵ géi³ deg¹ néi⁵ a³ sou² gan² zo² gin⁶ ded⁶ bog³ teo⁴ gé³ lei⁵ fug⁶, zung⁶ béi² lou⁵ ma¹ ji² wa⁶ tim¹

我记得你阿嫂拣咗件突膊头嘅礼服，仲俾老妈子话添！

我记得那时你嫂子选了件露肩膀的礼服，还被老妈说呢！

gem³ yim⁴ zung⁶ a⁴? gem² gid³ guo² lé¹? mou⁵ xi⁶ a¹ ma³

杨美珊：咁严重啊？咁结果呢？冇事吖嘛？

这么严重啊？那结果呢？没什么事吧？

néi⁵ m⁴ hou² hag³ kêu⁵ la¹! lou⁵ ma¹ ji² hei⁶ yeo⁵ xiu² xiu² bou² seo²! dan⁶ tung¹ sem¹ pou³ gem² qing⁴ géi² hou² ga³

王新杰：你唔好吓佢啦！老妈子系有小小保守！但同心抱感情几好嘎！

你不要吓她啦！老妈是有一点点保守！但是跟儿媳妇的感情也挺好的！

词汇及语法

1. 基本词汇：

生词	拼音	类比及联想词汇
姑姐	gu¹ zé¹	表哥/弟biu¹ go¹/ dei²、表姐/妹biu¹ zé²/ mui²、姑妈gu¹ ma¹、姑丈gu¹ zêng²
结婚	gid³ fen¹	礼服lei⁵ fug⁶、婚纱fen¹ sa¹、旗袍kéi⁴ pou²
行礼	hang⁴ lei⁵	领证léng⁵ jing³、婚礼fen¹ lei⁵、影婚纱相ying² fen¹ sa¹ sêng²、仪式yi⁴ xig¹、喜酒héi² zeo²
沿江路	yün⁴ gong¹ lou⁶	滨江路ben¹ gong¹ lou⁶、海印桥hoi² yen³ kiu⁴、海珠桥hoi² jü¹ kiu⁴、解放桥gai² fong³ kiu⁴
广州酒家	guong² zeo¹ zeo² ga¹	陶陶居tou⁴ tou⁴ gêu¹、北园酒家beg¹ yün⁴ zeo² ga¹
款式	fun¹ xig³	样式yêng⁵ xig³、模式mou² xig³
捉摸	zug¹ mo²	猜测cai¹ cag¹、估计gu² géi³、感觉gem² gog³
严重	yim⁴ zung⁶	重大zung⁶ dai⁶、危险ngei⁴ him²
保守	bou² seo²	开放hoi¹ fong²、传统qün⁴ tung²、矜持ging¹ qi⁴

227

婚嫁与礼仪 20　　粤 语 就 这 么 简 单

2. 方言词汇：

生词	普通话释义	例句（翻译）
bai² zeo² 摆酒	摆酒席	咁多亲戚朋友，摆翻一百围先够嘞。 （这么多亲戚朋友，摆到一百桌才够！）
ten⁴ gei¹ 腾鸡	慌忙	唔使腾鸡嘅，好快就冇事嘅啦！ （不用慌的，很快就没事的了！）
yeb⁶ fo² 入伙	搬新家	入伙要拣个好日子至得！ （搬新家要选一个好日子才行！）
lou⁵ gu¹ po⁴ 老姑婆	老处女	搵到好男人，边个想做老姑婆啊？ （找到好男人，谁想当老处女啊？）
hing¹ hêng¹ 馨香	吃香	香港货咋嘛，有咩咁馨香啫？ （香港货而已嘛，有什么吃香的？）
gan² 拣	选	10蚊一件啊，埋嚟睇、埋嚟拣吖！ （10块钱一件啊，过来看、过来选吧！）
kua² 袴	中式绣龙凤的女裙装	因为系纯手工，所以一件袴通常都好贵。 （因为是纯手工，所以一件中式礼服通常都很贵。）
bog³ teo⁴ 膊头	肩膀	可唔可以借个膊头嚟挨吓啊？ （可不可以把肩膀借给我靠一下啊？）

语法解析

本课基本句型

▶ (1)……早就……啦！（……早就已经……啦！）

　　句型解析：完整句子/短句+"早就"+完整句子/短句的主语+语气词，表示工作早已完成。
　　课文例句：大姑姐二姑姐都早就结咗啦！（大姑姑和二姑姑都早就结了啦！）
　　延伸例句：我一早就知啦！（我早就知道了！）
　　　　　　　　佢早就翻咗屋企啦！（他早就回家了啊！）

PART 2 日常口语

▶ (2)未有咁快住，……迟啲……！（还没有这么快呢，……迟一点……！）

　　句型解析：　"未有咁快住"，完整句子的主语+"迟啲"+完整句子其余部分，用于工作尚未开始。

　　课文例句：　未有咁快住，我哋婚礼迟啲搞！（还没有这么快，我们婚礼晚一点办！）

　　延伸例句：　未有咁快住，我迟啲先走！（还没有这么快，我晚点才走！）
　　　　　　　我知未有咁快住，你要考虑清楚吖嘛！（我知道还没有这么快，你要考虑清楚嘛！）

▶ (3)唔单只……，我仲想……啊！（不单单是……，我还想……啊！）

　　句型解析：　"唔单只"+完整句子/短语，"我仲想"+完整句子/短语 +语气词，用于提出要求。

　　课文例句：　唔单只啊，我仲想你俾啲意见我！（不止这样啊，我还想你给我一些意见！）

　　延伸例句：　唔单只呢个项目，嗰个项目我仲想你帮帮手！（不止是这个项目，那个项目我也想你帮帮忙！）
　　　　　　　我唔单唔想见到你，仲好憎你添！（我不单单不想见你，还很讨厌你！）

▶ (4)搞到……几……！（搞到最后……多么……啊！）

　　句型解析：　"搞到"+完整句子/短语+"几"+短语+语气词，用于描述状况的严重程度。

　　课文例句：　搞到佢最尾几惊破坏咗婆媳关系啊！（搞到她最后多么担心破坏了婆媳关系！）

　　延伸例句：　你知唔知件事搞到最尾几难收科啊？（你知道这件事弄到最后有多难收场吗？）
　　　　　　　搞到最尾，佢都系冇应承我！（搞到最后，她还是没答应我！）

番外篇 5　小结

第17课到第20课的主要学习内容为办公与职业、约会与节日、争执与化解，以及婚嫁与旅游用语。我们通过本部分的总结跟大家回顾一下第五单元四个学习重点的词汇、语法点，并为大家提供一些补充练习，以及本单元课后练习的答案。

一、重点实词一览：动词

本单元将重点介绍粤语实词中的动词。以下为本教材第一单元至第五单元出现的重要动词。由于粤语动词的数量繁多，本教材难以一一列举，请大家在日常会话中要注意自觉积累，活学活用。

粤语常用动词

序号	生词	普通话释义	例句
1	béi^2 俾	1. 给 2. 被	1. 可唔可以借本书俾我啊？ （能不能把书借给我啊？） 2. 阿妈，我喺学校俾人打啊！ （妈妈，我在学校被人打啊！）
2	lo^2 攞	拿	唔该攞个盒俾我吖！ （麻烦把盒子拿给我吧！）
3	wen^2 揾	找	唉，依家揾工真系好难啊！ （唉，现在找工作真的很难啊！）
4	tei^2 睇	看、见到	得闲我请你睇戏吖！ （有空我请你看电影吧！）
5	ngai^3 嗌	1. 喊、叫 2. 吵（架）	1. 喺山上面大声嗌会有回音嘅！ （在山上大声喊会有回音的！） 2. 阿爸阿妈你哋唔好嗌交喇！ （爸爸妈妈你们不要吵了！）
6	hang^4 行	逛、走	食完饭最好行吓，唔好即刻坐低。 （吃完饭最好走一走，不要马上坐下来。）

PART 2 日常口语

序号	生词	普通话释义	例句
7	xig¹ 识	1. 认识 2. 会、懂	1. 我都唔识你嘅! （我不认识你!） 2. 呢条问题边个识答啊? （这个问题谁知道答案呢?）
8	nem² 谂	想、回忆	你唔好一日到黑咁多嘢谂啦! （你不要一天到晚想那么多啦!）
9	sei² 使	1. 花（钱） 2. 使唤 3. 需要	1. 啲零用钱又唔够使嘞! （那些零用钱又不够花了!） 2. 乜你使人唔使本嘎? （你怎么能这样使唤人的?） 3. 使唔使我帮手? （要不要我帮忙?）
10	fan¹ 翻	去（上班、上学、回家）	你听日使唔使翻工啊? （你明天需要上班吗?）
11	léi⁴/lei⁴ 嚟	来	今晚翻唔翻嚟食饭啊? （今晚回来吃饭吗?）
12	xig³ 食	吃（东西）	我唔中意食鱼。 （我不喜欢吃鱼的。）
13	ceo³ 凑	照顾（小孩)	落班仲要翻屋企凑仔! （下了班还要回家带小孩!）
14	wan⁴ 还	归还	你记得还翻俾我㗎! （你记得要还给我啊!）
15	king¹ 倾	聊、谈	公司几时同你倾待遇啊? （公司什么时候跟你谈待遇啊?）
16	dab³ 搭	乘坐	搭车定系搭地铁啊? （坐车还是坐地铁啊?）
17	jid⁶ 截	拦截	你做乜又截我糊? （你怎么又挡着我糊牌啊?）
18	zao² 找	找零钱	找翻三蚊俾你吖! （找回三块钱给你!）
19	yem² 饮	喝	我呢排胃痛，唔饮得酒啊! （我这段时间胃痛，不能喝酒啊!）
20	za¹ 揸	开（车）	头先经过揸凌志嘅系边个啊? （刚才经过开凌志车的是谁啊?）

番外篇 小结 5 粤语就这么简单

序号	生词	普通话释义	例句
21	gan^2 拣	选择	第三题选择题你拣咩啊？ （第三题选择题你选什么啊？）
22	cen^3 衬	相配	条长裙好衬你啊！ （这条长裙跟你很相配啊！）
23	ngao^1 拗	抓（痒）	虽然好痕，但你千其唔好拗。 （虽然很痒，但你千万不要抓！）
24	wen^1 温	重温、复习	听日考试你今日仲唔温书？ （明天考试你今天还不复习？）
25	deo^1 兜	绕	直接讲啦，唔好兜嚟兜去。 （直接说吧，不要绕来绕去！）
26	tig^1 剔	勾选	你帮我剔咪得咯！ （你帮我勾就行了嘛！）
27	fen^3 训	睡觉	你平时晚黑几点训嘎？ （你平时晚上几点睡的？）
28	cou^4 嘈	吵架、吵闹	后面嘅同学唔好嘈啦！ （后面的同学别吵了！）
29	keo^1 沟	泡、追、讨好	佢一日到黑挂住沟女！ （他一天到晚只顾着追女孩。）
30	bai^2 摆	放	唔该，小家电摆边啊？ （请问小家电放在哪里？）
31	lei^1 甩	掉	条裤甩色啊！ （这条裤子掉色啊！）
32	yug^1 郁	动	咪郁！我系警察。 （不要动！我是警察。）
33	han^1 悭	节省	佢唔食饭，悭翻啲钱寄翻乡下。 （她不吃饭，省下钱来寄回家。）
34	cang^3 撑	支持	我哋一定撑你嘎！ （我们一定支持你的！）
35	zeb^1 执	捡起来	跌咗嘢又唔执翻，懒到死！ （掉东西了又不捡起来，懒得要死！）
36	yig^1 益	给人好处	喂，有笋嘢益你！ （喂，有好东西给你哦！）

PART 2 日常口语

序号	生词	普通话释义	例句
37	lou¹ 捞	1. 混 2. 拌	1. 不如我哋辞工跟你捞世界啦! （不如我们辞职跟着你混吧!） 2. 你以为有得吃鱼翅捞饭咩? （你以为能够吃鱼翅拌饭啊?）
38	ngag¹ 厄	骗	我读得书少,你唔好厄我! （我念的书少,你不要骗我!）
39	lai⁶ 赖	抵赖	佢做错咩都赖我! （他做错什么事情都抵赖到我身上。）

二、常用句型总结

1. 用于描述事物的程度

1) 咕……就有……咕……（这么…就能够这么……啊!）

　　课文例句: 咕后生就有咕多机会!（这么年轻就有这么多机会!）

2) ……咕……,……都有嘅?（……这么……,竟然……?）

　　课文例句: 帮衬你咕耐,你厄阿姨都有嘅?（光顾你这么久,你竟然骗阿姨?）

3) ……早就……啦!（……早就已经……啦!）

　　课文例句: 大姑姐二姑姐都早就结咗啦!（大姑姑和二姑姑都早就结了啦!）

4) 唔单只……,我仲想……啊!（不单单是……,我还想……啊!）

　　课文例句: 唔单只啊,我仲想你俾啲意见我!（不止这样啊,我还想你给我一些意见!）

2. 用于表示反问

5) 有乜可能……啊?（有什么可能/怎么可能……啊?）

　　课文例句: 有乜可能卖死猪肉啊?（怎么可能卖死猪肉啊?）

6) 你唔好……得就……喎!（你不要能……就……啊!）

　　课文例句: 你唔好赖得就赖喎!（你不要能赖到谁头上就赖到谁头上哦!）

233

7) 唔俾……啊？（难道不可能是……啊？）

> **课文例句：** 唔俾你个孙食咗你碗粥入面嘅其他嘢肚痛啊？（难道不可能是你的孙子吃了你那碗粥里面的其他东西肚子痛的吗？）

8) ……有咩咁大不了喎！（……有什么大不了的！）

> **课文例句：** 春节翻去探吓我阿妈有咩咁大不了喎！（春节回去探望一下我妈有什么大不了的！）

9) 得……系……，……就唔系……！（只有……，……就不……了吗？）

> **课文例句：** 得你阿妈系人，我老豆就唔系人！（只有你妈是人，我爸就不是人啦？）

PART 3
名词词库

服装、配件及饰物

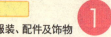

01 服装、配件及饰物

上装（上装）	sêng⁶ zong¹	衫（衣服）	sam¹
衣领（衣领）	yi¹ léng⁵	衫袖（袖子）	sam¹ zeo⁶
公主袖（蓬蓬袖）	gung¹ jü² zeo⁶	长袖（长袖）	cêng⁴ zeo⁶
短袖（短袖）	dün² zeo⁶	冇袖（无袖）	mou⁵ zeo⁶
衫尾（衣服的下端）	sam¹ méi⁵	长款（长款上衣）	cêng⁴ fun²
短款（短款上衣）	dün¹ fun²	衬衫（衬衫）	cen⁶ sam¹
Polo衫（翻领上衣）	Polo sam¹	恤衫（一般T恤衫）	sêd¹ sam¹
背心（背心）	bud³ sem¹	吊带背心（吊带背心）	diu³ dai² bud³ sem¹
挂膊（无袖上衣）	gua³ bog³	露肩（露肩上衣）	lou⁶ gin¹

下装（下装）	ha⁶ zong¹	裤（裤子）	fu³
长裤（长裤）	cêng⁴ fu³	短裤（短裤）	dün² fu³
超短裤（超短裤）	qiu¹ dün² fu³	热裤（热裤）	yid⁶ fu³
中裤（中裤）	zung¹ fu³	七分裤（七分裤）	ced¹ fen¹ fu³
九分裤（九分裤）	geo² fen¹ fu³	高腰裤（高腰裤）	gou¹ yiu¹ fu³
低腰裤（低腰裤）	dei¹ yiu¹ fu³		

韩版（韩版上衣）	hon⁴ ban²	日系（日系上衣）	yed⁶ hei⁶
英伦（英伦风格）	ying¹ lên⁴	欧美风（欧美风格）	ngeo¹ méi⁵ tung¹

底衫（内衣）	dei² sam¹	胸围（女士内衣）	hung¹ wei⁴
矫形内衣（矫形内衣）	giu² ying⁴ noi⁶ yi¹	底裤（内裤）	dei² fu³
三角裤（三角内裤）	sam¹ gog³ fu³	平脚裤（四角内裤）	ping⁴ gêg³ fu³

泳衣（泳装）	wing⁶ yi¹	泳裤（泳裤）	wing⁶ fu³
泳帽（游泳帽）	wing⁶ mou²		

袜（袜子）	med⁶	长筒袜（长袜）	cêng⁴ tung² med⁶
短袜（短袜）	dün² med⁶	船袜（船袜）	xün⁴ med⁶
丝袜（丝袜）	xi¹ med⁶		

PART 3 名词词库

运动鞋（运动鞋）	wen⁶ dung⁶ hai⁴	波鞋（运动鞋）	bo¹ hai⁴
高帮（短筒运动鞋）	gou¹ bong¹	低帮（高筒运动鞋）	dei¹ bong¹
帆布鞋（帆布鞋）	fan⁴ bou³ hai⁴	布鞋（布鞋）	bou³ hai⁴
高跟鞋（高跟鞋）	gou¹ zang¹ hai⁴	平底鞋（平底鞋）	ping⁴ dei² hai⁴
坡跟（坡跟鞋）	po¹ gen¹	凉鞋（凉鞋）	lêng⁴ hai⁴
鱼嘴鞋（鱼嘴鞋）	yü⁴ zêu² hai⁴	拖鞋（拖鞋）	to¹ hai²

西装（西服）	sei¹ zong¹	礼服（礼服）	lei⁵ fug⁶
晚装（晚装）	man⁵ zong¹	婚纱（婚纱）	fen¹ sa¹
旗袍（旗袍）	kéi⁴ pou²		

颈链（项链）	géng² lin²	白金（铂金）	bag⁶ gem¹
黄金（黄金）	wong⁴ gem¹	钻石（钻石）	jün³ ség⁶
翡翠（翡翠）	féi² cêu³	珍珠（珍珠）	zen¹ jü¹
手链（手链）	seo² lin²	表（手表）	biu¹
耳环（耳环）	yi⁵ wan¹	耳钉（耳钉）	yi⁵ déng¹
戒指（戒指）	gai³ ji²	婚戒（婚戒）	fen¹ gai³
情侣对戒（情侣对戒）	qing⁴ lêu⁵ dêu³ gai³	钻戒（钻戒）	jün³ gai³
脐环（脐环）	qi⁴ wan⁴	脚链（脚链）	gêg³ lin²

眼镜（眼镜）	ngan⁵ géng²	太阳镜（太阳眼镜）	tai³ yêng⁴ géng²
粗框眼镜（粗框眼镜）	cou¹ kuang¹ ngan⁵ géng²		

帽（帽子）	mou²	棒球帽（鸭舌帽）	pang⁵ keo⁴ mou²
爵士帽（爵士帽）	jêg³ xi⁶ mou²	草帽（草帽）	cou² mou²

手袋（包包）	seo² doi²	银包（钱包）	ngen⁴ bao¹
荷包（钱包）	ho⁴ bao¹	散纸包（零钱包）	san³ ji² bao¹
银仔包（硬币包）	ngen² zei² bao¹	背囊（背包）	bui³ nong⁴
书包（书包）	xü¹ bao¹	环保袋（环保袋）	wan⁴ bou² doi²

237

02 人体部位

头（头）	teo⁴	头壳顶（头顶）	teo⁴ hog³ déng²
头顶（头顶）	teo⁴ déng²	额头（额头）	ngag⁶ teo⁴
云精（太阳穴）	wen⁴ zéng¹	眼眉（眉毛）	ngan⁵ méi⁴
眼（眼睛）	ngan⁵	眼珠（眼球）	ngan⁵ jü¹
瞳孔（瞳孔）	tung⁴ hung²	睫毛（眼睫毛）	jid³ mou⁴
眼角（眼角）	ngan⁵ gog³	眼袋（眼袋）	ngan⁵ doi²
鼻哥（鼻子）	béi⁶ go¹	鼻梁（鼻梁）	béi⁶ lêng⁴
鼻头（鼻头）	béi⁶ teo⁴	鼻翼（鼻翼）	béi⁶ yig⁶
人中（人中）	yen⁴ zung¹	嘴（嘴巴）	zêu²
嘴唇（嘴唇）	zêu² sên⁴	上唇（上唇）	sêng⁶ sên⁴
下唇（下唇）	ha⁶ sên⁴	下爬（下巴）	ha⁶ pa⁴
面（脸颊）	min⁶	颧骨（颧骨）	kün⁴ gued¹
耳仔（耳朵）	yi⁵ zei²	头发（头发）	teo⁴ fad³
发尾（发梢）	fad³ méi⁵		

身（身体）	sen¹	颈（脖子）	géng²
颈椎（颈椎）	géng² zêu¹	锁骨（锁骨）	so² gued¹
膊头（肩膀）	bog³ teo⁴	心口（胸口）	sem¹ heo²
肚（肚子）	tou⁵	肚腩（肚腩）	tou⁵ lam⁵
小腹（小腹）	xiu² fug¹	下腹（下腹）	ha⁶ fug¹
腰（腰部）	yiu¹	背脊（背部）	bui³ zéng³
美龙骨（脊椎骨）	méi⁵ lung⁴ gued¹	脊椎（脊椎）	zéng³ zêu¹
屁股（屁股）	péi³ gu²		

手（手）	seo²	手臂（手臂）	seo² béi³
手踭（胳膊肘）	seo² zang¹	上臂（上胳膊）	sêng⁶ béi³
下臂（下胳膊）	ha⁶ béi³	手腕（手腕）	seo² wun²
手掌（手掌）	seo² zêng²	手心（手掌心）	seo² sem¹
手背（手背）	seo² bui³	手指（手指）	seo² ji²
指甲（指甲）	ji² gab³	手指公（大拇指）	seo² ji² gung¹

PART 3 名词词库

拇指（大拇指）	mou⁵ ji²	食指（食指）	xig⁶ ji²
中指（中指）	zung¹ ji²	无名指（无名指）	mou⁴ ming⁴ ji²
手指尾（小拇指）	seo² ji² méi¹	拳头（拳头）	kün⁴ teo⁴

脚（腿）	gêg³	大髀（大腿）	dai³ béi²
膝头（膝盖）	sed¹ teo⁴	膝头哥（膝盖）	sed¹ teo⁴ go⁴
小腿（小腿）	xiu² têu²	脚腕（脚腕）	gêg³ wun²
脚背（脚背）	gêg³ bui³	脚掌（脚掌）	gêg³ zêng²
脚趾（脚趾）	gêg³ ji²	脚趾公（大脚趾）	gêg³ ji² gung¹
脚趾尾（小脚趾）	gêg³ ji² méi¹		

内脏（内脏）	noi³ zong³	脑（脑）	nou⁵
大脑（大脑）	dai⁶ nou⁵	小脑（小脑）	xiu² nou⁵
脑干（脑干）	nou⁵ gon³	心脏（心脏）	sem¹ zong⁶
肺（肺）	fei³	肝（肝脏）	gon¹
脾（脾脏）	péi⁴	胃（胃部）	wei⁶
肾（肾脏）	sen⁶	大肠（大肠）	dai⁶ cêng²
小肠（十二指肠）	xiu² cêng²	盲肠（盲肠）	mang⁴ cêng²
泌尿系统（泌尿系统）	béi³ niu⁶ hei⁶ tung²	子宫（子宫）	ji² gung¹
生殖系统（生殖系统）	seng¹ jig⁶ hei⁶ tung²		

03 课程和文具

早自习（早自习）	zou³ ji⁶ zab⁶	早读（早读）	zou² dug⁶
语文（语文）	yü⁵ men⁴	英语（英语）	ying¹ yü⁵
数学（数学）	sou³ hog⁶	政治（政治）	jing³ ji⁶
历史（历史）	lig⁶ xi²	地理（地理）	déi⁶ léi⁵
生物（生物）	seng¹ med⁶	化学（化学）	fa³ hog⁶
物理（物理）	med⁶ léi⁵	体育（体育）	tei² yug⁶
课间操（课间操）	fo³ gan¹ cou¹	眼保健操（眼保健操）	ngan⁵ bou² gin⁶ cou¹
晚修（晚修）	man⁵ seo¹		

3 课程和文具

粤语就这么简单

笔（笔）	bed[1]	铅笔（铅笔）	yün[4] bed[1]
活动铅笔（自动铅笔）	wud[6] dung[6] yün[4] bed[1]	笔芯（笔芯）	bed[1] sem[1]
圆珠笔（圆珠笔）	yün[4] jü[1] bed[1]	中性笔（中性笔）	zung[1] xing[3] bed[1]
啫喱笔（中性笔）	zé[1] léi[2] bed[1]	钢笔（钢笔）	gong[3] bed[1]
墨水笔（墨水笔）	meng[6] sêu[2] bed[1]	毛笔（毛笔）	mou[4] bed[1]

簿（簿）	bou[2]	笔记簿（笔记本）	bed[1] géi[3] bou[2]
单行簿（单行簿）	dan[1] hong[4] bou[2]	练习簿（练习簿）	lin[6] zab[6] bou[2]
活页簿（活页本）	wud[6] yib[6] bou[2]		

便签（便签）	bin[6] qim[1]	胶擦（橡皮擦）	gao[1] cad[2]
擦胶（橡皮擦）	cad[3] gao[1]	擦纸胶（橡皮擦）	cad[3] ji[2] gao[1]
回形针（回形针）	wui[5] ying[5] zem[1]	反尾夹（反尾夹）	fan[2] méi[4] gab[2]
订书机（订书机）	déng[1] xü[1] géi[1]	订书钉（订书钉）	déng[1] xü[1] déng[1]
打孔机（打孔机）	da[2] hung[2] géi[1]	透明胶（透明胶）	teo[3] ming[4] gao[1]
双面胶（双面胶）	sêng[1] min[2] gao[1]	胶水（胶水）	gao[1] sêu[2]
固体胶（固体胶）	gu[3] tei[2] gao[1]	笔筒（笔筒）	bed[1] tung[2]
笔架（笔架）	bed[1] ga[2]	文件架（文件架）	men[4] gin[2] ga[2]
文件夹（文件夹）	men[4] gin[2] gab[2]	拉链袋（拉链袋）	la[1] lin[2] doi[2]
档案袋（档案袋）	dong[3] ngon[3] doi[2]	信封（信封）	sên[3] fung[1]
信纸（信纸）	sên[3] ji[2]	便签纸（便签纸）	bin[6] qim[1] ji[2]

教学楼（教学楼）	gao[3] hog[6] leo[4]	实验室（实验室）	sed[6] yim[6] sed[1]
实验楼（实验楼）	sed[6] yim[6] leo[4]	艺术中心（艺术中心）	ngei[6] sêd[6] zung[1] sem[1]
科学楼（科学楼）	fo[1] hog[6] leo[4]	综合楼（综合楼）	zung[1] hab[6] leo[4]
图书馆（图书馆）	tou[4] xü[1] gun[2]	礼堂（礼堂）	lei[5] tong[4]
剧场（剧场）	kég[6] cêng[4]	体育馆（体育馆）	tei[2] yug[6] gun[2]
操场（操场）	cou[1] cêng[4]	田径场（田径场）	tin[4] ging[3] cêng[4]
篮球场（篮球场）	lam[4] keo[4] cêng[4]		

专业（专业）	jün[1] yib[6]	院系（院系）	yün[2] hei[6]
经济学（经济学）	ging[1] zed[3] hog[6]	财政学（财政学）	coi[4] jing[3] hog[6]

PART 3 名词词库

金融学（金融学）	gem¹ yug⁴ hog⁶	国际贸易（国际贸易）	guog³ zed³ meo⁶ yig⁶
保险学（保险学）	bou² him² hog⁶	物流管理（物流管理）	med⁶ leo⁴ gun² léi⁵
生产管理（生产管理）	seng¹ can² gun² léi⁵	供应链管理（供应链管理）	gung¹ ying³ lin² gun² léi⁵
工商管理（工商管理）	gung¹ sêng¹ gun² léi⁵	人力资源（人力资源）	yen⁴ lig⁶ ji¹ yün⁴
酒店管理（酒店管理）	zeo² dim³ gun² léi⁵	市场营销（市场营销）	xi⁵ cêng⁴ ying⁴ xiu¹
汉语言文学（汉语言文学）	hon³ yü⁵ yin⁴ men⁴ hog⁶	临床医学（临床医学）	lem⁴ cong⁴ yi¹ hog⁶
外国语学院（外国语学院）	ngoi⁶ guog³ yü⁵ hog⁶ yün²	计算机技术（计算机技术）	gei³ xün³ géi¹ géi⁶ sêd⁶
物理工程（物理工程）	med⁶ léi⁵ gung¹ qing⁴	光信息科学（光信息科学）	guong¹ sên³ xig¹ fo¹ hog⁶
材料物理（材料物理）	coi⁴ liu² med⁶ léi⁵	应用化学（应用化学）	ying³ yung⁶ fa³ hog⁶
建筑设计（建筑设计）	gin³ zug¹ qid³ gei³	生物技术（生物技术）	seng¹ med⁶ géi⁶ sêd⁶

04 食物

猪肉/排/扒（猪肉/排/扒）	jü¹ yug⁶/pai²/pa²	牛肉/排/扒（牛肉/排/扒）	ngeo⁵ yug⁶/pai²/pa²
羊肉/排/扒（羊肉/排/扒）	yêng⁵ yug⁶/pai²/pa²	鸡肉/排/扒（鸡肉/排/扒）	gei¹ yug⁶/pai²/pa²
鸭肉（鸭肉）	ngab³ yug⁶	排骨（排骨）	pai⁴ gued⁶
猪骨（猪骨）	jü¹ gued¹	里脊（里脊）	léi⁵ zég³
叉烧（叉烧）	ca¹ xiu¹	烧肉（烧肉）	xiu¹ yug⁶
烧鸡（烧鸡）	xiu¹ gei¹	烧鸭（烧鸭）	xiu¹ ngab²
烤肉（烤肉）	hao¹ yug⁶	牛腩（牛腩）	ngeo⁴ lam⁵
牛杂（牛杂）	ngeo⁵ zab⁶	牛三星（牛三星）	ngeo⁵ sam¹ xing¹
鱼（鱼）	yü²	鱿鱼（鱿鱼）	yeo⁵ yü²

4 食物

粤语就这么简单

八爪鱼（墨鱼）	bad³ zao² yü⁴
脘鱼（草鱼）	wan⁵ yü²
鲫鱼（鲫鱼）	zeg¹ yü²
石斑鱼（石斑鱼）	ség⁶ ban¹ yü²
比目鱼（比目鱼）	béi² mug⁶ yü⁴
蟹（蟹）	hai⁵
扇贝（扇贝）	xin³ bui³

墨鱼（墨鱼）	meg⁶ yü⁴
鲈鱼（鲈鱼）	lou⁴ yü²
黄花鱼（黄花鱼）	wong⁴ fa¹ yü²
三文鱼（三文鱼）	sam¹ men⁴ yü²
虾（虾）	ha¹
花甲（花甲）	fa¹ gab³
带子（带子）	dai³ ji²

蔬菜（蔬菜）	so¹ coi³
油麦菜（油麦菜）	yeo⁴ meg⁶ coi³
菜心（菜心）	coi³ sem¹
通心菜（通心菜）	tung¹ sem¹ coi³
瓮菜（通心菜）	ngug³ coi³
大白菜（大白菜）	dai⁶ bag⁶ coi³
娃娃菜（娃娃菜）	wa¹ wa¹ coi³
潺菜（越南菠菜、胭脂菜、大叶木耳菜）	san⁴ coi³
白菜仔（小白菜）	bag¹ coi³ zei²
芥菜（芥菜）	gai³ coi³
芦笋（芦笋）	lou⁴ sên²
韭菜花（韭菜花）	geo² coi³ fa¹

生菜（生菜）	sang¹ coi³
麦菜（油麦菜）	meg⁶ coi³
芥兰（芥兰）	gai³ lan²
通菜（通菜）	tung¹ coi³
椰菜（卷心菜）	yé⁴ coi³
黄牙白（大白菜）	wong⁴ nga⁴ bag⁶
番薯藤（红薯叶）	fan¹ xü⁴ teng⁴
菠菜（菠菜）	bo¹ coi³
菜胆（上海青）	coi³ dam²
芹菜（芹菜）	ken⁴ coi³
韭菜（韭菜）	geo² coi³
韭黄（韭黄）	geo² wong⁴

青瓜（黄瓜）	céng¹ gua¹
南瓜（南瓜）	nam⁴ gua¹
丝瓜（丝瓜）	xi¹ gua¹
节瓜（毛瓜）	jid³ gua¹
葫芦瓜（葫芦）	wu⁴ lou² gua¹
红萝卜（胡萝卜）	hung⁴ lo⁴ bag⁶
洋葱（洋葱）	yêng⁴ cung¹
灯笼椒（甜辣椒）	deng¹ lung⁴ jiu¹
薯仔（土豆）	xü⁴ zei²
木薯（白薯）	mug⁶ xü⁴
芋头（芋头）	wu⁶ teo²

茄瓜（茄子）	ké² gua¹
冬瓜（冬瓜）	dung¹ gua¹
水瓜（丝瓜）	sêu² gua¹
白瓜（白瓜）	bag⁶ gua¹
脆皮瓜（西葫芦）	cêu³ péi² gua¹
白萝卜（萝卜）	bag⁶ lo⁴ bag⁶
太空椒（甜辣椒）	tai³ hung¹ jiu¹
马铃薯（土豆）	ma¹ ling⁴ xü⁴
番薯（红薯）	fan¹ xü²
淮山（山药）	wai⁴ san¹
粟米（玉米）	sug¹ mei⁵

PART 3 名词词库

核桃（核桃）	hed⁶ tou⁴	辣椒（辣椒）	lad⁶ jiu¹
红葱头（干葱）	hung⁴ cung¹ teo⁴	葱（小葱）	cung¹
大葱（大葱）	dai⁶ cung¹	姜（生姜）	gêng¹
蒜头（大蒜）	xün³ teo⁴	大蒜（蒜，连叶的）	dai⁶ xün³

生果（水果）	sang¹ guo²	苹果（苹果）	ping⁴ guo²
雪梨（梨）	xüd³ léi⁴	橙（橘子）	cang²
柑（橘子）	gem¹	柠檬（柠檬）	ling⁴ mung¹
西瓜（西瓜）	sei¹ gua¹	蜜瓜（哈密瓜）	med⁶ gua¹
香瓜（香瓜、甜瓜）	hêng¹ gua¹	黑加仑子（黑加仑子）	hag¹ ga¹ lên⁴ ji²
鸡屎果（番石榴）	gei¹ xi² guo²	石榴（红石榴）	ség⁶ leo²
葡萄（葡萄）	pou⁴ tou⁴	提子（葡萄）	tei⁴ ji²
番石榴（番石榴）	fan¹ ség⁶ leo²	车厘子（樱桃）	cé¹ léi⁴ ji²
士多啤梨（草莓）	xi⁶ do¹ bé¹ léi⁴	蓝莓（蓝莓）	lam⁴ mui²
水蜜桃（桃子）	sêu² med⁶ tou⁴	油桃（油桃）	yeo⁴ tou⁴
杨桃（杨桃）	yêng⁴ tou²	芒果（芒果）	mong¹ guo²
椰青（未成熟的椰子）	yé⁴ céng¹	大蕉（香蕉的一种，较大表皮较粗糙）	dai⁶ jiu¹
粉蕉（香蕉的一种，较小较香）	fen² jiu¹	皇帝蕉（东南亚进口香蕉）	wong⁴ dei³ jiu¹
椰子（椰子）	yé⁴ ji²	香蕉（香蕉）	hêng¹ jiu¹

调味料（佐料）	tiu⁴ méi⁶ liu²	盐（盐）	yim⁴
砂糖（白糖）	sa¹ tong⁴	红糖（红糖）	hung⁴ tong⁴
冰糖（冰糖）	bing¹ tong⁴	醋（白醋）	cou³
甜醋（醋，深色的）	tim⁴ cou³	浙醋（红醋）	jid³ cou³
苹果醋（苹果醋）	ping⁴ guo² cou³	柱候酱（柱候酱）	qü⁵ heo⁴ zêng³
海鲜酱、XO酱（海鲜酱）	hoi² xin¹ zêng³	虾酱（虾酱）	ha¹ zêng³
腐乳（腐乳）	fu⁶ yü⁵	南乳（红腐乳）	nam⁴ yü⁵
咖喱（咖喱）	ga³ léi¹	味精（味精）	méi⁶ jing¹
花生油（花生油）	fa¹ seng¹ yeo⁴	调和油（调和油）	tiu⁴ wo⁴ yeo⁴
橄榄油（橄榄油）	gam³ lam² yeo⁴	麻油（香油）	ma⁴ yeo⁴
辣椒油（辣椒油）	lad⁶ jiu¹ yeo⁴		

零食及饮料

粤语就这么简单

煮法（烹调法）	jü² fad³	红烧（红烧）	hung⁴ xiu¹
清蒸（清蒸）	qing¹ jing¹	煎（煎）	jin¹
清炒（清炒）	qing¹ cao²	蒜蓉炒（蒜蓉炒）	xün³ yung⁴ cao²
椒丝炒（椒丝炒）	jiu¹ xi¹ cao²	腐乳炒（腐乳炒）	fu⁶ yü⁵ cao²
炆（炖）	men¹	焗（烤、焖）	gug⁶
炖（隔水清炖）	den⁶	煮（烫、清水煮）	jü²
煲（用汤锅或者紫砂煲慢煮）	bou¹		

海味（干货）	hoi² méi²	海参（海参）	hoi² sem¹
鲍鱼（鲍鱼）	bao¹ yü⁴	鱼翅（鱼翅）	yü⁴ qi³
花胶（鱼肚）	fa¹ gao¹	虾米（干虾仁）	ha¹ mei⁵
蚝豉（干牡蛎）	hou⁴ xi²	啖菜（小的、品质较差的干牡蛎）	dam⁶ coi³
瑶柱（元贝）	yiu⁴ qü⁵		

主食（主食）	jü² xig⁶	饭（米饭）	fan⁶
面（面）	min⁶	粉（粉）	fen²
汤（汤）	tong¹	粥（粥）	zug¹
包（包子）	bao¹	面包（面包）	min⁶ bao¹
小笼包（小笼包）	xiu² lung⁶ bao¹	腊肠（香肠）	lab⁶ cêng²
腊肉（腊肉）	lab⁶ yug⁴		

05 零食及饮料

糖（糖果）	tong²	太妃糖（太妃糖）	tai³ féi¹ tong²
花生糖（花生糖）	fa¹ seng¹ tong²	水果糖（水果糖）	sêu² guo² tong²
橡皮糖（橡皮糖）	zêng⁶ péi⁴ tong²	利是糖（利是糖）	lei⁶ xi⁶ tong²
朱古力（巧克力）	jü¹ gu¹ lig¹	香口胶（口香糖）	hêng¹ heo² gao¹
吹波胶（泡泡糖）	cêu¹ bo¹ gao¹	喉糖（润喉糖）	heo⁴ tong²
饼干（饼干）	béng² gon¹	夹心饼（夹心饼）	gab³ sem¹ béng²
梳打饼（苏打饼）	so¹ da² béng²	花生（花生）	fa¹ seng¹

PART 3 名词词库

南乳花生（南乳花生）	nam⁴ yü⁵ fa¹ seng¹
杏仁（杏仁）	heng⁶ yen⁴
开心果（开心果）	hoi¹ sem¹ guo²
雪糕（冰激凌）	xüd³ gou¹

瓜子（瓜子）	gua¹ ji²
腰果（腰果）	yiu¹ guo²
松子（松子）	cung⁴ ji¹

汽水（汽水）	héi³ sêu²
雪碧（雪碧）	xüd³ big¹
橙汁（橙汁）	cang² zeb¹
摩卡（摩卡咖啡）	mo¹ ka¹
南山咖啡（南山咖啡）	nam⁴ san¹ ga³ fé¹

可乐（可乐）	ho² log⁶
七喜（七喜）	ced¹ héi¹
咖啡（咖啡）	ga³ fé¹
拿铁（拿铁咖啡）	na⁴ tid⁸
爱尔兰咖啡（爱尔兰咖啡）	ngoi³ yi⁵ lan⁴ ga³ fé¹

茶（茶）	ca⁴
绿茶（绿茶）	lug⁶ ca⁴
铁观音（铁观音）	tid³ gun¹ yem¹
茉莉（茉莉茶）	mud⁶ léi²

红茶（红茶）	hung⁴ ca⁴
普洱（普洱）	pou² léi²
花茶（花茶）	fa¹ ca⁴
菊花（菊花茶）	gug¹ fa¹

柠檬茶（柠檬茶）	ling⁴ mung¹ ca⁴
梳打水（苏打水）	so¹ da² sêu²
白滚水（白开水）	bag⁶ guen² sêu²
纯净水（纯净水）	sên⁴ jing³ sêu²

柠乐（柠檬可乐）	ling² log⁶
冰水（冰水）	bing¹ sêu²
矿泉水（矿泉水）	kuong³ qün⁴ sêu²

奶（牛奶）	nai⁵
酸奶（酸奶）	xün¹ nai⁵
奶茶（奶茶）	nai⁵ ca⁴

鲜奶（鲜牛奶）	xin¹ nai⁵
蜜糖（蜂蜜水）	med⁶ tong⁴
奶昔（奶昔）	nai⁵ xig¹

酒（酒）	zeo²
黄酒（黄酒）	wong⁴ zeo²
米酒（白酒）	mei⁵ zeo²
洋酒（洋酒）	yêng⁴ zeo²
威士忌（威士忌）	wei¹ xi⁶ géi²
啤酒（啤酒）	bé¹ zeo²

红酒（红酒）	gung⁴ zeo²
白酒（白酒）	bag⁶ zeo²
二锅头（二锅头）	yi⁶ wo¹ teo⁴
鸡尾酒（鸡尾酒）	gei¹ méi⁵ zeo²
朗姆（朗姆酒）	long⁵ mou⁵

运动项目

06　运动项目

田径（田径）	tin⁴ ging³	跑步（跑步）	pao² bou⁶
散步（散步）	san³ bou⁶	竞走（竞走）	ging⁶ zeo²
长跑（长跑）	cêng⁴ pao²	马拉松（马拉松）	ma⁵ lai¹ cung⁴
跳远（跳远）	tiu³ yün⁵	跳高（跳高）	tiu³ gou¹
撑杆跳（撑杆跳）	cang¹ gon¹ tiu³	三级跳（三级跳）	sam¹ keb¹ tiu³
跨栏（跨栏）	kua¹ lan⁴	接力跑（接力跑）	jib³ lig⁶ pao²
球类（球类）	keo⁴ lêu⁶	足球（足球）	zug¹ keo⁴
室内足球（室内足球）	sed¹ noi⁶ zug¹ keo⁴	篮球（篮球）	lam⁴ keo⁴
女子篮球（女子篮球）	nêu⁵ ji² lam⁴ keo⁴	三人篮球（三人篮球）	sam¹ yen⁴ lam⁴ keo⁴
网球（网球）	mong⁵ keo⁴	排球（排球）	pai⁴ keo⁴
高尔夫球（高尔夫球）	gou⁴ yi⁵ fu¹ keo⁴	棒球（棒球、垒球）	pang⁵ keo⁴
乒乓球（乒乓球）	bing¹ beng¹ keo⁴	桌球（台球）	cêg⁴ keo⁴
枱球（台球）	toi² keo⁴	手球（手球）	seo² keo⁴
冰球（冰球）	bing¹ keo⁴	曲棍球（冰球）	kug¹ guen³ keo⁴
壁球（壁球）	big¹ keo⁴	冰壶（冰壶）	bing¹ wu²
游泳（游泳）	yeo⁴ wing⁶	游水（游泳）	yeo⁴ sêu²
蛙泳（蛙泳）	wa¹ wing⁶	蛙式（蛙泳）	wa¹ xig¹
自由泳（自由泳）	ji⁶ yeo⁴ wing⁶	蝶泳（蝶泳）	dib⁶ wing⁶
蝶式（蝶泳）	dim⁶ xig¹	仰泳（仰泳）	yêng⁵ wing⁶
背泳（仰泳）	bui³ wing⁶	跳水（跳水）	tiu³ sêu²
十米高台（十米高台）	seb⁶ mei⁵ gou¹ toi²	三米板（三米板）	sam¹ mei¹ ban²
双人跳水（双人跳水）	sêng¹ yen⁴ tiu³ sêu²	花式游泳（花样游泳）	fa¹ xig¹ yeo⁴ wing⁶
体操（体操）	tei² cou¹	自由体操（自由体操）	ji⁶ yeo⁴ tei² cou¹
跳马（跳马）	tiu³ ma⁵	双杠（双杠）	sêng¹ gong³
单杠（单杠）	dan¹ gong³	吊环（吊环）	diu³ wan⁴
高低杠（高低杠）	gou¹ dei¹ gong³	平衡木（平衡木）	ping⁴ heng⁴ mug⁶
鞍马（鞍马）	ngon¹ ma⁵	球操（球操）	keo⁴ cou¹
带操（带操）	dai² cou¹	棒操（棒操）	pang⁵ cou¹

PART 3 名词词库

马术（马术）	ma⁵ sêu⁶
滑板（滑板）	wad⁶ ban²
轮滑（轮滑）	lên⁴ wad⁶
溜冰（溜冰）	leo⁴ bing¹
爬龙船（划龙舟）	pa⁴ lung⁴ xün⁴
滑浪风帆（风帆）	wad⁶ long⁶ fung¹ fan⁴
极限运动（极限运动）	ging⁶ han⁶ wen⁶ dung⁶
追逐赛（追逐赛）	zêu¹ zug⁶ coi³
拉力赛（拉力赛）	lai¹ lig⁶ coi³

滑雪（滑雪）	wad⁶ xüd³
自行车（自行车）	ji⁶ heng⁴ cé¹
滑冰（溜冰）	wad⁶ bing¹
龙舟（龙舟）	lung⁴ zeo¹
独木舟（独木舟）	dung⁶ mug⁶ zeo¹
踩单车（骑自行车）	cai² dan¹ cé¹
铁人三项（铁人三项）	tid³ yen⁴ sam¹ hong⁶
赛车（赛车）	coi³ cé¹

规则（规则）	kued¹ zeg¹
防守（防守）	fong⁴ seo²
走步（篮球，三步带球）	zeo² bou⁶
对方发球（转换发球权）	dui³ fong¹ fad³ keo⁴
回场（篮球，进攻方回场犯规）	wui⁴ cêng⁴
拦网（排球，拦网）	lan⁴ mong⁵
铲球（足球，铲球）	can² keo⁴
十二码（足球，大禁区附近任意球）	seb⁶ yi⁶ ma⁵
点球（足球，点球）	dim² keo⁴

进攻（进攻）	zên³ gung¹
双带（篮球，双手带球）	sêng¹ dai³
撞人（篮球，带球撞人）	zong⁶ yen⁴
三秒（篮球，防守区域内超时）	sam¹ miu⁵
打手（篮球，防守犯规）	da² seo²
出界（球出界）	cêd¹ gai³
危险动作（足球，危险动作）	ngei⁴ him² dung⁶ zog³
任意球（足球，任意球）	yem⁶ yi² keo⁴

07　家居及日用品

电器（电器）	din⁶ héi³
空调（空调）	hung¹ tiu⁴
冰箱（冰箱）	bing¹ sêng¹
洗衣机（洗衣机）	sei² yi¹ géi¹

电视（电视机）	din⁶ xi⁶
冷气（空调）	lang⁵ héi³
雪柜（冰箱）	xüd³ gued⁶
音箱（音箱）	yem¹ sêng¹

247

7 家居及日用品

音响（音响）	yem¹ hêng²
焗炉（烤箱）	gug⁶ lou⁴
西施煲（西施锅）	sei¹ xi¹ bou¹
电磁炉（电磁炉）	din⁶ qi⁴ lou⁴

微波炉（微波炉）	méi⁵ bo¹ lou⁴
电饭煲（电饭锅）	din³ fan³ bou¹
电子瓦撑（西施锅）	din⁶ ji² nga⁵ cang¹

镬（炒锅）	wog⁶
碗（碗）	wun²
碟（碟）	dim²
钵（钵子）	bud³
匙羹（汤匙）	qi⁴ geng¹
汤壳（汤勺）	tong¹ hog³
茶杯（杯子）	ca⁴ bui¹
水壶（水壶）	sêu² wu²

煲（锅子）	bou¹
碗仔（小碗）	wun² zei²
兜（大汤碗）	deo¹
筷子（筷子）	fai³ ji²
汤羹（汤勺）	tong¹ geng¹
饭壳（饭勺）	fan⁶ hog³
茶壶（水壶）	ca⁴ wu²

数码（数码产品）	sou³ ma⁵
手机（手机）	seo² géi¹
笔记本（笔记本电脑）	bed¹ géi³ bun²
数码相机（数码相机）	sou³ ma⁵ sêng² géi¹
键盘（键盘）	gin⁶ pun²
滑鼠（鼠标）	wad⁶ xü²
插电（充电）	cab³ din⁶
主板（主板）	jü² ban²
电源（电源）	din⁶ yün⁴
打印机（打印机）	da² yen³ géi¹
复印机（复印机）	fug¹ yen³ géi¹
数据线（数据线）	sou³ gêu³ xin³
镜头（镜头）	géng³ teo⁴

手提电话（手机）	seo² tei⁴ din⁶ wa²
电脑（电脑）	din⁶ nou⁵
手提电脑（笔记本电脑）	seo² tei⁴ din⁶ nou⁵
平板电脑（平板电脑）	ping⁴ ban² din⁶ nou⁵
鼠标（鼠标）	xü² biu¹
充电器（充电器）	cung¹ din⁶ héi³
外置光驱（外置光驱）	ngoi⁶ ji³ guong¹ kêu¹
处理器（处理器）	qü⁵ léi⁵ héi³
耗材（耗材）	hou³ coi⁴
传真机（传真机）	qün² zen¹ géi¹
上网本（上网本）	sêng⁵ mong⁵ bun²
单反（单反相机）	dan¹ fan²

灯（灯）	deng¹
灯泡（电灯泡）	deng¹ pao¹
保险丝（保险丝）	bou¹ him² xi¹

灯胆（电灯泡）	deng¹ dam²
光管（光管）	deng¹ gun²
镜（镜子）	géng³

PART 3 名词词库

枱（桌子）	toi²	凳（椅子、凳子）	deng³
茶几（茶几）	ca⁴ géi¹	沙发（沙发）	sa¹ fad³
梳发（沙发）	so² fad³	贵妃椅（贵妃椅）	guei³ féi¹ yi²
嘟脚凳（垫脚凳）	long³ gêg³ deng³	书枱（书桌）	xü¹ toi²

电脑椅（电脑椅）	din⁶ nou⁵ yi²	床（床）	cong⁴
床板（床板）	cong² ban²	床垫（床垫）	cong² din³
梳妆枱（梳妆台）	so² zong¹ toi²	书柜（书柜）	xü¹ guei⁶
杂物柜（杂物柜）	zab⁶ med⁶ guei⁶	组合柜（组合柜）	zou² heb⁶ guei⁶
收纳（收纳）	seo¹ nab⁶	衣柜（衣柜）	yi¹ guei⁶
酒柜（酒柜）	zeo² guei⁶	柜筒（抽屉）	guei⁶ tung²
鞋柜（鞋柜）	hai⁴ gued⁶	鞋架（鞋架）	hai⁴ ga²
浴缸（浴缸）	yug⁶ gong¹	洗面盆（洗脸盆）	sei² min⁶ pun⁴
厕所（厕所）	qi³ so²	坐厕（坐厕）	zo⁶ qi³
尿兜（小便器）	niu⁶ deo¹		

枕头（枕头）	zem² teo⁴	枕头套（枕头套）	zem² teo⁴ tou³
被（被子）	péi⁵	被褥（被褥）	péi⁵ yug¹
被芯（被褥）	péi⁵ sem¹	床单（床单）	cong⁴ dan¹
床褥（床褥、床垫）	cong⁴ yug¹	床罩（床罩）	cong⁴ zao³
揽枕（抱枕、靠枕）	lam² zem²	酷笋（抱枕、靠枕）	ku¹ sên²

公仔（娃娃、玩偶）	gung¹ zei²	毛公仔（娃娃、玩偶）	mou⁴ gung¹ zei²

洗头水（洗发水）	sei² teo⁴ sêu²	沐浴液（沐浴液）	mug⁶ yug⁶ yig⁶
冲凉液（沐浴液）	cung⁶ lêng⁴ yig⁶	护发素（护发素）	wu⁶ fad³ sou³
发膜（发膜）	fad³ mog²	洗面奶（洗面奶）	sei² min⁶ nai⁵
洗面泡沫（洗脸泡沫）	sei² min⁶ pou⁵ mud⁶	须后水（须后水）	sou¹ heo⁶ sêu²
须刨（刮胡刀）	sou¹ pao²	剃须刀（刮胡刀）	tei³ sou¹ dou¹
牙膏（牙膏）	nga⁴ gou¹	牙刷（牙刷）	nga⁴ cad²
漱口水（漱口水）	seo³ heo² sêu²	梳（梳子）	so¹

国内地名及旅游景点 | 粤语就这么简单

毛巾（毛巾）	mou⁴ gen¹	浴巾（浴巾）	yug⁶ gen¹
浴帘（浴帘）	yug⁶ lim²	地毡（地毯）	déi⁶ jin¹
纸巾（纸巾）	ji² gen¹	湿纸巾（湿纸巾）	seb¹ ji² gen¹
花樽（花瓶）	fa¹ zên¹	花盆（花盆）	fa¹ pun⁴
相架（相框）	sêng¹ ga²	钟（时钟）	zung¹
闹钟（闹钟）	nao⁶ zung¹	鱼缸（鱼缸）	yü⁴ gong¹

08　国内地名及旅游景点

中国（中国）	zung¹ guog³	国内（国内）	guog³ noi⁶
东北（东北）	dung¹ beg¹	黑龙江（黑龙江）	hag¹ lung⁴ gong¹
哈尔滨（哈尔滨）	ha¹ yi¹ ben¹	吉林（吉林）	ged¹ lem⁴
长春（长春）	cêng⁴ cên¹	大兴安岭（大兴安岭）	dai⁶ hing¹ ngon¹ ling⁵
长白山（长白山）	cêng⁴ bag⁶ san¹	辽宁（辽宁）	liu⁴ ling⁴
沈阳（沈阳）	sem² yêng⁴	大连（大连）	dai⁶ lin⁴
华北（华北）	wa⁴ beg¹	北京（北京）	beg¹ ging¹
天安门（天安门广场）	tin¹ ngon¹ mun⁴	人民大会堂（人民大会堂）	yen⁴ men⁴ dai⁶ wui⁶ tong⁴
长城（长城）	cêng⁴ xing⁴	故宫（故宫）	gu³ gung¹
颐和园（颐和园）	yi⁴ wo⁴ yün⁴	天坛（天坛）	tin¹ tan⁴
地坛（地坛）	déi⁶ tan⁴	鸟巢（鸟巢）	niu⁵ cao⁴
南锣鼓巷（南锣鼓巷）	nam⁴ lo⁴ gu² hong²	国家大剧院（国家大剧院）	guog³ ga¹ dai⁶ kêg¹ yün²
三里屯（三里屯）	sam¹ léi⁵ tün⁴	水立方（水立方）	sêu² lab⁶ fong¹
西单（西单）	sei¹ dan¹	天津（天津）	tin¹ zên¹
河北（河北省）	ho⁴ beg¹	石家庄（石家庄）	ség¹ ga¹ zong¹
避暑山庄（避暑山庄）	béi⁶ xü² san¹ zong¹	呼和浩特（呼和浩特）	hu¹ wo⁴ hou⁶ deg⁶
山西（山西省）	san¹ sei¹	太原（太原）	tai³ yün⁴
内蒙古（内蒙古）	noi⁶ mung⁴ gu²	秦皇岛（秦皇岛）	cên⁴ wong⁴ dou²

PART 3 名词词库

蒙古包（蒙古包）	mung⁴ gu² bao¹	草原（草原）	coi² yün⁴

华东（华东）	wa⁴ dung¹	山东（山东省）	san¹ dung¹
威海（威海）	wei¹ hoi²	青岛（青岛）	qing¹ dou²
济南（济南）	zei³ nam⁴	潍坊（潍坊）	wei⁴ fong¹
泰山（泰山）	tai³ san¹	江苏（江苏省）	gong¹ sou¹
苏州（苏州）	sou¹ zeo¹	拙政园（拙政园）	jüd⁶ jing³ yün⁴
南京（南京）	nam⁴ ging¹	无锡（无锡）	mou⁴ ség⁶
扬州（扬州）	yêng⁴ zeo¹	上海（上海）	sêng⁶ hoi²
东方明珠（东方明珠）	dung¹ fong¹ ming⁴ jü¹	黄浦江（黄浦江）	wong⁴ pou² gong¹
浦东（浦东）	pou³ dung¹	外滩（外滩）	ngoi⁶ tan¹
浙江（浙江省）	jid³ gong¹	杭州（杭州）	hong⁴ zeo¹
宁波（宁波）	ning⁴ bo¹	温州（温州）	wen¹ zeo¹
江西（江西省）	gong¹ sei¹	南昌（南昌）	nam⁴ cêng¹
景德镇（景德镇）	ging² deg¹ zen³	庐山（庐山）	lou⁴ san¹
安徽（安徽省）	ngon¹ fei¹	合肥（合肥）	heb⁶ féi⁴
黄山（黄山）	wong⁴ san¹	九华山（九华山）	geo² wa⁴ san¹
福建（福建省）	fug¹ gin³	福州（福州）	fug¹ zeo¹
厦门（厦门）	ha⁶ mun⁴	鼓浪屿（鼓浪屿）	gu² long⁶ zêu⁶

中南（中南地区）	zung¹ nam⁴	河南（河南省）	ho⁴ nam⁴
郑州（郑州）	zéng⁶ zeo¹	少林寺（少林寺）	xiu³ lem⁴ ji²
开封（开封）	hoi¹ fung¹	洛阳（洛阳）	log⁶ yêng⁴
龙门石窟（龙门石窟）	lung⁴ mun⁴ ség⁶ fed¹	湖北（湖北省）	wu⁴ beg¹
武汉（武汉）	mou⁵ hon³	湖南（湖南省）	wu⁴ nam⁴
长沙（长沙）	cêng⁴ sa¹	湘潭（湘潭）	sêng¹ tam⁴
洞庭湖（洞庭湖）	dung⁶ ting⁴ wu⁴	岳阳（岳阳）	ngog⁶ yêng⁴
毛泽东故居（毛泽东故居）	mou⁴ zag⁶ dung¹ gu³ gêu¹	凤凰古城（凤凰古城）	fung⁶ wong⁴ gu² xing⁴
张家界（张家界）	zêng¹ ga¹ gai³		

西南（西南）	sei¹ nam⁴	云南（云南省）	wen⁴ nam⁴
昆明（昆明）	kuen¹ ming⁴	大理（大理）	dai⁶ léi⁵

251

国内地名及旅游景点

乐山大佛（乐山大佛）	log⁶ san¹ dai⁶ fed⁶	玉龙雪山（玉龙雪山）	yug⁶ lung⁴ xüd³ san¹
西双版纳（西双版纳）	sei¹ sêng¹ ban² nab⁶	香格里拉（香格里拉）	hêng¹ gag³ léi⁵ lai¹
贵州（贵州省）	guei³ zeo¹	贵阳（贵阳）	guei³ yêng⁴
四川（四川省）	séi³ qün¹	成都（成都）	xing⁴ dou¹
都江堰（都江堰）	dou¹ gong¹ yin³	丽江（丽江）	lei⁶ gong¹
峨眉山（峨眉山）	ngo⁵ méi⁵ san¹	重庆（重庆）	cung⁴ hing³
西藏（西藏）	sei¹ zong⁶	拉萨（拉萨）	lai¹ sad³
布达拉宫（布达拉宫）	bou³ dad⁶ lai¹ gung¹	雅鲁藏布江（雅鲁藏布江）	nga⁵ lou⁵ zong⁶ bou³ gong¹
西北（西北）	sei¹ beg¹	新疆（新疆）	sen¹ gêng¹
乌鲁木齐（乌鲁木齐）	wu¹ lou⁵ mug⁶ cei⁴	吐鲁番（吐鲁番）	tou³ lou⁵ fan⁴
青海（青海省）	qing¹ hoi²	青海湖（青海湖）	qing¹ hoi² wu⁴
西宁（西宁）	sei¹ ning⁴	甘肃（甘肃省）	gem¹ sug¹
兰州（兰州）	lan⁴ zeo¹	嘉峪关（嘉峪关）	ga¹ yü⁶ guan¹
敦煌（敦煌）	dên¹ wong⁴	宁夏（宁夏）	ning⁴ ha⁶
银川（银川）	ngen⁴ qün¹	陕西（陕西省）	xim² sei¹
西安（西安）	sei¹ ngon¹	兵马俑（兵马俑）	bing¹ ma⁵ yung²
延安（延安）	yin⁴ ngon¹		
华南（华南）	wa⁴ nam⁴	广东（广东省）	guong² dung¹
广州（广州）	guong² zeo¹	小蛮腰（广州塔）	xiu² man⁴ yiu¹
沙面（沙面）	sa¹ min²	陈家祠（陈家祠）	cen⁴ ga¹ qi⁴
潮汕地区（潮汕地区）	qiu⁴ san³ déi⁶ kêu¹	黄埔军校（黄埔军校）	wong⁴ bou³ guen¹ hao⁶
深圳（深圳）	sem¹ zen³	珠海（珠海）	jü¹ hoi²
东莞（东莞）	dung¹ gun²	佛山（佛山）	fed⁶ san¹
江门（江门）	gong¹ mun⁴	肇庆（肇庆）	xiu⁶ hing³
鼎湖山（鼎湖山）	ding² wu⁴ san¹	西樵山（西樵山）	sei¹ qiu⁴ san¹
韶关（韶关）	xiu⁴ guan¹	南华寺（南华寺）	nam⁴ wa⁴ ji²
丹霞山（丹霞山）	dan¹ ha⁴ san¹	梅州（梅州）	miu⁴ zeo¹

PART 3 名词词库

客家（客家）	hag³ ga¹	白云山（白云山）	bag⁶ wen⁴ san¹
汕头（汕头）	san³ teo⁴	潮州（潮州）	qiu⁴ zeo¹
潮阳（朝阳）	qiu⁴ yêng⁴	湛江（湛江）	zam³ gong¹
茂名（茂名）	meo⁶ ming⁴	中山（中山）	zung¹ san¹
广西（广西省）	guong² sei¹	桂林（桂林）	guei³ lem⁴
漓江（漓江）	léi⁴ gong¹	七星岩（七星岩）	ced¹ xing¹ ngam¹
象鼻山（象鼻山）	zêng⁶ béi⁶ san¹	南宁（南宁）	nam⁴ ning¹
北海（北海）	beg¹ hoi²	海南（海南省）	hoi² nam⁴
三亚（三亚）	sam¹ nga³	海口（海口）	hoi² heo²
琼州海峡（琼州海峡）	king⁴ zeo¹ hoi² hab⁶		

香港（香港）	hêng¹ gong¹	黄大仙（黄大仙）	wong⁴ dai⁶ xin¹
海洋公园（海洋公园）	hoi² yêng⁴ gung¹ yün²	大三巴牌坊（大三巴牌坊）	da⁶ sam¹ ba¹ pai⁴ fong¹
澳门（澳门）	ngou³ mun²	红馆（红馆）	hung⁴ gun²
妈祖庙（妈祖庙）	ma¹ zou² miu²	台湾（台湾）	toi⁴ wan¹
日月潭（日月潭）	yed⁶ yüd⁶ tam⁴		

09　国外地名及旅游景点

国外（国外）	guog³ tngoi⁶	亚洲（亚洲）	nga³ zeo¹

北亚（北亚地区）	beg¹ nga³	俄罗斯（俄罗斯）	ngo⁴ lo⁴ xi¹
莫斯科（莫斯科）	mog⁶ xi¹ fo¹	蒙古（蒙古）	mung⁴ gu²
朝鲜（朝鲜）	qiu⁴ xin¹	韩国（韩国）	hon⁴ guog³
日本（日本）	yed⁶ bun²	东京（东京）	dung¹ ging¹
北海道（北海道）	beg¹ hoi² dou⁶	京都（京都）	ging¹ dou¹
秋叶原（秋叶原）	ceo¹ yib⁶ yün⁴	寿司（寿司）	seo⁶ xi¹
刺身（刺身）	qi³ sen¹	芥辣（芥末）	gai³ lad⁶
拉面（拉面）	lai¹ min⁶	乌冬（粗拉面）	wu¹ dung¹
歌舞伎町（歌舞伎町）	go¹ mou⁵ géi⁶ ding¹	新干线（新干线）	sen¹ gon³ xin³

253

国外地名及旅游景点 9

粤语就这么简单

中亚（中亚地区）	zung¹ nga³	西亚（西亚地区）	sei¹ nga³
土耳其（土耳其）	tou² yi⁵ kéi⁴	阿富汗（阿富汗）	a³ fu³ hon⁶
伊朗（伊朗）	yi¹ long⁵	伊拉克（伊拉克）	yi¹ lai¹ hag¹
巴基斯坦（巴基斯坦）	ba¹ géi¹ xi¹ tan²	沙特（沙特阿拉伯）	sa¹ deg⁶
哈萨克斯坦（哈萨克斯坦）	sa¹ sad³ hag¹ xi¹ tan²	土库曼斯坦（土库曼斯坦）	tou² fu³ man⁶ xi¹ tan²
乌兹别克斯坦（乌兹别克斯坦）	wu¹ ji¹ bid⁶ hag¹ xi¹ tan²	塔吉克斯坦（塔吉克斯坦）	tab³ géi¹ hag¹ xi¹ tan²
吉尔吉斯斯坦（吉尔吉斯斯坦）	gei¹ yi⁵ gei¹ xi¹ xi¹ tan²		

南亚（南亚地区）	nam⁴ nga³	印度（印度）	yen³ dou⁶
新德里（新德里）	sen¹ deg¹ léi⁵	孟买（孟买）	mang⁶ mai⁵
泰姬陵（泰姬陵）	tai³ géi¹ ling⁴	恒河（恒河）	heng⁴ ho⁴
孟加拉国（孟加拉国）	mang⁶ ga¹ lai¹ guog³	尼泊尔（尼泊尔）	néi⁴ pag⁵ yi¹
缅甸（缅甸）	min⁵ din⁶	泰国（泰国）	tai³ guog³
曼谷（曼谷）	man⁶ gug¹	柬埔寨（柬埔寨）	gan² pou⁶ zai¹

东南亚（东南亚地区）	dung¹ nam⁴ nga³	印尼（印度尼西亚）	yen³ néi⁴
印度尼西亚（印度尼西亚）	yen³ dou⁶ néi⁴ sei¹ nga³	马来西亚（马来西亚）	ma⁵ loi⁴ sei¹ nga³
菲律宾（菲律宾）	fói¹ lêd⁶ ben¹		

大洋洲（大洋洲）	dai⁶ yêng⁴ zeo¹	澳洲（澳大利亚）	ngou³ zeo¹
澳大利亚（澳大利亚）	ngou³ dai⁶ léi⁶ nga³		

北美（北美洲）	beg¹ méi⁵	美国（美国）	méi⁵ guog³
洛杉矶（洛杉矶）	log⁶ cam³ géi¹	纽约（纽约）	ngeo² yêg³
华盛顿（华盛顿）	wa⁴ xing⁶ dên⁶	三藩市（旧金山）	sam¹ fan⁴ xi⁵
凤凰城（凤凰城）	fung⁶ wong⁴ xing⁴	费城（费城）	fei³ xing⁴
侯斯顿（休斯顿）	heo⁴ xi¹ dên⁶	芝加哥（芝加哥）	ji¹ ga¹ go¹
哈佛（哈佛大学）	ha¹ fed⁶	自由神像（自由神像）	ji⁶ yeo⁴ sen⁴ jêng⁶
迈阿密（迈阿密）	mai⁶ a³ med⁶	东岸（东岸）	dung¹ ngon⁶

PART 3 名词词库

西岸（西岸）	sei¹ ngon⁶	波士顿（波士顿）	bo¹ xi⁶ dên²
总统山（总统山）	zung² tung² san¹	斯坦福（斯坦福大学）	xi¹ tan² fug¹
耶鲁（耶鲁大学）	yé⁴ lou⁵	亚特兰大（亚特兰大）	nga³ deg⁶ lan⁴ dai⁶
常春藤学院（常春藤学院）	sêng⁴ cên¹ teng⁴ hog⁶ yün²	史丹佛（斯坦福大学）	xi² dan¹ fed⁶
加拿大（加拿大）	ga¹ na⁴ dai⁶	多伦多（多伦多）	do¹ lên⁴ do¹
唐人街（唐人街）	tong⁴ yen⁴ gai¹		

中美（中美洲）	zung¹ méi⁵	加勒比海（加勒比海）	ga¹ leg⁶ béi² hoi²
墨西哥（墨西哥）	meg⁶ sei¹ go¹	南美（南美洲）	nam⁴ méi⁵
拉美（拉丁美洲）	lai¹ méi⁵	阿马逊河（亚马逊河）	a³ ma⁵ sên³ ho⁴
巴西（巴西）	ba¹ sei¹	阿根廷（阿根廷）	a³ gen¹ ting⁴
救世基督像（救世基督像）	geo³ sei³ géi¹ dug¹ zêng¹	里约热内卢（里约热内卢）	léi⁵ yêg³ yid⁶ noi⁶ lou⁴
布宜诺斯艾利斯（布宜诺斯艾利斯）	bou³ yi⁴ nog⁶ xi¹ ngai⁶ léi⁴ xi¹	委内瑞拉（委内瑞拉）	wei² noi⁶ sêu⁶ lai¹

欧洲（欧洲）	ngeo¹ zeo¹	挪威（挪威）	no⁵ wei¹
瑞典（瑞典）	sêu⁶ din²	波兰（波兰）	bo¹ lan⁴
德国（德国）	deg¹ guog³	柏林（柏林）	pag³ lem⁴
爱尔兰（爱尔兰）	ngoi³ yi⁵ lan⁴	英国（英国）	ying¹ guog³
伦敦（伦敦）	lên⁴ dên¹	法国（法国）	fad³ guog³
法兰西（法国）	fad³ lan⁴ sei¹	巴黎（巴黎）	ba¹ lei⁴
艾菲尔铁塔（艾菲尔铁塔）	ngai⁶ féi¹ yi⁵ tid³ tab³	巴黎铁塔（艾菲尔铁塔）	ba¹ lei⁴ tid³ tab³
罗浮宫（罗浮宫）	lo⁴ feo⁴ gung¹	西班牙（西班牙）	sei¹ ban¹ nga⁴
马德里（马德里）	ma⁵ deg¹ léi⁵	巴塞罗那（巴塞罗那）	ba¹ soi³ lo⁴ na⁴
葡萄牙（葡萄牙）	pou⁴ tou⁴ nga⁴	里斯本（里斯本）	léi⁵ xi¹ bun²
意大利（意大利）	yi³ dai⁶ léi⁶	罗马（罗马）	luo⁴ ma⁵
乌克兰（乌克兰）	wu¹ hag¹ lan⁴	匈牙利（匈牙利）	hung¹ nga⁴ léi⁶
维也纳（维亚纳）	wei⁴ ya⁵ nab⁶	希腊（希腊）	héi¹ lib⁶
爱琴海（爱琴海）	ngoi³ kem⁴ hoi²	地中海（地中海）	déi⁶ zung¹ hoi²

255

职业与行业 **10** 粤语就这么简单

非洲（非洲）	féi¹ zeo¹		南非（南非）	nam⁴ féi¹
好望角（好望角）	hou² mong⁶ gog³		埃及（埃及）	ngoi¹ keb⁶
金字塔（金字塔）	gem¹ ji⁶ tab³		木乃伊（木乃伊）	mug⁶ nai⁵ yi¹
南极洲（南极洲）	nam⁴ gig⁶ zeo¹			

10 职业与行业

董事长（董事长）	dung² xi⁶ zêng²		董事会（董事会）	dung² xi⁶ wui²
总裁（总裁）	zung² coi⁴		总经理（总经理）	zung² ging¹ léi⁵
副总经理（副总经理）	fu³ zung² ging¹ léi⁵		总监（总监）	zung² gam¹
副总监（副总监）	fu³ zung² gam¹		经理（经理）	ging¹ léi⁵
副经理（副经理）	fu³ ging¹ léi⁵		主管（主管）	jü² gun²
管理师（管理师）	gun² léi⁵ xi¹		助理（助理）	zo⁶ léi⁵
专员（专员）	jün¹ yün⁴		职员（职员）	jig¹ yün⁴
人员（人员）	yen⁴ yün⁴		员工（员工）	yün⁴ gung¹
管理层（管理层）	gun² léi⁵ ceng⁴		领导班子（领导班子）	ling⁵ dou⁶ ban¹ ji²
经营班子（经营班子）	ging¹ ying⁴ ban¹ ji²			
销售（销售）	xiu¹ seo⁶		销售代表（销售代表）	xiu¹ seo⁶ doi⁶ biu²
营销主管（营销主管）	ying⁴ xiu¹ jü² gun²		代理（代理）	doi⁶ léi⁵
策划（策划）	cag³ wag⁶		公关（公关）	gung¹ guan¹
顾问（顾问）	gu³ men⁶		咨询（咨询）	ji¹ sên¹
工程（工程）	gung¹ qing⁴		水暖（水暖）	sêu² nün⁵
暖通（暖通）	nün⁵ tung¹		电气（电器）	din⁶ héi³
管道（管道）	gun² dou⁶		园林（园林）	yün⁴ lem⁴
道路（道路）	dou⁶ lou⁶		生产（生产）	seng¹ can²
设计（设计）	qid³ gei³		设计代表（设计代表）	qid³ gei³ doi⁶ biu²
规划（规划）	kuei¹ wag⁶		车间（车间）	cé¹ gan¹
机房（机房）	géi¹ fong⁴		财务（财务）	coi⁴ mou⁶
会计（会计）	wui⁶ gei³		税务（税务）	sêu³ mou⁶
成本管理（成本管理）	xing⁴ bun² gun² léi⁵		行政（行政）	heng⁴ jing³

PART 3 名词词库

招聘（招聘）	jiu¹ ping³	薪酬（薪酬）	sen¹ ceo⁴
培训（培训）	pui⁴ fen³	绩效管理（绩效管理）	jig¹ hao⁶ gun² léi⁵
员工关系（员工关系）	yün⁴ gung¹ guan¹ hei⁶	人事（人事）	yen⁴ xi⁶
证照（证照）	jing³ jiu³	档案（档案）	dong² ngon³
系统（系统）	hei⁶ tung²	司机（司机）	xi¹ géi¹
接待（接待）	jib⁴ doi⁶	前台（前台）	qin⁴ toi⁴
物业（物业）	med⁶ yib⁶	保安（保安）	bou² ngon¹
清洁（清洁）	qing¹ gid³		

11　化妆品和颜色

化妆包（化妆包）	fa³ zong¹ bao¹	化妆水（化妆水）	fa² zong¹ sêu²
爽肤水（爽肤水）	song² fu¹ sêu²	润肤露（润肤露）	yên⁶ fu¹ lou⁶
面霜（面霜）	min⁶ sêng¹	隔离霜（隔离霜）	gag¹ léi⁴ sêng¹
粉底（粉底）	fen² dei²	粉饼（粉饼）	fen² béng²
粉扑（粉扑）	fen² pog³	扫（刷子）	sou²
干粉（干粉底）	gon¹ fen²	湿粉（湿粉底）	seb¹ fen²
眉粉（眉粉）	méi⁴ fen²	眉胶（眉胶）	méi⁴ gao¹
眉笔（眉笔）	méi⁴ bed¹	眼影（眼影）	ngan⁵ ying²
假睫毛（假睫毛）	ga² jid³ mou⁴	睫毛膏（睫毛膏）	jid³ mou⁴ gou¹
眼线笔（眼线笔）	ngan⁵ xin³ bed¹	眼线液（眼线液）	ngan⁵ xin³ yig⁶
眼线膏（眼线膏）	ngan⁵ xin³ gou¹	胭脂（胭脂）	yin¹ ji¹
腮红（胭脂）	soi¹ hung⁴	唇线笔（唇线笔）	sên⁴ xin³ bed¹
唇彩（唇彩）	sên⁴ coi²	唇膏（唇膏）	sên⁴ gou¹
润唇膏（润唇膏）	yên⁶ sên⁴ gou¹	润唇啫喱（液体润唇膏）	yên⁶ sên⁴ zé¹ léi²
阴影粉（阴影粉）	yem¹ ying² fen²	高光（高光）	gou¹ guong¹
散粉（定妆粉）	san² fen²	止汗香体露（止汗香体露）	ji² hon⁶ hêng¹ tei² lou⁶
香水（香水）	hêng¹ sêu²	古龙水（男士香水）	gu² lung⁴ sêu²

颜色（颜色）	ngan⁴ xig¹	红色（红色）	hung⁴ xig¹
粉红色（粉红色）	fen² hung⁴ xig¹	深红色（深红色）	sem¹ hung⁴ xig¹
紫红色（紫红色）	ji² hung⁴ xig¹	玫瑰红（玫瑰红）	mui⁴ guei³ hung⁴
枣红色（枣红色）	zou² hung⁴ xig¹	橙红色（橙红色）	cang² hung⁴ xig¹
橙色（橙色、橘黄色）	cang² xig¹	黄色（黄色）	wong⁴ xig¹
米黄色（米黄色）	mei⁵ wong⁴ xig¹	粉黄色（粉黄色）	fen² wong⁴ xig¹
柠檬黄（柠檬色）	ling⁴ mung¹ wong⁴	土黄色（土黄色）	tou² wong⁴ xig¹
绿色（绿色）	lug⁶ xig¹	青绿色（青绿色）	qéng¹ lug⁶ xig¹
草绿色（草料橙色）	cou² lug⁶ xig¹	蓝绿色（蓝绿色）	lam⁴ lug⁶ xig¹
深绿色（深绿色）	sem¹ lug⁶ xig¹	军绿色（军绿色）	guen¹ lug⁶ xig¹
墨绿色（墨绿色）	meg⁶ lug⁶ xig¹	蓝色（蓝色）	lam⁴ xig¹
天蓝色（天蓝色）	tin¹ lam⁴ xig¹	粉蓝色（粉蓝色）	fen² lam⁴ xig¹
深蓝色（深蓝色）	sem¹ lam⁴ xig¹	紫色（紫色）	ji² xig¹
粉紫色（粉紫色）	fen² ji² xig¹	深紫色（深紫色）	sem¹ ji² xig¹
白色（白色）	bag⁶ xig¹	灰色（灰色）	fui¹ xig¹
深灰色（深灰色）	sem¹ fui¹ xig¹	黑色（黑色）	hag¹ xig¹

12　鲜花与植物

鲜花（鲜花）	xln¹ ta¹	玫瑰（玫瑰）	mui⁴ guei³
红玫瑰（红玫瑰）	hung⁴ mui⁴ guei³	蓝色妖姬（蓝色妖姬）	lam⁴ xig¹ yiu² géi¹
百合（百合）	bag¹ hab⁶	香水百合（香水百合）	hêng¹ sêu² bag³ hab⁶
郁金香（郁金香）	wed¹ gem¹ hêng¹	康乃馨（康乃馨）	hong¹ nai⁵ hing¹
马蹄莲（马蹄莲）	ma⁵ tei⁴ lin⁴	菊花（菊花）	gug¹ fa¹
非洲菊（非洲菊）	féi¹ zeo¹ gug¹	雏菊（雏菊）	co¹ gug¹
芍药（芍药）	cêg³ yég⁶	茶花（茶花）	ca⁴ fa¹
水仙（水仙）	sêu² xin¹	牡丹（牡丹）	mao⁵ dan¹
荷花（荷花）	ho⁴ fa¹	睡莲（睡莲）	sêu⁶ lin¹
樱花（樱花）	ying¹ fa⁴	天堂鸟（天堂鸟）	tin¹ tong⁴ niu⁵

PART 3 名词词库

向日葵（向日葵）	hêng³ yed⁶ kuei⁴
白婵（栀子花）	bag⁶ xim⁴
满天星（满天星）	mun⁵ tin¹ xig¹
梅花（梅花）	mui⁴ fa¹
情人草（情人草）	qing⁴ yen⁴ cou²
桔梗（桔梗）	ged¹ geng²
绣球花（绣球花）	seo³ keo⁴ fa¹
吊钟花（吊钟花）	diu³ zung¹ fa¹
吊兰（吊兰）	diu³ lan⁴
蕙兰（蕙兰）	wei⁶ lan⁴
蝴蝶兰（蝴蝶兰）	hu⁴ dib⁶ lan⁴
白兰花（白兰花）	bag⁶ lan⁴ fa¹
剑兰（剑兰）	gim³ lan⁴
使君子（使君子）	xi² guen¹ ji²
木棉（木棉）	mug⁶ min⁴
美人蕉（美人蕉）	méi⁵ yen⁴ jiu¹
紫薇（紫薇）	ji² méi⁴

风信子（风信子）	fung¹ sên³ ji²
茉莉（茉莉花）	mud⁶ léi²
桃花（桃花）	tou⁴ fa¹
薰衣草（薰衣草）	fen¹ yi¹ cou⁴
三色堇（三色堇）	sam¹ xig¹ gen²
石竹（石竹）	ség⁶ zug¹
喇叭花（喇叭花、牵牛花）	la³ ba¹ fa¹
杜鹃（杜鹃、三角梅）	dou⁶ gün¹
兰花（兰花）	lan⁴ fa¹
墨兰（墨兰）	meg⁶ lan⁴
玉兰（玉兰）	yug⁶ lan⁴
鸡冠花（鸡冠花）	gei¹ gun¹ fa¹
金银花（金银花）	gem¹ ngen⁴ fa¹
夹竹桃（夹竹桃）	gab³ zug¹ tou⁴
罂粟花（罂粟花）	ngeng¹ sug¹ fa¹
勿忘我（勿忘我）	meb⁶ mong⁴ ngo⁵